电子商务类专业
创新型人才培养系列教材

★
慕课版
★

农产品电商
营销与运营

陈俊杰 倪莉莉 骆芳 / 主编　　吕宜航 于中萍 / 副主编

人民邮电出版社
北京

图书在版编目（CIP）数据

农产品电商营销与运营：慕课版 / 陈俊杰，倪莉莉，
骆芳主编. -- 北京：人民邮电出版社，2021.11
电子商务类专业创新型人才培养系列教材
ISBN 978-7-115-57445-9

Ⅰ. ①农… Ⅱ. ①陈… ②倪… ③骆… Ⅲ. ①农产品
－电子商务－网络营销－中国－高等学校－教材 Ⅳ.
①F724.72

中国版本图书馆CIP数据核字(2021)第192508号

内 容 提 要

本书从农村电商入手，先揭示农村电商的发展背景、发展机遇，剖析农产品电商的运营模式等，再对农产品营销与运营的准备工作、营销方案策划、营销与运营技能要求，以及营销与运营平台——短视频平台、直播平台、微信、微博的营销与运营方法做了详细的介绍。

本书内容新颖、案例丰富，结合 1+X 证书"农产品电商运营"的职业技能等级标准，以理论与实践相结合的形式组织内容。

本书适合作为农产品电商营销与运营相关课程的教材，也可供电子商务、农产品运营的相关从业人员学习参考。

◆ 主　编　陈俊杰　倪莉莉　骆　芳
　　副主编　吕宜航　于中萍
　　责任编辑　侯潇雨
　　责任印制　王　郁　彭志环
◆ 人民邮电出版社出版发行　　北京市丰台区成寿寺路 11 号
　　邮编　100164　　电子邮件　315@ptpress.com.cn
　　网址　https://www.ptpress.com.cn
　　固安县铭成印刷有限公司印刷
◆ 开本：787×1092　1/16
　　印张：14.5　　　　　　　　　　2021 年 11 月第 1 版
　　字数：343 千字　　　　　　　　2025 年 5 月河北第 8 次印刷

定价：49.80 元

读者服务热线：(010)81055256　印装质量热线：(010)81055316
反盗版热线：(010)81055315

前言
PREFACE

随着移动互联网在农村的普及，以及智能手机使用门槛的进一步降低，城乡之间的信息鸿沟越来越小，农村电商的发展速度逐渐加快。这不但让农民也能享受电子商务购物的便捷和实惠，也让各种农产品可以通过网络进行销售。与此同时，随着农村基础设施的逐步完善与近年来一系列扶持农产品电商的政策的颁布，农产品电商呈现出迅猛的发展势头，已逐渐成为电子商务领域的新热点。各大电子商务平台看好农产品电商的发展潜力，投入大量资金布局农产品电商。因此，社会对农产品电商人才的需求量巨大，院校对农产品电商人才的培养势在必行。

为了推动专业人才的培养，满足社会对技能型人才的需求，2019年教育部、国家发展和改革委员会、财政部、国家市场监督管理总局联合印发了《关于在院校实施"学历证书+若干职业技能等级证书"制度试点方案》，部署启动"学历证书+若干职业技能等级证书"（简称1+X证书）制度试点工作。"农产品电商运营"证书也在2020年12月31日发布的《参与1+X证书制度试点的第四批职业教育培训评价组织及职业技能等级证书名单》中，这表明国家非常重视农产品电商的发展与专业人才的培养。

基于以上原因，编者在充分研究农产品电商的基础上，结合1+X证书"农产品电商运营"的职业技能等级标准，撰写了本书，旨在为农产品电商从业人员和院校的农产品电商人才培养提供一定的帮助。

本书内容

本书共8章，主要内容分别如下。

● **第1章**：主要介绍农村电商和农产品电商的基础知识，包括农村电商的含义、分类与特征，农村电商的发展背景与发展机遇，农村电商面临的挑战和发展趋势，以及农产品电商的作用、运营模式、新发展等内容。

● **第2章**：主要介绍农产品营销与运营的准备工作，包括农产品营销的相关概念、"互联网+农产品营销"的发展、农产品市场调研、农产品市场定位，以及农产品营销渠道选择等内容。

● **第3章**：主要介绍农产品电商营销方案的策划，包括营销团队组建、用户分析、农产品卖点挖掘、农产品营销策略、农产品营销创新模式等内容。

● **第4章**：主要介绍农产品电商营销与运营的技能要求，包括文案写作技能、图片收集和处理技能、图文排版技能、视频收集和处理技能等内容。

● **第5章**：主要介绍农产品短视频营销与运营，包括短视频营销的特点和平台、农产品短视频拍摄与制作、农产品短视频营销的策略、短视频投放效果跟踪与优化等内容。

● **第6章**：主要介绍农产品直播营销与运营，包括农产品直播营销的特点和平台、农产品直播营销的前期准备、直播营销的流程控制、直播营销的技巧、直播效果跟踪等内容。

● **第7章**：主要介绍农产品微信营销与运营，包括微信个人号打造、微信朋友圈营销、微信社群营销与运营、微信视频号营销与运营等内容。

- **第8章**：主要介绍农产品微博营销与运营，包括微博账号的设置、微博营销内容的策划、微博粉丝的获取与维护、微博营销的电商变现等内容。

本书特色

本书的写作具有以下特色。

- **知识全面**：本书旨在培养农产品电商应用型人才，在知识安排与内容讲解上，兼顾农产品电商知识的系统性，以及1+X证书"农产品电商运营"的职业技能等级标准，结合理论与实践，重视应用与操作，由浅入深、循序渐进地对农产品电商营销与运营进行了全面介绍。

- **案例丰富**：本书每章开头设计了"引导案例"模块，旨在以案例的方式引导读者了解本章内容。此外，为了加强读者对所讲述内容的理解、丰富内容的趣味性与实用性，正文中也讲解了一定数量的典型案例。每章结尾还以二维码的形式提供了真实的农产品营销案例。

- **实践性强**：本书每章结尾设计了"本章实训"模块，以具体的案例背景、实训要求引导读者一步步操作，帮助读者将学习到的知识应用于实践，提高实践操作能力。

- **配套丰富**：本书在讲解部分知识时配有对应的二维码，读者扫描二维码可直接查看相关知识，以便加深理解。此外，本书还配有视频、PPT、教学大纲、教学教案等配套资源，读者可以通过访问人邮教育社区（www.ryjiaoyu.com），搜索本书书名下载使用。

尽管编者在本书的编写过程中谨慎求证，但书中难免有不足之处，恳请广大读者批评指正。

编　者

2021年7月

目录
CONTENTS

第1章 农村电商与农产品电商

学习目标

◆ 了解农村电商的含义、分类和特征。

◆ 了解农村电商的发展。

◆ 熟悉农产品电商的作用、运营类型。

◆ 了解农产品电商的发展。

遂昌模式——服务驱动型县域电商发展模式

遂昌县隶属浙江省丽水市，山地面积占全县总面积的88.83%，耕地面积占全县总面积的4.06%，水域面积占全县总面积的7.11%，素有"九山半水半分田"之称，是典型的山地县。遂昌县的工业经济水平一般，但拥有丰富的特色农林产品。

2005年，遂昌县有人开始在淘宝网上经营竹炭、烤薯、山茶油、菊米等特色农产品，逐渐形成了一些知名网络品牌；2010年，遂昌网店协会成立，遂昌县的电商也进入了快速发展期；2012年，遂昌县在阿里巴巴集团控股有限公司（以下简称"阿里巴巴"）第九届网商大会中被评为"最佳网商城镇奖"；2013年，淘宝网遂昌馆上线，遂昌模式初步形成。

遂昌模式以本地化电商综合服务商为驱动，带动县域电商生态发展，促进地方传统产业，尤其是农业及农产品加工业实现电商化，电商综合服务商、网商、传统产业相互作用，在政策环境的催化下，形成信息时代的县域经济发展道路。该模式是农村电商的典型代表模式，它的出现标志着农村电商已取得了一定的发展。

2020年，遂昌县地区生产总值为130.81亿元，比上年增长3.4%。其中：第一产业增加值为12.18亿元，增长2.5%；第二产业增加值为46.84亿元，增长0.4%；第三产业增加值为71.78亿元，增长6.1%。如今，遂昌模式已成为我国农村电商的知名运营模式。

1.1 农村电商概述

随着我国经济的发展，我国农村移动网络覆盖率不断提高，基础设施建设得到了大力推进，而电子商务的快速发展，使政府、企业开始聚焦电子商务在农村的应用。商务部发布《"互联网+流通"行动计划》，明确"推动电子商务进农村，培育农村电商环境"的任务，为我国农村电商的发展奠定了坚实的基础。

1.1.1 农村电商的含义

电子商务（以下简称"电商"）是指利用计算机技术、网络技术和远程通信技术，实现产品交易的电子化、数字化和网络化的商务活动。随着互联网的发展和我国基础设施的建设，一些商家开始聚焦农村地区，利用互联网向城镇销售农村地区的农产品，同时也将城市制造的工业品销往农村，农村电商逐渐发展起来。

农村电商是电商的一种新兴商业模式，起初主要是指发生在农村地区的电商活动。经过一段时间的发展后，农村电商更强调电商在农村地区的推进与应用，主要包括农产品上行、工业品下行、电商要素在乡村聚集的淘宝村、电商生态全面发育形成的县域电商，以及"互联网+农业"等内容。

思考与讨论

结合你对农村电商的了解，谈谈你对农村电商的看法。

1. 农产品上行

农产品上行是指将农产品信息发布到互联网上，通过互联网将农产品销售出去的过程。农产品上行以在农村地区生产的相关农产品为主要销售品类，能够通过农产品供应链服务，打开农产品的销售渠道，让农产品直面市场和用户，提高农产品的市场定价，并促进优质农产品的有效供给，有助于农业供给侧结构性改革。此外，农产品上行还能有效整合供应链上下游的相关资源，降低农产品上行的供应链运营成本。

2. 工业品下行

工业品下行是指通过互联网购买产品，并通过物流送达农村用户手中的过程。工业品下行打破了城乡的空间界限，使农村居民能足不出户购买生活用品、农业生产资料等产品，有利于实现农业生产的互联网化，提高农业生产效率，为缩小城乡居民消费差距提供契机。

3. 淘宝村

当某农村地区自发形成的网络商家数量达到当地家庭户数的10%以上，且电商交易规模超过1000万元，并拥有相对完整的产业链、具有协同发展特征时，该地区就可以称为淘宝村。淘宝村能破解农村信息化难题，加速电商向农村地区的渗透，拉动农村经济发展，促进农村创业和就业，有效提高农村居民收入，逐步缩小城乡贫富差距。

4. 县域电商

广义来说，县域电商是指在县域范围内，以互联网为基础，借助电子化方式，在法律许可范围内开展的商务活动。狭义来说，县域电商是指在电商发展过程中，主动将网络平台和物流配送渠道下沉至县域，并在县域范围内开展的与特色农产品、生活用品及服务等有关的电商活动。县域电商能够聚集当地的特色农产品，并通过一定手段提高农产品附加价值，加快农产品的标准化和品牌化进程，促进农村地区的经济发展。

5. "互联网+农业"

信息技术、大数据技术、物联网技术等互联网新技术的发展，实现了农业生产的规模化、精准化，提高了农业生产效率，对农业的生产、经营、管理、服务等农业产业链环节产生了深远影响，加快了由传统农业向现代农业转型的进程。

1.1.2 农村电商的分类

我国的农村电商已发展了十多年，逐渐形成了不同类型的农村电商模式。根据不同的标准，农村电商可分为不同的类型。

1. 按产品流通方向分类

按产品流通方向，农村电商可分为输出模式和输入模式。

● **输出模式**：输出模式是指将产品从农村向外部市场输出的电商模式。这种模式是当前主要的农村电商模式，能够解决农产品滞销问题，增加农户收入。本章引导案例中的遂昌模式就是典型的农村电商输出模式。

● **输入模式**：输入模式是指将产品、服务等向农村输入的电商模式。这种模式一般会在县域设立县级服务中心，在乡镇建立服务站点，通过完善的服务网络和服务点，向农村输入生活用品、服务项目等。

案 例

京东县级服务中心

2015年，北京京东世纪贸易有限公司（以下简称"京东"）在青岛平度市开设首家县级服务中心，这代表着京东由线上向线下拓展。县级服务中心采取了京东自主经营模式，承担了代客下单、招募乡村推广员、培训乡村推广员和营销推广等工作。

县级服务中心一般设置乡村主管，负责培训、管理乡村推广员，协调县级服务中心与京东帮服务店（即京东农村电商的另一个重要战略，是指为县域农村用户提供代客下单及大件商品送货、安装、维修、退换一站式服务的京东授权服务合作商），协同解决农村用户网购产品的"最后一公里"问题。

京东县级服务中心是继全国首个农村电商试点县、京东帮服务店战略后，京东渠道下沉的又一重要战略。县级服务中心能为农村用户提供营销、售后服务，以及小额信贷、农村白条等金融服务。

到2021年，京东县级服务中心已在我国多个区县设立，是京东线下拓展的主要渠道之一。图1-1所示为京东县级服务中心门店。

图1-1 京东县级服务中心门店

思考：（1）京东县级服务中心属于哪种模式？（2）京东县级服务中心对农村电商的发展有什么影响？

2. 按电商县域发展特征分类

电商能促进县域农业、制造业的优化升级，促进服务业的创新发展，调整县域经济的结构。农村电商发展起来后，有利于吸引农村居民返乡创业、就业，进一步推动农村经济的发展，推动农村的城市化进程。按电商县域发展特征，农村电商可分为沙集模式、清河模式、武功模式、通榆模式、成县模式和遂昌模式6种。

（1）沙集模式

"沙集模式"一词来源于我国徐州市的一个小镇——沙集镇。沙集镇本来经济发展十分落后，后来该镇一位农户自发在淘宝网上开店销售家具且获得成功，这件事引起了连锁反应，当地农户纷纷效仿，推动了原材料供应、加工制造、配件、物流等业务的发展，当地形成了网上年销售额达10亿多元的新产业群。

沙集模式是指农户自发成为网商（运用电商工具在互联网上开展商业活动的个人），使用电商交易平台直接对接市场，并销售产品的电商模式。沙集模式以家庭经营为基础，以返乡创业的农户为主体。农户成为网商的行为会影响周围的农户，使该行为以细胞裂变的形式扩张，有助于带动农村产业发展。沙集模式塑造的新业态还能促进农户网商进一步创新，帮助农村实现全面发展。

🎓 **行业视点**

> 沙集镇电商发展的历程说明我国部分地区农户的思想观念比较开放，对电商的接受度较高，在电商创业中扮演着积极主动的角色。这也体现了我国很多农户依靠自己的努力奋斗创造美好新生活的愿望。

（2）清河模式

"清河模式"一词来源于我国河北省清河县。清河县是历史名县，如今凭借强大的羊绒产业闻名世界，有"中国羊绒之都"的称号。清河县依托强大的传统市场，利用互联网整合各方资源，使传统的羊绒加工销售产业链借助电商获得新生，进而有效解决了传统产业中长期存在的成本高、效率低、市场开拓困难等一系列问题，催生了一个庞大的网商群体，促进了电商交易规模迅速增长，形成了依托传统产业优势的农村电商模式。后来，人们便使用清河模式来指"专业市场+互联网"的农村电商模式。

（3）武功模式

"武功模式"一词来源于我国陕西省武功县。武功县的地理位置优越，位于关中平原中部，是新疆、青海和甘肃东出（即走出西部面向全国）的重要通道，且地势平坦，交通便利。

武功县基于有利的区位和交通优势，大力发展仓储物流和物资集散业务，投入大笔资金建设了大型电商园区，不仅吸引了当地乃至全国的农产品生产、加工、仓储、物流和销售等各类电商商家设点占位，还聚集了青海、甘肃、新疆等西部地区的300多种特色农产品，成为"西货东进"的集散地。因此，武功模式可以概括为"集散地+电商"模式。

（4）通榆模式

"通榆模式"一词来源于我国吉林省通榆县。通榆县地处松辽平原西部，地理条件优越，是公认的优质农产品黄金产业带，历来就有"葵花之乡""绿豆之乡"的美誉，盛产杂粮、杂豆、打瓜等特色优质农产品。2013年9月底，通榆县通过招商引入电商企业，正式启动农产品电商项目。经过多年的经营，通榆县逐渐形成了自己的发展模式，即采用统一的方式直销原产地农产品的电商模式。该模式适合电商基础薄弱、产品品牌化程度低、小网商稀少的区域，其特点如下。

- **统一品牌**：通榆县采用统一品牌、统一标准、统一质量、统一包装的方式开展网络营销。
- **基地支撑**：通榆县整合了原产地的各种农产品资源，并与有固定基地的深加工企业、当地有实力的农业合作社、农科院展开合作，旨在提供多样化、富有特色和科技含量高的农产品。
- **政府背书**：县政府组建"通榆县电商发展领导小组"，为电商发展提供政策支持，并成立专项基金，为电商发展建立绿色通道。

（5）成县模式

"成县模式"一词来源于我国甘肃省成县。成县位于甘、川、陕三省交界，2011年被国家林业局（现为国家林业和草原局）命名为"中国核桃之乡"。成县模式的形成得益于"核桃书记"——成县县委书记李祥。李祥在新浪微博上实名注册认证，宣传推广成县鲜核桃，获得了大量网友和媒体的关注，使成县核桃成为热门产品，让成县的知名度也迅速提高，并推动了成县土蜂蜜、成县柿饼等主要农产品的网络热销。因此，成县模式可以概括为"热门产品+政府营销"的电商模式。成县模式适合大部分地区，尤其是有特色农产品的地区。成县模式要想成功，需要当地政府的全力支持，并逐步完善电商生态，帮助小网商品牌化、集群化。

（6）遂昌模式

从本章引导案例中，我们得知了遂昌模式的由来。总的来说，遂昌模式就是以本地化电商综合服务商作为驱动，带动县域电商生态发展，促进地方传统产业发展，尤其是促进农业及农产品加工业实现电商化。电商综合服务商、网商、传统产业相互作用，在政策环境的催化下，形成信息时代的县域经济发展道路。该模式的核心是本地化电商综合服务商，这些服务商推进了当地农产品加工、生产标准化的发展，提高了农产品的质量和附加值，并且聚集了当地网商，建立了较为完善的电商生态环境。一般来说，遂昌模式适合电商基础弱、小品牌多、小网商多的区域。

> **思考与讨论**
>
> 不同县域模式的农村电商有什么区别？

3. 按服务对象分类

按服务对象分类，农村电商可分为农资电商、农产品电商、农村旅游电商和农村金融电商等。

（1）农资电商

农资是指农用物资，属于农业生产资料，一般是指在农业生产过程中用以改变和影响劳动对象的物质资料，如农药、化肥、种子、农膜、农用器械（包括农业运输机械、生产及加工机械）等。而农资电商就是涉及农资的电商。

目前我国主要的农资电商平台包括大丰收农资商城、淘农网、惠农网等。近年来，电商平台逐渐成为很多农户首选的采购渠道。例如，惠农网数据显示，2020年春耕季以来，线上农产品交易呈稳步增长态势。惠农网联合创始人表示，农资线上交易已成为大势所趋。

（2）农产品电商

农产品电商是指在农产品生产、销售、管理等环节全面导入电商系统，利用信息技术发布与收集供求、价格等信息，并以网络为媒介，依托农产品生产基地与物流配送系统，从而快速安全地实现农产品交易与货币支付的一种新型商业模式。

（3）农村旅游电商

农村旅游电商是乡村旅游、乡村经济融合发展的产物。简单来说，农村旅游电商是在旅游电商的基础上加入乡村元素后形成的农村电商模式，是旅游电商在农村地区的应用。

案例

"农产品+旅游+电商"模式的兴起

随着社会经济的发展，消费升级成为一种趋势，越来越多的用户开始追求更好的生活品质。近几年，我国的农业观光旅游逐渐兴起，被许多城镇居民接受，成为他们周末娱乐的常见方式。而随着电商经济的蓬勃发展，各地开始将农村旅游电商和农产品电商结合起来，开创了新颖的"农产品+旅游+电商"模式。在过去的农村电商市场，农产品电商只卖特产，农村旅游电商则只是依靠门票、酒店预订获取收入，而在新模式中，商家不仅要为游客提供管吃管住的一体化服务，还希望游客在玩得尽兴后能买走当地的农产品，以提高旅游附加值。

该模式的具体运作流程如下：通过农产品溯源激发游客对农产品产地的旅游兴趣，在当地为游客提供吃住行乐游一条龙服务；通过旅游服务带动当地农产品的销售；通过加深游客对当地的认知，带动游客在线上购买农产品。

当前，很多地方旅游局不仅在线上开设了农业观光旅游的旗舰店，还在景点当地开设了农产品旗舰店，线上线下相融合，并将旅游景点门票、农产品、旅游服务类产品的销售整合起来，形成了富有特色的农村旅游电商运营模式。

思考：（1）这种模式有哪些特点？（2）该模式是如何将农产品电商与农村旅游电商结合起来的？

（4）农村金融电商

农村金融电商是货币、信用等金融行业与"三农"、互联网相结合的产物，涉及与"三农"相关的互联网信贷、供应链金融、账户预存款、支付工具、移动支付等一系列金融业务。当前，农村金融电商有以下两种发展模式。

● **电商平台支持下的互联网金融模式——电商平台+农村金融：** 该模式以阿里巴巴和京东为代表，依托积累了大量信用数据的电商平台，借助大数据技术形成信用风控模型，从自有的或合作的金融机构处获取资金，为涉农企业提供网上借贷业务。

● **农业服务商支持下的链式金融模式——大型农业服务商+农村金融：** 该模式以新希望、大北农等"三农"服务商为代表，以多年专注于农业领域所积累的数据和线下资源为依托，利用互联网技术打通金融环节，为上下游涉农企业和农户提供支付、借款、保险等金融服务。

知识补充

"三农"指农业、农村和农户。"三农"问题则指农业、农村、农户这三个问题。研究"三农"问题有助于实现农户增收、农业发展、农村稳定。

1.1.3　农村电商的特征

随着经济的发展，我国互联网的普及率大幅度提高，这为我国农村电商的发展奠定了基础。在发展的过程中，我国农村电商逐渐显露出以下特征。

1. 直接性

依托互联网的优势，农村电商可以使农户（生产者）、商家（销售者）、用户等各方能够更顺畅地沟通。例如，供求信息能通过农村电商平台更透明、准确地反映，进而促进农产品的流通，大大提高交易效率，节约时间成本。又如，农户可以通过惠农网发布生产原料的采购信息和农产品的供应信息，而商家则可以通过惠农网了解农产品的批发市场行情，如图1-2所示。

图1-2　了解农产品的批发市场行情

2. 双元性

目前，农村电商的发展呈现出双元性特征，即宏观上的多元性与微观上的单一性。在宏观上，农村电商已形成了许多颇具典型性的模式，如沙集模式、遂昌模式等，各模式具有不同的特点，呈现出多元发展的态势。而在微观上，绝大多数从事农村电商的商家的商业模式较为单一，仍停留于卖货阶段，即均以有形商品交易为主要业务，在平台打造、资源整合、技术创新以及资本运作等业务方面缺乏突出表现。

3. 集群效应

农村电商具有明显的集群效应，表现为个别农户获得成功后，会被不断地模仿，使同一地区不断地涌现出新的网商。而当这种密集的、同质性高的商务活动集中后，一方面会引发一定的竞争，但另一方面也很容易形成共同的联盟和完整的产业链条，如沙集模式。

1.2　农村电商的发展

农村电商的发展能够促进农产品的上行与工业品的下行，提高农村的消费水平，带动农村经济、产业的发展，一定程度上缩小农村与城市的差距。农村电商得益于一定的时代背景，其在发展过程中抓住了独有的机遇，从中可以窥见其发展趋势，但同时农村电商也面临着一定的挑战。

1.2.1　农村电商的发展背景

一直以来，国家都十分关注农业的发展，农村电商作为互联网时代的产物，自然受到国家的高度重视。2015年中央一号文件明确提出："支持电商、物流、商贸、金融等企业参与涉农电子商务平台建设。开展电子商务进农村综合示范。"此外，国家还发布了许多关于"互联网+"、农村电子商务发展的相关指导意见，如《国务院关于积极推进"互联网+"行动的指导意见》《国务院办公厅关于完善支持政策促进农民持续增收的若干意见》《国务院关于印发"十三五"脱贫攻坚规划的通知》《"互联网+"农产品出村进城工程试点工作方案》《关于促进小农户和现代农业发展有机衔接的意见》等，在政策上鼓励发展农村电商，推动农业现代化，培育新型农户和建设新农村。

近年来，我国农村地区的互联网普及率日益提高，农村居民大量"触网"（即接触网络）。截至2020年年底，我国农村地区网民数量规模已达到3.09亿，占网民整体数量的31.3%，这进一步加速了农村网络零售业的发展。据统计，农村网络零售额自2015年以来呈现快速增长态势，至2020年，全国农村网络零售额达1.79万亿元，同比增长8.9%，其中农村实物商品网络零售额为1.63万亿元，同比增长10.5%。这说明农村地区的电商市场发展势头良好，具有较大潜力。

农村地区互联网普及率的提高还有助于促进各级农业信息化网站和农业服务网站的建立，以及乡村基础设施的改造建设，进而有效整合农业资源，打通信息、产品的流通渠道，这些进一步助力了农村电商的发展。

1.2.2　农村电商的发展机遇

经济业态、国家政策和用户消费形式的变化，使农村电商逐渐步入大众视野。农村电商的出现不仅引起了我国社会和商业环境的深层次变革，还促进了我国经济的发展，为新农村建设带来了动力。目前，农村电商仍然在不断发展，并且在新的经济环境下拥抱着重大机遇。

1. 行业机遇

电商行业发展至今，流量红利已逐渐消失，电商运营需要花费越来越多的流量成本，这使得越来越多的商家将目光转移到了下沉市场。所谓下沉市场，是指我国三线及以下的城市和地区，包括三线、四线、五线城市以及非线级的乡镇与农村地区。由于互联网覆盖率的提高和移动互联网的发展和下沉，下沉市场的网络设备渗透率得到了显著提高，这使得商家能够更好地为下沉市场的用户提供商品或服务。同时，流量资费下降、硬件终端升级、移动支付手段普及和传播媒介的多元化，使得下沉市场中有越来越多的用户触网，这大大促进了下沉市场用户的消费升级，由此可见，我国农村市场具有巨大的消费潜力，已成为电商未来发展的主战场。

苏宁易购集团股份有限公司（以下简称"苏宁易购"）总裁张近东曾说，农村电商将是一个十万亿元级规模的市场，这表明电商龙头企业对农村市场十分看重。早在2013年，阿里巴巴、京东等电商龙头企业就开始了电商市场下沉的进程，在三、四、五线城市和乡村进行布局。2014年，阿里巴巴启动"千县万村"计划，计划投资100亿元在3至5年内建立1000个县级运营中心和10万个村级服务站，聚焦农村电商发展。2015年京东打造县级服务中心和京东帮服务店，全面进驻农村地区，着力打通农村电商"最后一公里"。苏宁易购投入50亿元进军农村市场，并计划在农村市场开1000家苏宁易购直营店。之后，顺丰速运有限公司、中粮集团有限公司等企业也都先后进入农村市场。

近年来，各大电商企业在线上和线下共同发力进行农村市场布局，一方面通过赋能供给侧+助力消费端，激发农村市场的潜能，带动电商品牌下沉和农产品上行，另一方面通过完善商业生态，利用大数据、互联网优势布局农作物种植、畜牧业养殖，实现农产品供应链向前延伸，致力于实现农业产供销全链路数字化升级，为农产品供给提供新增长空间。

2. 政策机遇

近年来，国家颁布了一系列相关政策，这既为农村电商发展提供了政策支持，又为农村电商发展带来了机遇。随着农村电商的进一步发展，国家也陆续出台了一系列支持农村电商发展的政策，为农村电商的发展提供了包括市场环境、金融、人才、物流、基础设施等方面的支持，特别是在2018年1月发布的《中共中央　国务院关于实施乡村振兴战略的意见》中，指出要"持续加大强农惠农富农政策力度，扎实推进农业现代化和新农村建设，全面深化农村改革"，并"支持供销、邮政及各类企业把服务网点延伸到乡村，健全农产品产销稳定衔接机制，大力建设具有广泛性的促进农村电子商务发展的基础设施，鼓励支持各类市场主体创新发展基于互联网的新型农业产业模式，深入实施电子商务进农村综合示范"。

2020年，中共中央、国务院发布《关于抓好"三农"领域重点工作确保如期实现全面小康的意见》。该意见对开发农村市场，扩大电子商务进农村覆盖面，支持供销合作社、邮政快递企业等延伸乡村物流服务网络，加强村级电商服务站点建设，推动农产品进城、工业品下乡双向流通等做了指示。政府相关部门发布《数字农业农村发展规划（2019—2025年）》《关于做好2020年农业生产发展等项目实施工作的通知》《"互联网+"农产品出村进城工程试点工作方案》《关于做好2020年电子商务进农村综合示范工作的通知》等，对数字农业农村建设、便民服务、电商培训、"互联网+"农产品出村进城、农产品网络销售体系建设、农村物流基础设施建设等都做了重要指示。

此外，2021年中共中央、国务院印发了《关于全面推进乡村振兴加快农业农村现代化的意见》，该文件指出，要坚持把解决好"三农"问题作为全党工作重中之重，并对当前农村电商发展的短板——快递物流做了进一步指示。这些政策的利好为农村电商的发展带来了前所未有的机遇，并进一步加快了农业农村的现代化，全面推进了乡村振兴的重大战略任务。

3. 技术机遇

随着时代的不断发展，5G、物联网、大数据、云计算、区块链、人工智能等信息技术不断发展并渗透到各行各业，与农村电商紧密结合，为农村电商的发展开拓了更大的空间。

例如，5G网络在农村的覆盖就为农村电商运营、直播卖货等提供了诸多便利。5G网络具有高速率、低时延等特点，大大地提高了电商直播的质量，不仅使线上全景实时传播成为可能，还支持8K高清画质呈现，使观看直播的用户可以清晰地感受农产品的细节，助力农产品销售。

5G和物联网技术的应用则推动了智慧农业的发展，通过大量的传感器收集农业种植数据（如土壤、环境、病虫害等方面数据），不仅能提高农业管理效率和农产品的质量，还能实现农产品溯源，解决了农村电商交易中用户不能接触实物的问题，助力农村电商销售。

1.2.3　农村电商发展面临的挑战

近年来，在国家政策与各大电商龙头企业的支持下，农村电商发展迅速，取得了较好的成果，但由于各种主观或客观方面的不足，农村电商仍旧面临着供应链、物流、营销及人才等方面的挑战。

1. 供应链挑战

在农村电商发展之初，可能很少的产品就能满足用户需求，但随着农村电商的体量越来越大，用户对农产品的数量需求有所增加，对农产品的品质要求有所提高。这对开展农村电商的商家提出了挑战，要求商家要拥有成熟的供应链，不仅产品供应要保质保量，而且要能够灵活应对产品销量的波动。

2. 物流挑战

虽然我国的物流网络已覆盖了大部分地区，但农村居民居住分散，物流网点数量也远不及城市，这就使得快递取件、送件的成本较高。此外，生鲜类农产品对存储和运输的要求都更高，如冷冻运输、冷藏运输等，这些都是开展农村电商要面临的挑战。

3. 营销挑战

农村电商发展还面临一个挑战——使农产品从电商平台众多同质化的产品中脱颖而出，这对商家的营销能力提出了更高的要求。商家需要深度挖掘品牌和产品价值，通过打造企业或品牌知名度来推动品牌特色化，实现以品牌化建设为重点、线上线下相融合的整体营销模式。

4. 人才挑战

人才是发展农村电商的关键，但我国农村的人口外流情况十分严重，很多电商相关人才没有留在农村发展的想法，这就产生了一个亟待解决的问题——电商人才的培养问题。但我国现有的电商专业教育无法有针对性地输出电商人才，尤其是农村电商方面的人才。目前，我国政府已经开始重视这个问题，在电商专业人才培养方面大力增加投入，建设了很多电商研究与培训基地，通过教育培训，打造电商人才队伍。通过发展当地的农村电商，带动外流人才返乡，并参与农村创业。但培养人才需要时间，在现阶段，人才不足仍是农村电商发展面临的一大挑战。

📖 知识补充

农村电商运营人才不仅需要学习营销专业知识，还需要有针对性地学习农产品相关知识，如农产品种植技术、农产品生长环境等，从而更快地适应工作。

1.2.4　农村电商的发展趋势

农村电商的出现不仅引起了我国社会和商业环境的深层次变革，还为新农村建设带来了动力。目前，农村电商仍然在不断发展，并在发展过程中体现出了一定的发展趋势。

1. 走向国际舞台

我国是农产品生产和消费大国，农产品贸易规模逐渐扩大。2020年1—7月，我国农产品进出口额为1380.7亿美元，同比增长7.8%。而根据农业农村部信息中心联合中国国际电子商务中心研究院2020年发布的《全国农产品跨境电子商务发展研究报告》，2019年我国粮食、棉花、油料、蔬菜、水果、肉类、禽蛋、水产品等产量均居世界首位，也是世界重要的茶叶和水产品出口国，优质的农产品越来越得到国际市场的认可。随着跨境电商产业链的不断完善、生态体系的日益健全，以及"一带一路"的发展，我国更多优质农产品将"走出去"，因此农产品跨境电商出口将有很大的发展潜力。

2. 形态多样化

第一，经济发展与互联网技术的快速发展推动着农村电商不断衍生出新的模式。在农产品上行方面，我国农产品消费市场呈现多元化发展态势，越来越多的商家根据不同的消费场景开发出小而美的产品，进一步促进我国农产品消费市场的细分。

第二，直播电商、移动互联网等的兴起，降低了农村电商的门槛，使得普通农户有机会成为农村电商的参与主体（包括农产品电商商家、农村旅游服务提供商等）。这些小商家的生产经营策略灵活，进一步激发了市场活力与创造力。

第三，农场直供模式、用户定制模式兴起。这类模式依托商家自有的生产基地，旨在为用户提供高品质的农产品。

第四，农村电商的发展潜力吸引了越来越多跨行业的人才加入，带来了其他行业的经验，催生了产品和服务的新形态。

3. 体系逐步完善

伴随着新的通信技术在农业生产经营管理中的全面应用，越来越多的电商商家开始在农业生产端布局，这将有助于实现农业生产标准化、农产品商品化与品牌化、农业经营主体规范化，重塑相关产业链。例如，京东农场利用人工智能、物联网、大数据等技术实现了生产端的精细管理，从农业生产端进行数字化改造，提高农业生产和管理效率。

1.3　农产品电商概述

农产品电商是农村电商的一个细分类型，近年来持续受到人们的关注。自2009年开始，生鲜电商大批出现，农产品电商也开始迅速发展。至今，农产品电商已是促进农产品销售、提高农户收入、带动农村经济发展的重要手段。

1.3.1　农产品电商的作用

农产品电商是电商在农产品生产和销售领域的延伸与应用，它能加速农业信息的流通、拓宽农产品销售渠道，并创新农产品营销模式。

● **加速农业信息的流通**：在传统农业特有的家庭式小规模生产下，农户一般都是靠经验生产的，但这样的生产方式已经跟不上时代发展的趋势，严重阻碍了农业信息的交流。农产品电商则可以使农产品供求双方及时地沟通，解决我国农业小农户与大市场的矛盾，实现农业生产与市场需求的对接，让供方依据市场情况调整生产计划、合理定产，从而降低生产方面的风险。同时，农产品电商能够改善农产品流通状况，提高农产品交易总额，增加农户收入。

● **拓宽农产品销售渠道**：我国农产品销售长期面临销售渠道窄、费用成本高、中间环节多等问题，而农产品电商可以实现农产品流通的组织化、规模化，并为供求双方提供直接交易的机会，这不仅减少了中间环节，还能够降低交易成本，使农产品获得价格上的优势。

● **创新农产品营销模式**：传统农业的营销发展十分滞后，在营销创新方面，农产品远远落后于工业产品，而电商模式凭借互联网的优势，可以高效地对农产品进行营销创新、包装设计等。

1.3.2　农产品电商的运营模式

随着农产品电商的发展，各种不同的运营模式开始出现。目前国内农产品电商的运营模式主要有商家对用户（Business to Customer，B2C）、工厂对用户（Factory to Customer，F2C）、用户对用户（Customer to Customer，C2C）、线上线下一体化（Online to Offline，O2O）、社区团购、用户对商家（Customer to Business，C2B）等模式。

1. B2C模式

B2C模式是目前农产品电商领域的主流运营模式。该模式可以分为平台型B2C模式和垂直型B2C模式。

● **平台型B2C模式**：平台型B2C模式即农产品商家入驻综合电商平台，如京东、天猫等，作为第三方卖家将农产品销售给用户，并自行负责物流配送。这种模式的优势是农产品商家所入驻的电商平台的知名度较高，拥有规模较大的消费群体和完善的支付系统；劣势是电商平台竞争激烈，流量获取成本高。

● **垂直型B2C模式**：垂直型B2C模式即专业的农产品电商平台直接从优质供应商处采购农产品，然后以自营的方式将农产品销售给用户。这种模式的典型代表有顺丰优选、本来生活网等。

2. F2C模式

F2C模式是农场直供模式，即农产品商家在某地区承包农场，发展种植业和养殖业，然后通过自建B2C网站的方式将生产的农产品销售给用户，典型代表是沱沱工社。早在2008年，沱沱工社就投入大量资金在北京自建了1050亩（1亩≈666.67平方米）的种植大棚，种植有机蔬菜，养殖有机家禽、家畜，希望能将农产品的品质把控权掌握在自己手中，为用户提供安全、放心的农产品。F2C模式的优势是可以快速赢得用户信任，缺点是受制于场地有限和非标准化生产，无法满足用户更加丰富的需求，市场空间有限。

3. C2C模式

C2C模式是生产农产品的个体农户直接将农产品销售给用户的模式。近年来随着移动互联网的普及，越来越多的农户掌握了智能手机的使用方法，在生产农产品之余借助智能手机销售农产品，因而该模式得到了快速发展。在该模式下，个体农户主要借助微信、淘宝网等平台开展网上销售，通过自己的货车或第三方物流配送农产品。这种模式适合居住在城乡接合部、农产品生产量较小的个体农户，销售的农产品主要是自家生产的特色农产品，如水果、鸡蛋等。但由于销量小，个体农户的运营能力有限，以及缺乏相应的监管等，此种模式的市场发展空间较小，物流配送成本相对较高，农产品质量风险较高。

4. O2O模式

O2O模式是线上线下相融合的模式，即用户线上买单、线下体验的模式。在该模式下，线下实体店负责提供农产品展示、体验式消费服务等，线上电商平台负责导入流量、销售农产品以及管理会员，同时农产品商家还可以通过微信群、微博、微信小程序等渠道进行营销。该模式的优势在于物流成本较低，互动性较强，能够有效地挖掘线下资源，导入线上流量，并且能够通过线下服务培养用户对农产品商家的信任；劣势在于线下实体店的辐射能力有限。

5. 社区团购模式

社区团购是以小区为基本单位，以社群、微信小程序等线上平台为载体，整合社群以及供应商资源，集中化采购小区业主所需农产品的商业模式。社区团购是当前十分热门的农产品电商运营模式，尤其适合蔬菜、水果等高频、刚需的日常生活消费农产品等。社区团购采用"团长（一般为社区实体店主）+线上预订+次日送站+站点（一般为社区实体店）自提"的模式，例如，团长通过微信群发布农产品拼团信息，社区用户于当日23点前在线上通过微信小程序等拼团，社区团购平台于次日16点前将该社区用户购买的农产品统一配送到站点，然后团长负责检查农产品的数量和质量并暂时加以妥善储存，最后用户在16点后到站点提货。

社区团购的优势在于：第一，社区团购采用集中配送、集中履约的方式，将一个小区当天所有的订单一次性配送到小区站点，由小区用户自提，大大降低了物流成本；第二，社区团购充分利用社区中原有的门店资源（如水果店、快递超市、杂货店等），将原来的门店店主发展为团长，因而不用承担门店、配送站、前置仓的租金；第三，社区团购采取的是预售模式，用户下单后再向供应商采购相应的农产品，不用囤货、备货，所以不必承担损耗、管理等方面的成本。

6. C2B模式

C2B模式的本质是用户定制模式。在该模式下，农户首先要发展大规模的种植业或养殖业，具备一定的农产品生产能力，然后在网络平台上发布推广信息并招募会员，通过会员系统收集会员的农产品需求并组织生产，待农产品产出后以家庭宅配的方式将农产品配送给会员。该模式的盈利来源主要是会员费（会员年卡、季卡或月卡费用），优势是可以定制化生产，生产经营的风险小，劣势是市场发展前景受农户生产能力影响较大，难以实现大规模扩张。该模式的典型代表是多利农庄，图1-3所示为多利农庄的农产品生产基地。

净水分离器

多利农庄通过水质净化和在农庄周围修建20米宽的水道隔离带，将蔬菜与外界污染、虫害进行隔离，以避免病交叉感染，充分促证有机种植基地的水源清洁，使有机蔬菜灌溉用水水质达到居民饮用水标准。

育苗间

先进的基础设施，全玻璃结构温室；高压喷灌系统，在夏季能起到雾化降温效果；专用水帘和换气扇，让幼苗在夏季也可以正常生长。

图1-3　多利农庄的农产品生产基地

1.3.3　农产品电商的新发展

随着各种新技术的发展，农产品电商也在不断发展，目前在数字化和新零售等新方向已有了重大突破，这进一步提高了农产品电商的运营效率，以及提升了用户的购物体验。

1. 农产品电商数字化

在大数据、互联网、云计算、区块链、人工智能等多种技术的支持下，越来越多涉农领域的互联网科技公司开始出现，进一步推进了以数字化手段变革农业生产和销售方式的进程。并且，我国新基建的大力发展也为乡村数字化建设带来了机遇。目前，我国农产品电商的数字化发展主要体现在生产、物流和销售3个环节。

（1）数字化生产

物联网、5G、人工智能等技术的应用，使得农业生产资料、生产过程实现数字化，有效促进了农产品的标准化生产，使农产品种植、生产和流通的全过程被摄像头、传感器准确记录，并纳入开放信息平台，再结合种植主体及经营主体认证机制，全面实现农产品溯源管理，使产销两端通过线上对接，为用户提供优质的数字化农产品。例如，位于崇明区、占地面积为160亩的翠冠梨数字农业基地的农户运用了多项高科技，只需通过手机便能操作无人机、田园机器人去完成植保和撒药等工作，十分便利。该基地生产的翠冠梨直供盒马鲜生门店和盒马鲜生天猫旗舰店，大大缩短了销售链。

（2）数字化物流

近年来，阿里巴巴等电商企业大力推动农产品电商数字化物流的发展。阿里巴巴在农业"最先一公里"领域持续投入大量资金，建成了超过1000个菜鸟乡村物流县域共配中心。2019年，菜鸟乡村启动了农村快递物流智慧共配项目，该项目以"快递共配+农货上行"为核心，向县域快递企业提供关于技术、管理、商业方面的解决方案，有效地提高了农村快递共配体系的工作效率，并降低了相关成本。

（3）数字化销售

农产品数字化是指农产品信息可量化。例如，奉节脐橙的信息就可以量化为"单果重185g～250g，可食部分占72%，至少可以榨出单果重量的50%的果汁"。在农产品电商中，农产品商家在销售过程中可以通过积累用户的购买及评价数据来获取真实、全面的反馈信息，并将这些信息传递给供应链各方，从而为有针对性地提升农产品的品质和提高服务质量提供决策依据。

同时，凭借高科技手段，农产品数字化已成为可能。这可以为用户提供更直观、可靠的农产品信息，助力农产品销售。此外，直播的兴起还给农产品电商的购物场景带来了巨大的变化，用户通过手机便可直观地看到农产品采摘、加工场景，从而买得更放心。

2. 农产品电商新零售

所谓新零售，是指企业依托互联网，运用大数据、人工智能等技术，升级改造产品的生产、流通与销售过程，进而重塑业态结构与生态圈，并深度融合线上服务、线下体验以及现代物流。线上线下均设有相应的店铺是开展新零售的必要条件。

简单来说，新零售可以总结为线上+线下+物流，强调以用户为中心，全面打通会员、支付、库存、服务等方面的数据壁垒。从本质上来说，新零售是以用户体验为中心，进行人、货、场3要素的重构。而在农产品电商新零售中，人、货、场3要素也发生了巨大变化。

（1）人

这里的"人"指的是用户。对于用户而言，消费正在逐渐升级，对于农产品的要求也不再是价格便宜，而是好吃、健康、品质优良，即已完成了从吃得饱到吃得好再到吃得精的转变。用户在购物时也会关注农产品的包装、品相、营养成分、品牌文化等。

针对用户更加追求品质、更多元化的购物需求，农产品商家要基于多平台积累的大量用户数据，分析出每位用户的喜好、生活方式、消费水平、购物习惯等，完整清晰地刻画出目标人群的画像，使用户从被动的接受者转变为与农产品商家合作的生产者，既购买农产品，又反馈信息，帮助农产品商家更好地生产与销售农产品，最终实现以销定产，最大限度地降低库存。

（2）货

这里的"货"指农产品商家生产或销售的农产品。在传统农产品交易中，农产品处于小、散、乱的状态；而在新零售下，随着科技的发展和用户生活水平的提高，用户不再满足于购买通用性农产品，而是更在意农产品的质量、包装以及背后的情感与价值理念。传统的低价值产品（初级农产品）升级为了高价值产品（标准化、品质化的农产品）以及无形的产品（个性化的服务）。同时，农产品的价值也不再单纯是使用价值，还包含了农产品给用户带来的便利性、社交价值以及其他情感等。

📝 **知识补充**

在新零售中，为了让农产品实现标准化，农产品商家采用了3种手段：一是在生产、存储、运输的过程中，尽可能让外部条件标准化；二是分级和粗加工农产品；三是统一包装农产品。图1-4所示为统一包装后的农产品，其看起来品相好、新鲜、干净，因而比一般散装销售的农产品的价格更高，利润也更高。

图1-4 统一包装后的农产品

（3）场

这里的"场"指消费场景。在传统的农产品消费场景中，农产品在原产地采摘后被运往各地批发市场批发出售，再被运往各个社区农贸市场或路边小摊零售。在这样的消费场景中，用户完成支付后，销售过程就基本结束，商家与用户缺乏互动的机会，用户黏性很弱。而在新零售中，消费场景已不再仅仅是交易场所，在以盒马鲜生为代表的新零售生鲜超市中，消费场景得到了全面升级，围绕着用户的综合消费需求，覆盖了农产品销售场所、餐饮场所、咖啡茶饮场所等。农产品商家不仅出售农产品，还满足用户餐饮、娱乐、社交等个性化需求，将农产品销售融入美食品尝、农事劳作、农事艺术等健康生活体验场景中，为用户带来全新的购物体验。图1-5所示为盒马鲜生大连高新店联合优酷体育举办的CBA观赛活动，球迷一边品尝盒马鲜生提供的丰盛海鲜，一边观赛。

图1-5 观赛活动

随着诸如物联网、人工智能、虚拟现实（Virtual Reality，VR）等各种新技术的广泛应用，新零售生鲜超市实现了智能化升级，引入了智能触屏、智能货架、智能收银系统等物联设备，拓展了消费场景，提升了购物便捷性和用户的购物体验。例如，集餐饮、购物于一体的新零售生鲜超市——苏鲜生就引入了无人收银系统，用户直接在自助收银台完成支付后打印小票，然后到出口处核实后就可以走出超市，大大节省了排队时间。同时，苏鲜生还支持刷脸支付，让支付更加便捷。

知识补充

消费场景可以是实体的，也可以是虚拟的。农产品新零售要注重打造场景和氛围，刺激用户的购买欲。例如，盒马鲜生等超市通过装修、陈列、灯光、宣传等一系列手段营造出了一种高品质的生活氛围，让用户不知不觉地产生一种在其中购物就能提升生活品质的感觉，从而彰显自己的品位和社会地位，因而用户能接受相对较高的农产品价格。

1.4 本章实训——分析义乌农村电商的发展

早在2005年，义乌市就开始发展农村电商，而此时，网络零售业才刚刚起步。义乌市抓住了这一机遇，借助规模宏大的义乌商城以及成熟的产业体系，开展了网络零售与批发业务。此外，义乌市也十分重视人才的培养，建立了完善的政策体系，支持电商发展。本实训将通过分析义乌农村电商的发展，使读者对农村电商有更多的认识。

1. 实训要求

① 判定义乌农村电商所属类别。

② 分析义乌农村电商的发展机遇。

③ 分析义乌农村电商的发展趋势。

2. 实训准备

在分析义乌农村电商的发展前，需要先收集义乌农村电商的相关资料，在收集相关资料时需要确定收集资料的途径，以及辨别资料的真实性和可用性。

● **确定收集资料的途径**：在搜索相关资料时，可以借助的途径包括搜索引擎、政府网站、专业的农村电商资讯网站等。

● **辨别资料的真实性和可用性**：一般来说，政府网站和专业农村电商资讯网站的资料真实性较高，而搜索引擎的资料真实性需要结合内容发布者、其资料来源进行核实。此外，还需结合实际情况，确定收集到的资料是否可用。

3. 实训步骤

完成本实训需要先通过搜索引擎收集义乌市的相关资料，然后结合义乌市的背景资料和本章知识体系，整理、分析义乌农村电商的所属类别、发展机遇和发展趋势。

① 搜索义乌农村电商相关资料。在百度、搜狗、搜狐、360等搜索引擎，以及义乌政府门户网站，以"义乌农村电商"为关键词进行搜索，在搜索结果页中浏览并选择与义乌农村电商相关的资料，收集并整理可用资料。图1-6所示为百度搜索引擎中"义乌农村电商"关键词的搜索结果页，图1-7所示为义乌政府门户网站中"义乌农村电商"关键词的搜索结果页。

② 分析义乌农村电商所属类别。根据分类依据分析义乌农村电商所属类别，如根据产品流通方向，义乌农村电商属于输出模式，因为义乌主要是将产品输出到其他城市，解决产品滞销相关的问题，增加当地居民收入。

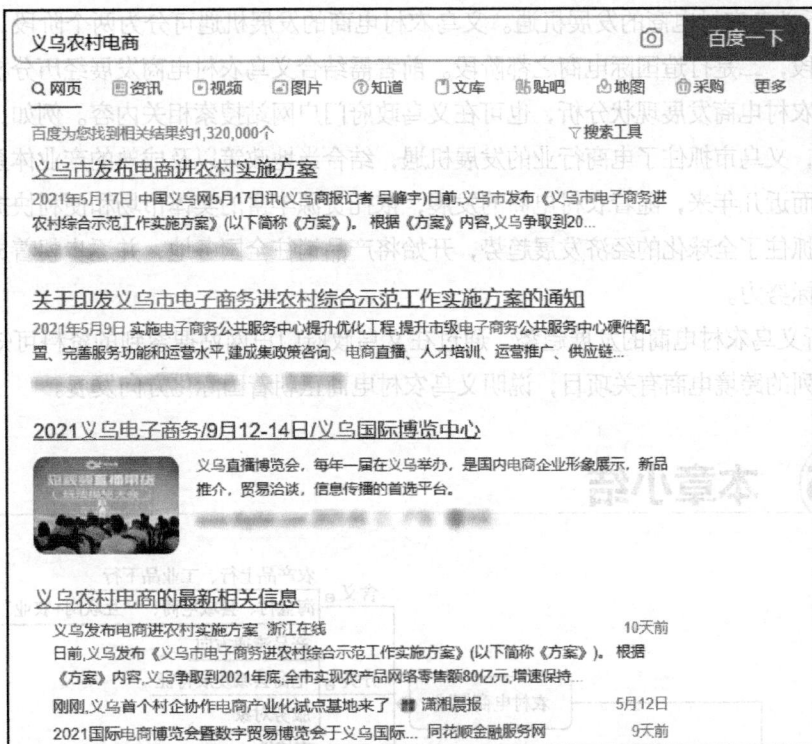

图1-6 百度搜索引擎中"义乌农村电商"关键词的搜索结果页

图1-7 义乌政府门户网站中"义乌农村电商"关键词的搜索结果页

③ 分析义乌农村电商的发展机遇。义乌农村电商的发展机遇可分为两个阶段，一是农村电商起步阶段，二是打造国际电商之都阶段。前者需结合义乌农村电商发展经历分析，后者则需结合义乌农村电商发展现状分析，也可在义乌政府门户网站搜索相关内容。例如，在农村电商起步阶段，义乌市抓住了电商行业的发展机遇，结合当地政策以及成熟的产业体系，开展了农村电商。而近几年来，随着农村电商的发展，依托货源丰富的实体市场和便利快捷的物流优势，义乌市抓住了全球化的经济发展趋势，开始将产品销往全国各地，并逐步朝着成为国际电商之都的目标努力。

④ 分析义乌农村电商的发展趋势。通过在义乌政府门户网站搜索到的资料可知，义乌市开启了一系列的跨境电商有关项目，说明义乌农村电商正朝着国际化方向发展。

1.5 本章小结

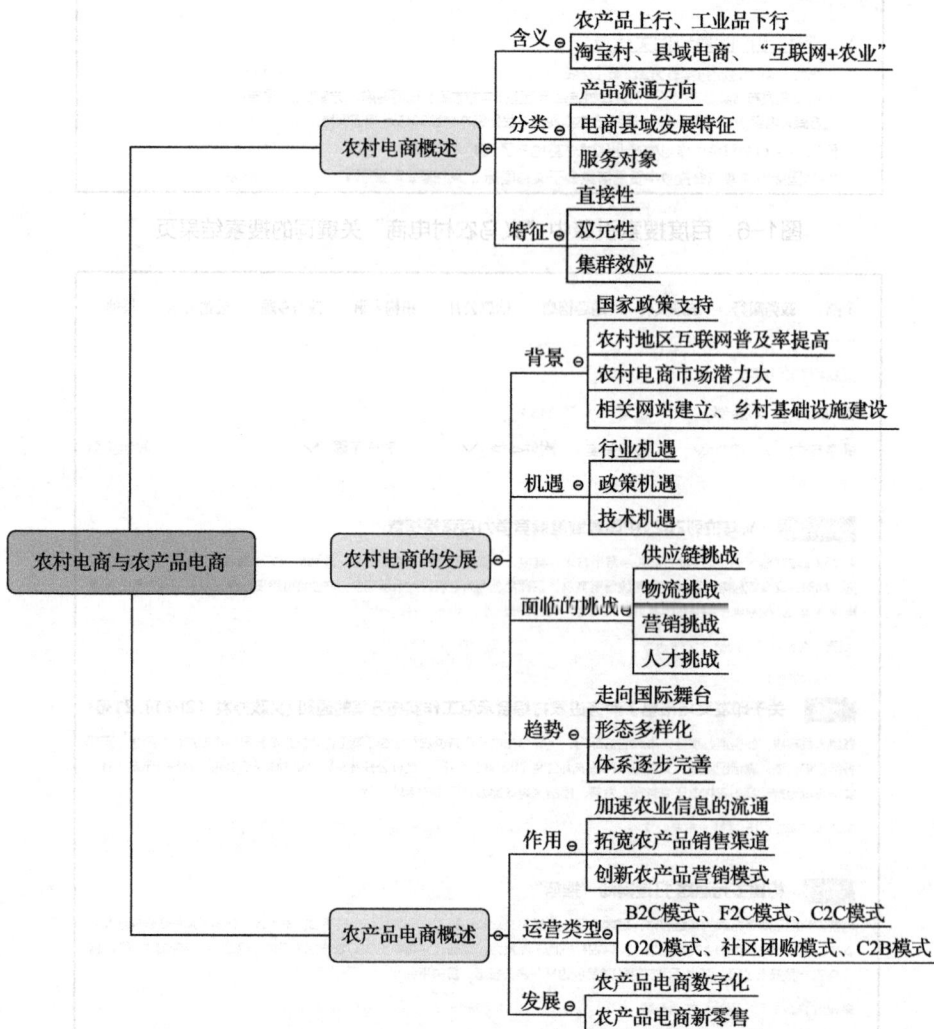

真实案例推荐阅读

1. 赶街——新农村电商服务站
2. 福建仙游——用红木家具打开电商大门
3. 云南元阳——农旅结合的电商扶贫探索

拓展阅读

真实案例推荐阅读

第2章 农产品营销与运营准备工作

学习目标

◆ 了解农产品营销的相关知识。

◆ 掌握农产品市场调研的方法。

◆ 熟悉定位农产品市场的方法。

◆ 熟悉农产品营销的渠道。

鸦岭红薯的翻身之路——岭上硒薯

河南省伊川县鸦岭镇位于豫西浅山丘陵地区，有着数百年的红薯种植的历史。该地居民种植红薯的经验十分丰富，且技术过硬。早年间，鸦岭红薯多作为当地居民粮食，但每当红薯大丰收时，多余的红薯就只能扔掉。

近年来，河南省地质矿产勘查开发局调查发现，鸦岭镇土壤富含硒，且当地日照时间长、昼夜温差大，这一系列因素使得鸦岭镇生产的红薯具有软糯香甜的特点，其蛋白质、淀粉、果胶、纤维素、氨基酸、维生素等也高于其他地区产出的红薯。

于是，鸦岭镇在县委、县政府的带领下，开始大力发展红薯产业，助力脱贫攻坚，并打造了"岭上硒薯"这个品牌。

2017年，当地政府与洛阳市红薯产业协会、河南科技大学合作，针对当地发展红薯产业中出现的问题，提出了一系列的解决办法，并针对红薯的种植、管理提供了专业的技术指导。

鸦岭镇不仅和企业签订了长期购销合同，还借助电商平台，将鸦岭红薯售卖到了全国各地。

2.1 了解农产品营销

随着农村电商的兴起，电商平台上的农产品品类越来越丰富。要想使自己的产品在众多农产品中脱颖而出，就需要了解农产品营销，借助营销手段打造特色农产品。

2.1.1 农产品营销的相关概念

农产品营销是农产品电商发展中较为关键的环节，不仅影响农产品的品牌知名度，很大程度上还决定了农产品的销量。在开展农产品营销前，农产品商家应先了解农产品营销的相关概念，如农产品、农产品市场和农产品营销等。

1. 农产品

农产品是指种植业、养殖业、牧业、林业、水产业等生产的各种植物、动物的初级农产品及初级加工农产品。

- **初级农产品**：初级农产品是指从农业活动中获得的且并未经过加工的各种动物、植物及其产物，如毛茶（从茶树上采摘下来的鲜叶和嫩芽）、芭蕉、花生、黄豆等。
- **初级加工农产品**：初级加工农产品是指要经过一定加工环节才能食用、使用或贮存的加工品，如大米、酱油、冰冻鸡腿等。

农产品与人们日常生活的方方面面息息相关。商家在营销农产品时，需要了解农产品的分类及农产品的标识，才能合理地定位农产品市场。

（1）农产品分类

按照习惯（市场上有不同的分类方式，农产品分类有重合属正常现象），农产品可以分为粮油、果蔬及花卉、林产品、畜禽产品、水产品和其他农副产品等6个类别。

- **粮油**：粮油是对谷类、豆类等粮食和油料及其加工成品和半成品的统称，是人类主要食物的统称。粮食主要指粮食作物的种子、果实和块根、块茎及其加工得来的产品。粮油类农产品关系着民生，是人们营养和能量的主要来源。

● **果蔬及花卉**：果蔬及花卉包括果品、蔬菜和花卉。果品可分为鲜果、干果、瓜类及其加工品；蔬菜可分为根菜类蔬菜、茎菜类蔬菜、叶菜类蔬菜、果菜类蔬菜、花菜类蔬菜和食用菌类蔬菜；花卉可分为观赏用花卉、香料用花卉、熏茶用花卉、医药用花卉、环境保护用花卉和食品用花卉。

● **林产品**：林产品是指林木产品、林副产品、林区农产品、苗木花卉、木制品、木工艺品、竹藤制品、森林食品、林化工产品，以及与森林资源相关的产品。

● **畜禽产品**：畜禽产品主要指肉、蛋、奶、脂、禽及其初加工品。

● **水产品**：水产品是海洋和淡水渔业生产的水产动植物产品及其加工产品的总称，包括捕捞和养殖的鲜活品，以及经过冷冻、腌制、熏制、熟制、干制、罐装和综合利用的加工产品。

● **其他农副产品**：其他农副产品是由农业生产所带来的副产品，包括农、林、牧、副、渔五业产品，分为粮食、经济作物、竹木材、工业用油及漆胶、畜禽产品、蚕茧蚕丝、干鲜果、干鲜菜及调味品、药材、土副产品、水产品等大类，每大类又可分为若干小类。

（2）农产品标识

我国的农产品标识有无公害农产品、绿色农产品、有机农产品、名优农产品和转基因农产品5种。

● **无公害农产品**：无公害农产品是指生产地环境、生产技术符合国家相关规定，有害物质控制在安全允许范围内，并通过有关部门授权审定批注，允许使用无公害农产品标识的未经加工的或初加工的食用农产品。图2-1所示为无公害农产品的标识。

● **绿色农产品**：绿色农产品是指遵循可持续发展原则，按照特定生产方式生产，经国家特定机构认可，准许使用绿色食品标识的无污染、安全、优质、营养类食品，如绿色水稻、绿色蔬菜、绿色水果、绿色水产品等。图2-2所示为绿色农产品的标识。我国绿色农产品又分为A级和AA级：A级为初级标准，即允许在生长过程中限时、限量、限品种使用安全性较高的化学合成生产资料；AA级为高级绿色农产品，要求在生产过程中不使用化学合成的肥料、农药、兽药、饲料添加剂、食品添加剂和其他对环境以及健康有害的物质。

● **有机农产品**：有机农产品是指按照有机农业原则和有机农产品生产方式及标准生产、加工出来的，已通过有机食品认证机构认证的纯天然、无污染、高品质、高质量、安全营养的高级食品，也称为"AA级绿色"。图2-3所示为有机农产品的标识。

> **思考与讨论**
>
> 结合生活，你是如何看待无公害农产品、绿色农产品和有机农产品的？

图2-1　无公害农产品的标识　　　图2-2　绿色农产品的标识　　　图2-3　有机农产品的标识

● **名优农产品**：名优农产品是指由生产者自愿申请，经有关地方部门初步审核，再由权威机构根据相关规定程序，认定的具有一定生产规模、经济效益，且质量好、市场占有率高，已经发展成当地农村经济主导产业的，有品牌、有明确标识的农产品。

拓展阅读

农业转基因生物标识
管理办法

● **转基因农产品**：转基因农产品是指通过转基因技术，即利用分子生物学手段将某些生物基因转移到另一生物基因上，栽培、育种或改良的农作物产品。

🎓 **行业视点**

为保证农产品质量，我国先后颁布了《中华人民共和国农产品质量安全法》《中华人民共和国食品安全法》等相关法律，为农产品标准化生产提供了法律依据。

2. 农产品市场

从狭义上看，农产品市场指农产品交换的场所；从广义上看，农产品市场指农产品流通领域交换关系的总和，包括狭义的农产品市场，以及农产品交换过程中的各种经济关系、流通渠道、流通环节、农产品供给和需求的宏观调控等。

（1）农产品市场特征

与其他市场相比，农产品市场具有以下特征。

● 农产品市场交易中的农产品具有生活资料和生产资料双重性质，如水果、蔬菜、棉花等，既是人们日常生活的必需品，又是食品加工或棉纺工业的原材料。

● 供给具有季节性和周期性。农业生产的季节性和周期性决定了农产品市场供给的季节性和周期性。农产品市场的供给分为淡季、旺季。要想减小农产品生产的季节性和周期性影响，农产品商家需要及时采购并销售农产品。

● 受自然风险和市场风险双重约束。农产品的生长过程受到自然环境的影响，而农产品的储运、售卖过程又受到市场影响，形成互为因果、彼此呈反相关的双重风险。当自然风险小时，农产品质优量大，价格会相应降低，市场风险会增大；反之，自然风险增大后，农产品会因歉收而产量少，市场风险会相应减小。

● 呈现"分散—集中—分散"的流通趋势，即农产品分散生产，集中收购、贮藏、运输、加工等，最后再经批发、零售等环节分散到用户手中。

● 需保持供求平衡的基本稳定性。农产品的供求平衡且基本稳定十分重要，是保证社会稳定和经济发展的条件。

（2）农产品市场类型

从不同层面来看，农产品市场可以分为不同类型。

● **按农产品种类分类**：按农产品种类，农产品市场可分为种植产品市场、林产品市场、畜产品市场、水产品市场。

● **按地域分类**：按地域，农产品市场可分为国内市场和国际市场，其中国内市场还可以分为农村市场和城镇市场。

- **按交易规模和类型分类**：按交易规模和类型，农产品市场可分为农产品综合交易市场、专业批发市场、零售市场和城乡集贸市场。
- **按农产品交易方式分类**：按农产品交易方式，农产品市场可分为现货交易市场和期货交易市场。

3. 农产品营销

农产品营销是指农产品生产者与经营者个人和群体，在农产品从农户到消费者的流通过程中，实现个人和社会需求的各种产品创造和交易的一系列活动。由于农产品与其他产品相比存在不同，所以农产品营销有着独特的特点，其主要体现在以下两个方面。

- 农产品营销的过程中有许多不可控制的因素，并且投入产出比较小，投资回收期长，且回报率低。
- 农产品的需求弹性低，价格变化对需求量的影响较小。

2.1.2 "互联网+农产品营销"的发展

农业发展影响着人们的生活水平，农产品销售是农户获得经济收入的一项重要手段。在互联网发展起来之前，农产品呈现出分散化、无规模等特点，其产量和质量也因此具有较强的不确定性。这主要是因为：一方面，农产品生长周期长、品种多，且受制于生长环境，农户和中小企业没有条件保证农产品的生产标准与质量；另一方面，传统农产品销售涉及的交易主体多、流通链条长，一般以批发市场为核心，经过生产者、经销商、批发市场、超市等多个中间环节才会到达用户手中，这导致农产品销售的流通成本高、产品质量与价格不对称，影响用户对农产品质量的评价，进而导致农产品难以形成品牌化生产和营销。

随着我国城市化和互联网技术的发展，农产品经营逐渐由分散化模式转变为集约型、产业化模式；随着农村居民对电子商务、互联网技术的了解与认识不断深入，农产品的销售模式也逐渐由传统线下方式转变为网络销售模式。特别是2015年，《政府工作报告》首次提出了"互联网+"这一概念。"互联网+"是对传统经济模式的一次升级和转型，是通过互联网平台将信息和传统行业进行融合，利用互联网的优势为传统行业创造新的发展机会。"互联网+农产品"就是依托互联网技术，通过对传统农业与互联网的融合，对农产品的交易场所、交易时间、交易品种、中间环节等进行改革，从而全方位实现对农业生产、销售的跟踪与监控。特别是物联网、云计算、大数据等新兴技术的应用，有效地解决了农业生产的标准化、集中化等问题，实现了对农产品生产的追踪溯源，保证了农产品质量，推动了农产品的产品分级与品牌化生产与营销。

在这样的背景下，农产品营销结合互联网与电子商务，在营销模式上发生了巨大的改变。首先，农产品销售立足于线上平台，通过线上平台连接农产品流通过程中涉及的各个中间环节，提高了农产品市场的信息传达速度与农产品供应环节的透明程度。其次，农产品销售依靠电商平台的货源组织、零售交易、物流配送等能力，减少了流通环节的交易成本，缩短了生产者与用户的距离，有效解决了农产品的流通困局。在营销模式上，农产品营销由传统的线下模式转变为线上线下整合模式，多渠道、全方位的营销渠道为农产品营销提供了更广阔的空间，改变了产销脱节的尴尬局面，有效地缓解了农产品"难卖"的问题。这样，农产品营销就不再依靠高昂的传播成本来实现品牌化，而是可以通过互联网实现传播方式的去中间化和碎片化，帮助农产品营销主体以极小的成本获得信息并应用到消费与生产决策中，最终改进农产品零售市场的运营模式。例如，就目前来说，"线上商城+本地农场+同城配送"的运营模式是"互联网+农产品营销"的典型代表之一。该模式应用了农场溯源、基于位置的服务（Location-Based Services，LBS）等技术，融合了直播营销、短视频营销等营销方式，让用户通过手机就能直接与源头农场对接，实现农产品动态查看与农产品的自由选购和定制，从而真正实现从农场生产到餐桌消费的全程透明化。

总的来说，互联网给农产品营销带来的影响非常大，"互联网+农产品营销"是现阶段农产品营销的重要手段，能够在满足时代发展需求的基础上，促进我国的农业经济发展。

🎓 **行业视点**

为解决农产品"难卖"问题，实现优质优价带动农户增收，我国出台了《关于实施"互联网+"农产品出村进城工程的指导意见》，从工程实施层面提出了系统解决农产品"难卖"问题的具体方案。这表明了国家对农产品销售的大力支持。

2.2 农产品市场调研

我国农产品市场的规模庞大，且容易受农产品产量、品质以及国家政策等因素的影响。因此，农产品商家在开展农产品营销前，有必要运用一定的科学方法，有组织、有计划地收集、整理、传递和利用市场的信息，了解市场供求关系，为农产品目标市场的选择做好准备。

2.2.1 了解农产品市场环境

农产品市场环境是影响农产品营销的首要因素。不管是政治法律环境、经济环境、社会文化环境等宏观环境，还是农产品营销主体、营销中介、用户等微观环境的变化都影响着农产品的营销效果。因此，农产品商家在营销农产品前，应当充分了解市场环境，做好市场环境的把控与趋势研究。

1. 宏观环境

宏观环境是能对农产品营销产生间接影响的各种因素的总称，主要包括政治法律、经济、社会文化、科学技术、人口环境等因素。

（1）政治法律环境

农产品营销的各个环节都需要相关法律法规的规范，同时相关政策法律也影响着农产品市场的发展。自2015年以来，国家出台了许多与农村电商相关的支持政策，2021年，政策数量已经超过40项。农产品商家应该积极关注这些政策，掌握农村电商的最新发展动态，从而更好地制定符合自己实际情况的营销策略。

（2）经济环境

经济环境不仅包括经济体制、经济周期与发展阶段、经济政策体系等内容，也包括收入水平、市场价格、利率、汇率、税收等经济参数和政府调节取向等内容。经济环境对农产品市场具有广泛而直接的影响，宏观经济直接制约社会购买力，影响用户的收入水平和市场价格。只有个人收入水平不断提高，人们的消费规模逐渐升级，农产品市场才能不断开放，形成规模效应并获得更多发展空间。根据《2020年农产品市场状况》，当前农产品市场的发展前景广阔，人们对农产品的需求也在不断提升。

（3）社会文化环境

社会环境是农产品营销所针对的不同国家、地区、民族之间差别明显的风俗习惯、消费观念、伦理及家庭观念等。农产品营销依赖于社会环境和网络环境，受环境的制约和影响。农产品商家要重视各种社会因素，研究不同区域、不同环境下的用户的购买观念和行为，了解用户对农产品营销的反应，做好适当的消费引导，使农产品营销向个性化价值取向发展。

文化环境对农产品营销的影响主要来自人文环境影响和网络文化环境影响两个方面。农产品商家应该分析不同国家或地区在不同历史文化背景下形成的网络使用倾向的差异性，并根据当地人文特色和网络文化特色，因地制宜地制定和实施营销策略。

（4）科学技术环境

市场环境的变化与科学技术的发展有着非常紧密的关系，特别是在互联网环境下：数字技术的升级丰富了企业开展农产品营销的方式，让企业更便于发现和把握市场需求变化；移动网络技术的发展让更多用户进入农产品营销的环境，扩大了农产品市场规模；数据挖掘技术的进步为农产品营销提供了更精准的预测和判断，为实施全面营销策略奠定了基础，大大增强了营销效果。

（5）人口环境

从农产品营销的角度来看，市场中要有具备现实或潜在需求且有支付能力的人，人是农产品营销的直接和最终对象。在其他条件固定的情况下，人口决定着市场容量和潜力，人口结构影响着消费结构和产品构成。在互联网环境下，人口环境主要受网民数量、网民结构特征、网民对网络的态度、网民增长趋势等影响，因此农产品商家应该通过对网民数量、网民结构特征等内容的分析做好人口环境的调研。有关数据统计，截至2020年12月，我国手机网民规模为9.86亿人，网民中使用手机上网的比例为99.7%。我国农村网民规模为3.09亿人，占网民规模整体的31.3%，这说明农村市场潜力庞大，农产品电商拥有较大的市场潜力。并且，在众多网民中，20～29岁、30～39岁、40～49岁网民在所有年龄段的网民中的占比分别为17.8%、20.5%和18.8%，高于其他年龄段群体；50岁及以上网民群体占比由2020年3月的16.9%提高至26.3%，这说明互联网正进一步向中老年群体渗透。

2. 微观环境

微观环境又称行业环境因素，是与农产品营销联系比较密切的各种因素的总称，包括企业（即商家）、供应商、营销中介、用户、竞争者等开展农产品营销的上下游组织机构。

（1）企业

企业开展农产品营销不仅需要洞察外部环境，还需要内部的合作和支持。不管是企业最高管理层、财务部门、研究与开发部门、采购部门、生产部门、销售部门，还是专门的营销部门，都应该密切配合、协调合作，以保证农产品营销的顺利开展。此外，企业最高管理层对农产品营销的认知态度、农产品的质量和服务态度、农产品营销的渠道选择等都影响着农产品营销微观环境。

（2）供应商

供应商是指向商家提供生产经营所需的原料、设备、能源、资金、劳务等生产资源的企业或个人。商家与供应商的关系既受宏观环境影响，又制约着商家的营销活动。当供应商提供的生产资源价格较高时，会直接影响商家的生产成本，同时供应商的供货质量和服务水平等也直接影响商家的营销水平。

（3）营销中介

营销中介是指协助商家促销和分销其产品给最终购买者的企业或个人。经销商、经纪人、代理商以及仓储、运输、银行、保险、网络服务机构等服务商均属于营销中介，而农产品电商环境中的营销中介更加多样化。用户可以通过网上购物和在线销售自由地选购产品，生产者、批发商、零售商和网上销售商也可以建立自己的网站营销农产品。电商环境使企业间、行业间的分工模糊化，而更多新业务方式的出现也促进了农产品营销过程中中介机构的产生和发展。

（4）用户

用户是农产品营销的直接或最终对象，农产品营销一直以满足用户需求为核心。互联网不仅给农产品商家提供了广阔的市场营销空间，同时也增强了用户选择农产品的广泛性和可比性。因此在网络购物活动中，不同类型的用户通常会表现出不同的购买目的、购买需求和购买特点，商家不能控制用户的购买行为，但可以通过分析用户的网络消费行为，为用户提供更贴心的服务，并通过有效的营销策略处理好与用户的关系，从而促进农产品的销售。

（5）竞争者

竞争是产品经济活动中必然存在的。在互联网经济大趋势的刺激下，越来越多的商家加入了网络营销的队伍。而网络环境下，网络市场中竞争者的优缺点都可以通过网络呈现出来。随着相似业务的数量越来越多，商家之间不可避免地会形成竞争。竞争可以促进商家改进自身的不足。在开展网上营销活动的过程中，学会识别和确认竞争者，分析竞争者的目标和策略，以及资源、团队、能力和反应模式，都是商家应对竞争的好方法。

2.2.2　分析农产品市场需求

与其他产品一样，农产品也应当按照市场需求供给。农户盲目跟风种植农产品，农产品商家不按市场需求收购或销售农产品，容易导致市场供需不平衡。市场需求不是一成不变的，农产品商家在进行农产品营销前，需要充分了解农产品市场需求，准确把握市场信息。

分析市场需求的手段较多，可以线下实地探访，也可以通过线上工具进行统一调研。以线上为例，目前微信指数、百度指数、百度统计流量研究院、友盟+、易观千帆指数、SimilarWeb等都能查看行业数据，农产品商家可根据需要自行选择。下面以百度指数为例进行介绍。百度指数是以百度网民的行为数据为基础的数据分享平台，能够展示某个关键词在百度的搜索规模，监测关键词在一段时间内的搜索趋势等。其主要功能模块包括基于单个词的趋势研究、需求图谱、人群画像等。

农产品商家登录百度指数首页，在搜索框中输入关键词，如"猕猴桃"（见图2-4），按【Enter】键即可查看相关数据。

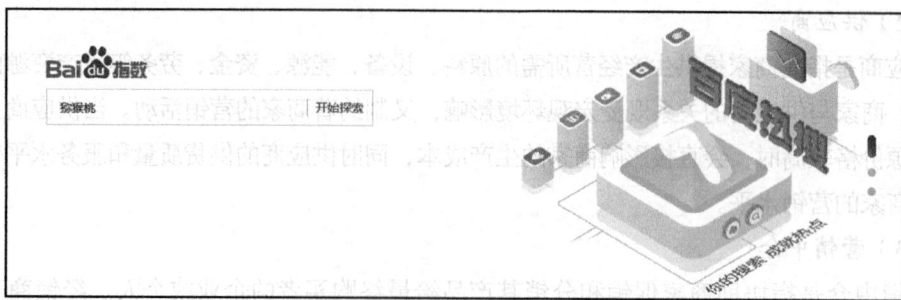

图2-4　在百度指数中搜索"猕猴桃"

1. 趋势研究

趋势研究是百度指数的默认显示模块，可以反映搜索关键词的搜索指数和资讯关注。

● **搜索指数**：默认显示输入的关键词最近30天在全国范围内的PC端和移动端的搜索指数趋势图，以及各种日均值和同比、环比变化数值。图2-5所示为"猕猴桃"近30天的搜索指数趋势图及相关数据。若想同时查看多个不同关键词的搜索指数对比情况，可单击"+添加对比"按钮，在显示的文本框中输入关键词，然后单击"确定"按钮查看。图2-6所示为"猕猴桃"和"奇异果"两个关键词的搜索指数的对比数据。

知识补充

在搜索指数区域右上方可以手动设置搜索的时间、终端和地域。单击选中"平均值"复选框可以显示搜索的指数。

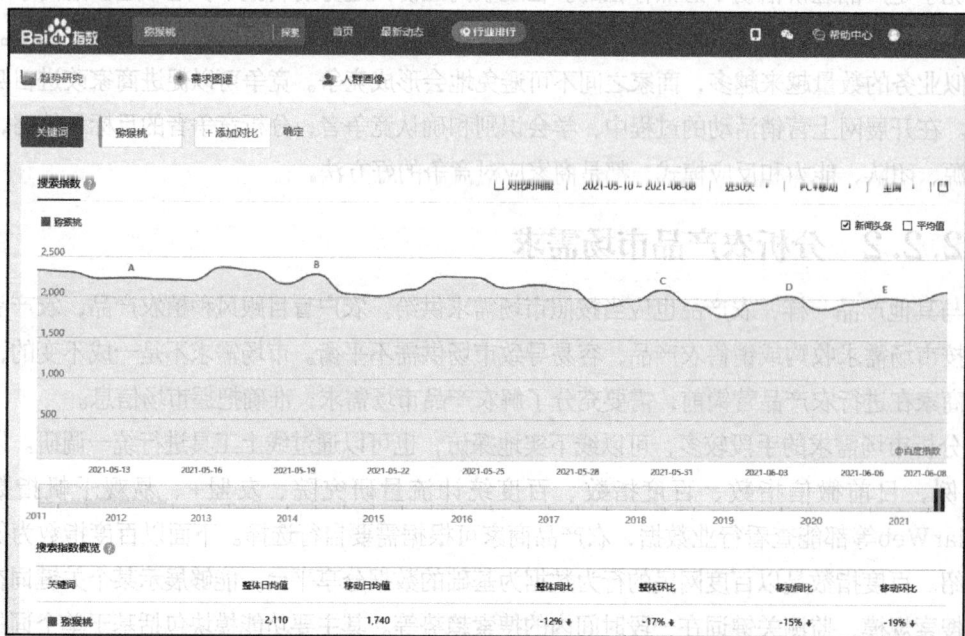

图2-5　"猕猴桃"近30天的搜索指数趋势图及相关数据

图2-6 "猕猴桃"和"奇异果"两个关键词的搜索指数的对比数据

● **资讯关注**：默认显示搜索关键词最近30天在全国范围内的资讯指数趋势图，以及日均值和同比、环比变化数值。资讯指数反映的是新闻资讯在互联网上对特定关键词的关注及报道程度的持续变化。图2-7所示为"猕猴桃"近30天的资讯指数趋势图及相关数据。

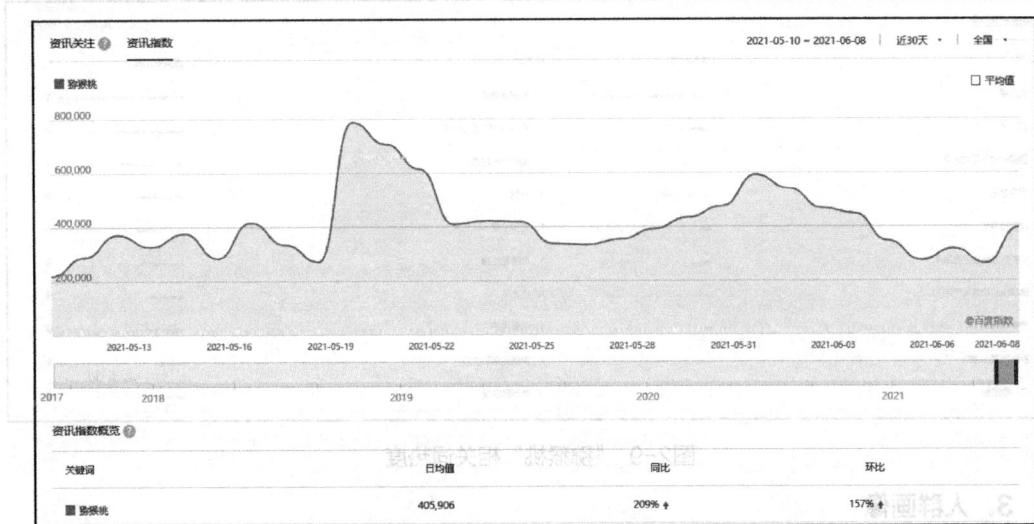

图2-7 "猕猴桃"近30天的资讯指数趋势图及相关数据

从图2-5可知，"猕猴桃"近30天内的搜索指数波动不大，但整体呈小幅下滑趋势，说明猕猴桃的市场需求小幅度下降。从图2-7可知，"猕猴桃"近30天的资讯指数波动较大，有明显的峰值和低谷，因此农产品商家需要着重查看这两个时间点的数据变化，找到数据变化的原因。

2. 需求图谱

需求图谱能够显示用户对搜索关键词的关注内容和关注点，如图2-8所示。从图2-8中可知，用户对猕猴桃的吃法、功效、种植较为关注，说明猕猴桃有一定的市场空间，农户有种植猕猴桃的需求，用户有吃的需求。此外，陕西猕猴桃、徐香猕猴桃等的搜索量也较大，说明用户对猕猴桃的产地较为关注，用户对特色农产品的需求有所提升。最后，猕猴桃农副产品的搜索量也较高，如猕猴桃干、猕猴桃果脯等，说明也有一定的市场空间。此外，其他水果，如火龙果、奇异果的搜索指数上升，说明猕猴桃的市场竞争加剧，农产品商家需要采取一定的营销策略吸引用户的关注。

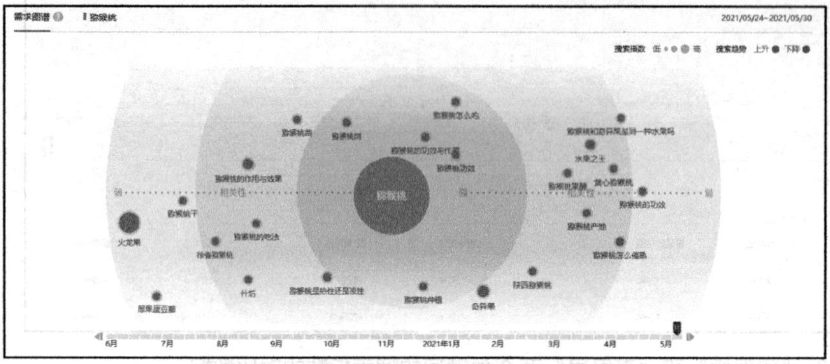

图2-8 “猕猴桃”近一周的需求图谱

“猕猴桃”近一周的需求图谱

需求图谱的下方还显示了与搜索关键词相关的词语的热度，包括搜索热度排行、搜索变化率排行，如图2-9所示。

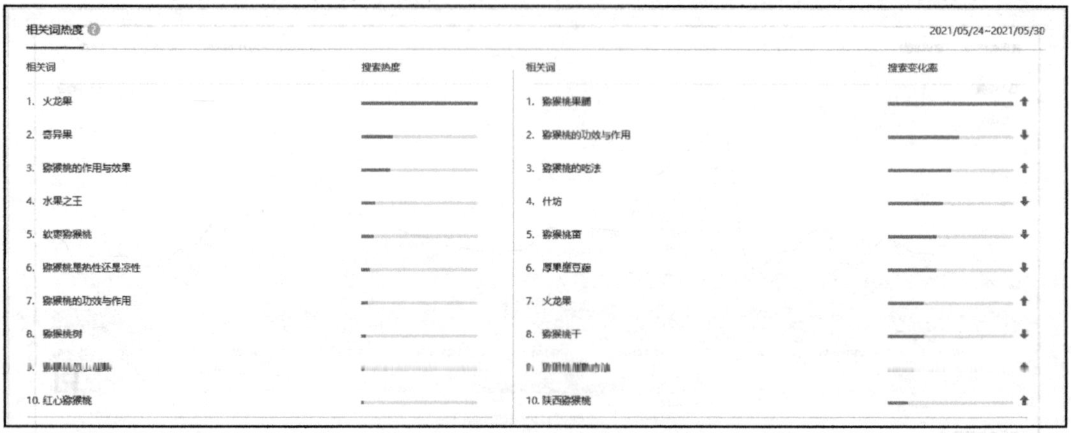

图2-9 “猕猴桃”相关词热度

3. 人群画像

人群画像包括地域分布、人群属性和兴趣分布3个板块。其中，地域分布主要显示全国各省份、区域和城市的关键词热度排名情况（见图2-10）；人群属性显示关键词在各年龄段和不同性别人群的搜索分布情况（见图2-11）；兴趣分布显示关注该关键词人群的兴趣分布情况（见图2-12）。

从图2-10至图2-12可分别看出，近30天猕猴桃在广东、江苏、浙江、山东等地区的搜索热度较高；目标人群为青年群体，且集中在20～39岁，女性多于男性；目标人群兴趣分布较为均衡。

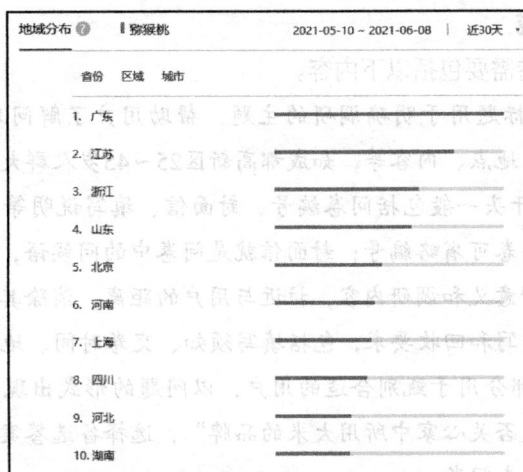

图2-10 "猕猴桃"近30天的地域分布

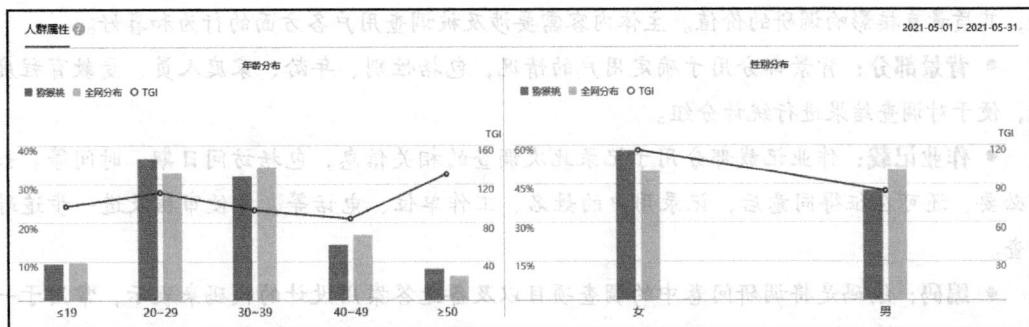

图2-11 "猕猴桃"近30天的人群属性

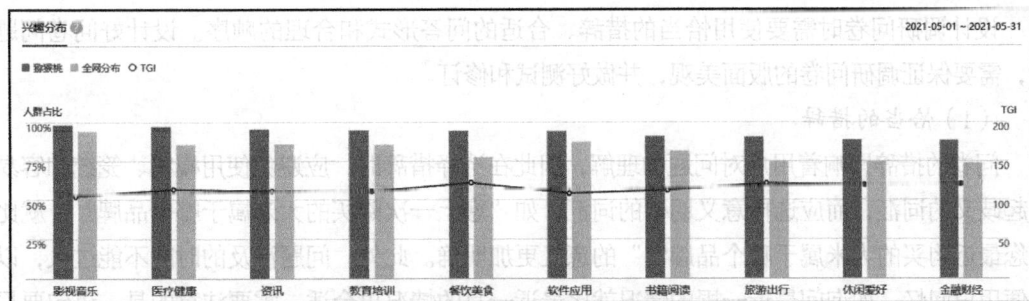

图2-12 "猕猴桃"近30天的兴趣分布

2.2.3 用户调研与分析

用户是农产品营销的直接或最终接收对象，农产品商家的营销策略以用户为中心，因此，农产品市场分析应做好用户需求调研。由于不同的消费人群会有不同的特征，商家需要通过一定的方法来收集用户对品牌、产品、服务、支付、配送、性价比等各方面的意见，为农产品营销提供决策依据。

目前，较为常用的用户调研与分析的方法是设计调研问卷。调研问卷一般由一系列问题、备选答案及其他辅助内容组成，用于向用户收集相关资料。

1. 调研问卷的组成

一份完整的调研问卷需要包括以下内容。

- **问卷标题**：问卷标题用于明确调研的主题，帮助用户了解问卷的大致内容。一般来说，标题可以包括时间、地点、内容等，如成都高新区25～45岁人群大米购买情况调查。

- **问卷开头**：问卷开头一般包括问卷编号、封面信、填写说明等内容。编号有助于分类归档问卷，一些简单的问卷可省略编号；封面信就是问卷中的问候语，主要用于介绍调研的主办单位、调研目的、调研意义和调研内容，拉近与用户的距离，消除其顾虑，也可用于致谢；填写说明用于明确问卷填写和回收要求，包括填写须知、交卷时间、地点及其他事项说明等。

- **甄别部分**：甄别部分用于甄别合适的用户，以问题的形式出现。例如，调查大米的问卷中，某一问题为"你是否关心家中所用大米的品牌"，选择备选答案"是"则跳到下一题，选择备选答案"否"则结束问卷。

- **主体内容**：问卷的主体内容是农产品商家所需了解的基本内容，是问卷的重要组成部分，其质量直接影响调研的价值。主体内容需要涉及被调查用户各方面的行为和喜好。

- **背景部分**：背景部分用于确定用户的情况，包括性别、年龄、家庭人员、受教育程度等，便于对调查结果进行统计分组。

- **作业记载**：作业记载部分用于记录此次调查的相关信息，包括访问日期、时间等。如有必要，还可在征得同意后，记录用户的姓名、工作单位、电话等，方便审核及进一步追踪调查。

- **编码**：编码是将调研问卷中的调查项目以及备选答案用设计的代码来表示，常用于一些大规模的问卷调查，可简化调查结果的统计和汇总工作。

2. 设计调研问卷的注意事项

设计调研问卷时需要使用恰当的措辞、合适的问答形式和合理的顺序。设计好问卷问题后，需要保证调研问卷的版面美观，并做好测试和修订。

（1）恰当的措辞

问卷的措辞影响着用户对问题的理解，因此在选择措辞时，应避免使用模糊、笼统和容易引起歧义的词汇，而应选择意义明确的词汇，如"您上一次购买的大米属于哪个品牌？"就比"您最近购买的大米属于哪个品牌？"的意义更加明确。此外，问题涉及的时间不能过久，以方便用户回忆，如询问最近一周的情况就比最近一月的情况更合适。需要注意的是，语句要尽量简单，问题要具体，且不带立场偏向，还要避免采用否定形式的叙述，避免答案与问题不一致等。

（2）合适的问答形式

问答形式有开放式和封闭式两种：开放式问答不提供备选答案，用户可自由作答，适合答案复杂、数量较多或答案未知的情况；封闭式问答提供备选答案，用户需要从提供的备选答案中选择与自身贴合的答案，这一形式便于统计处理和分析，但无法获得备选答案之外的回答。常见的封闭式问答有单项选择题、多项选择题、是非题、混合式选择题、排序式选择题和区间式选择题等。设计封闭式问答时，需尽量考虑问题的所有可能答案，且保证答案间互不重叠。

（3）合理的顺序

一般来说，问卷调查的问题都要遵循一定的规律排列，即按照问题难易程度，由易到难；或按用户的思考习惯和思维逻辑——先安排总体性问题，后安排特定性问题；先安排封闭式问题，后安排开放式问题。这样，问卷的问题之间能形成一定的逻辑联系，并能保证各个问题间的自然过渡。

（4）美观的版面

问卷的版面需要方便用户阅读和填写，并符合审美标准和习惯。在设计时还需注意：版面布局应相对宽松；问题与答案应显示在同一页面中；问卷应易于阅读，即字体大小与颜色应适宜等。

（5）做好测试和修订

在正式发放问卷开展调研前，需要测试问卷，修订问卷存在的问题。农产品商家可以请专业人士测试问卷，也可以请潜在的用户试填。问卷修订后，还需再次进行测试，以保证问卷的可行性。

3. 调研问卷示例

了解设计调研问卷的方法后，农产品商家即可选择一个调研问卷网站进行问卷的设计。目前，调研问卷网站较多，农产品商家可直接通过搜索引擎搜索在线调研问卷网站，注册网站账户并登录账户使用。图2-13所示为某企业针对大米设计的调研问卷。设计好调研问卷后，农产品商家需要选择目标人群进行样本收集、统计分析，得到目标人群整体数据，以便进行营销策略的制定和调整。这一步骤需要花费一定的资金、时间，需要合理规划。

高清大图

国内大米市场调研问卷

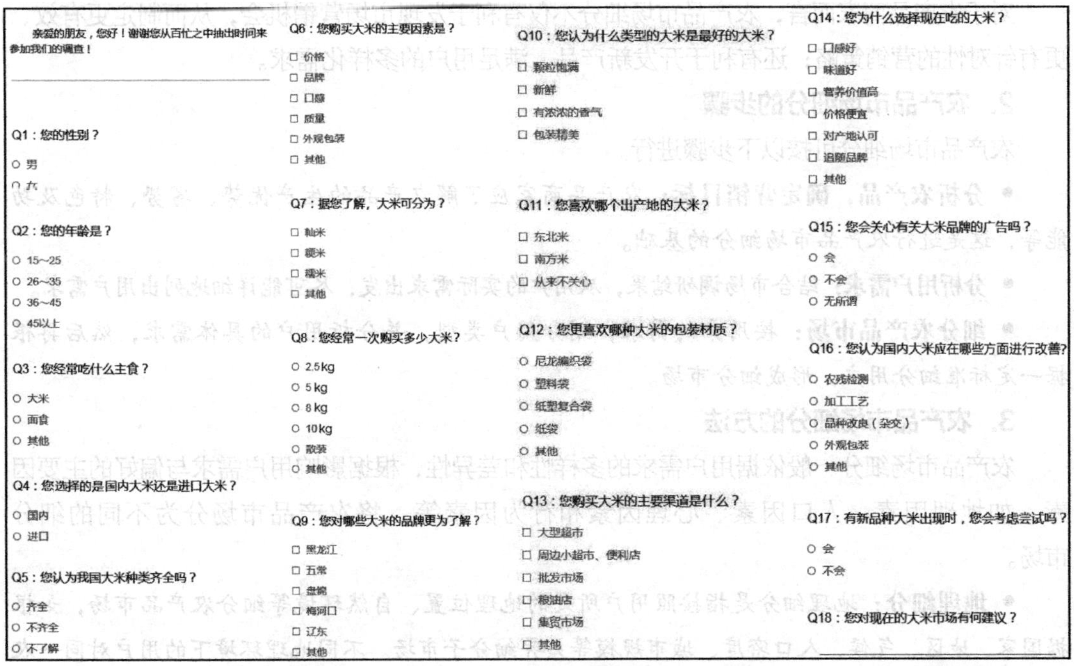
亲爱的朋友，您好！谢谢您从百忙之中抽出时间来参加我们的调查！

Q1：您的性别？
○ 男
○ 女

Q2：您的年龄是？
○ 15~25
○ 26~35
○ 36~45
○ 45以上

Q3：您经常吃什么主食？
○ 大米
○ 面食
○ 其他

Q4：您选择的是国内大米还是进口大米？
○ 国内
○ 进口

Q5：您认为我国大米种类齐全吗？
○ 齐全
○ 不齐全
○ 不了解

Q6：您购买大米的主要因素是？
□ 价格
□ 品牌
□ 口感
□ 质量
□ 外观包装
□ 其他

Q7：据您了解，大米可分为？
□ 籼米
□ 粳米
□ 糯米
□ 其他

Q8：您经常一次购买多少大米？
○ 2.5kg
○ 5kg
○ 8kg
○ 10kg
○ 散装
○ 其他

Q9：您对哪些大米的品牌更为了解？
□ 黑龙江
□ 五常
□ 盘锦
□ 梅河口
□ 辽东
□ 其他

Q10：您认为什么类型的大米是最好的大米？
□ 颗粒饱满
□ 新鲜
□ 有浓浓的香气
□ 包装精美

Q11：您喜欢哪个出产地的大米？
□ 东北米
□ 南方米
□ 从来不关心

Q12：您更喜欢哪种大米的包装材质？
○ 尼龙编织袋
○ 塑料袋
○ 纸塑复合袋
○ 纸袋
○ 其他

Q13：您购买大米的主要渠道是什么？
□ 大型超市
□ 周边小超市、便利店
□ 批发市场
□ 粮油店
□ 集贸市场
□ 其他

Q14：您为什么选择现在吃的大米？
□ 口感好
□ 味道好
□ 营养价值高
□ 价格便宜
□ 对产地认可
□ 追随品牌
□ 其他

Q15：您会关心有关大米品牌的广告吗？
○ 会
○ 不会
○ 无所谓

Q16：您认为国内大米应在哪些方面进行改善?
○ 农残检测
○ 加工工艺
○ 品种改良（杂交）
○ 外观包装
○ 其他

Q17：有新品种大米出现时，您会考虑尝试吗？
○ 会
○ 不会

Q18：您对现在的大米市场有何建议？

图2-13 某企业针对大米设计的调研问卷

除了设计调研问卷外，还可通过搜索引擎、网站和网上数据库收集用户信息。

（1）利用搜索引擎查找资料。在搜索引擎中搜索相关的关键词，筛选出与关键词相关的信息。

（2）访问相关网站收集资料。专题性或综合性网站提供了一些特定的资料，若知道需要的资料可以从哪些网站中获得，就可以直接打开并访问这些网站。

（3）利用网上数据库查找资料。有些网上数据库需要付费，如与市场调查相关的数据库。

2.3 农产品市场定位

农产品商家在正式开展农产品营销前，需要按照实际需求，将农产品市场细分为不同市场，然后结合自身情况，选择合适的农产品目标市场，并定位精准的农产品市场，更有针对性地开展农产品营销。

2.3.1 农产品市场细分

农产品市场细分是指根据农产品总体市场中不同用户的需求特点、购买行为和购买习惯等各方面的差异，将农产品总体市场划分为若干个不同类型的子市场，即细分市场。不同细分市场中，用户对同一农产品的需求不同，因此，农产品商家要通过农产品市场细分，发现自身在市场上的机会。

1. 农产品市场细分的作用

对于农产品商家而言，农产品市场细分不仅有利于发现市场营销机会，从而制定更有效、更有针对性的营销策略；还有利于开发新产品，满足用户的多样化需求。

2. 农产品市场细分的步骤

农产品市场细分可按以下步骤进行。

● **分析农产品，确定营销目标**：农产品商家应了解农产品的生产优势、劣势、特色及功能等，这是进行农产品市场细分的基础。

● **分析用户需求**：结合市场调研结果，从用户的实际需求出发，尽可能详细地列出用户需求。

● **细分农产品市场**：按用户的需求，划分用户类型，并分析用户的具体需求，然后再根据一定标准细分用户，形成细分市场。

3. 农产品市场细分的方法

农产品市场细分一般依据用户需求的多样性和差异性，根据影响用户需求与偏好的主要因素，如地理因素、人口因素、心理因素和行为因素等，将农产品市场分为不同的细分市场。

● **地理细分**：地理细分是指按照用户所处的地理位置、自然环境等细分农产品市场，如根据国家、地区、气候、人口密度、城市规模等差异细分子市场。不同地理环境下的用户对同一农产品的需求与偏好往往有所区别，因此，农产品商家针对不同地理位置的用户应采取不同的营销策略。例如，今麦郎食品股份有限公司就以地理为标准划分了不同的细分市场，并在不同市场推出了不同产品，如河南"六丁目"、东北"东三福"、山东"金华龙"。虽然地理变量较为容易识别，但即使是同一地理位置的用户，对同一农产品的需求也会有不同，因此，不能简单地以地理特征区分市场，而应结合其他细分变量综合考虑，选择适合农产品商家的目标市场。

- **人口细分**：人口细分是指按照人口统计变量，如年龄、性别、家庭规模、收入、职业、受教育程度等细分农产品市场。用户需求和偏好与人口统计变量关系密切，且人口统计变量的有关数据容易获取，因此，农产品商家常以人口统计变量细分农产品市场。例如，溜溜梅就针对家庭推出了全家桶产品。
- **心理细分**：心理细分是指按照用户的心理因素，细分农产品市场。当按照地理标准和人口标准划分子市场后，子市场中的用户需求可能仍旧会存在不同，此时就需要根据用户的个性、购买动机、价值观念、生活品位、追求的利益等，再次细分子市场。例如，某用户更喜欢购买包装精致的农产品，就是出于求美动机。
- **行为细分**：行为细分是指根据用户对农产品的了解程度、态度、使用情况等细分农产品市场。用户的购买行为能直接反应用户的需求，是市场细分的主要选择标准。一般来说，用户购买某种农产品是为了满足自身的需要，但农产品能够提供的利益不是单一的，不同用户购买同一农产品的侧重点也不同。因此，农产品商家可根据用户购买农产品的侧重点，细分农产品市场。例如，很多超市的生鲜区会将猪肉分割为精瘦肉、排骨、内脏等进行售卖，以方便具有不同需求的用户购买。

4. 农产品市场细分的注意事项

受市场的影响，农产品商家可能会盲目按照他人的方法进行农产品市场细分，也可能会被互联网上的信息误导而进行不恰当的细分。这些都会对后续的营销产生负面影响。一般而言，农产品商家在进行农产品市场细分时，需要注意以下3点。

- **切忌模仿他人**：农产品营销的模仿性很强，当某一农产品商家在某一细分市场获得成功后，竞争者就会跟着进入这个细分市场，随着竞争者数量的增多，该细分市场的饱和度会提高，导致供大于求。因此，农产品商家应结合自身实际情况细分农产品市场，而不是直接模仿他人。
- **切忌盲目听信他人**：在互联网时代，由于获取信息的方式更加多样，所获取的信息也更丰富，农产品商家容易被迷惑，听信接收到的信息，而不加以分析，导致错误地进行市场细分。
- **切忌不懂变通**：用户的偏好时刻都在改变，因此，农产品商家也需要及时变通，并结合农产品销量、市场占有率等指标分析农产品的生命周期，及时调整市场细分结果。

2.3.2 农产品目标市场选择

农产品目标市场是指农产品商家将要进入的细分市场，或打算满足的具有某种需求的用户群体。农产品商家在选择目标市场前，需要了解选择的依据及竞争战略。

1. 农产品目标市场选择的依据

目标市场是农产品商家从细分市场中，根据市场潜力、竞争对手状况及自身特点选择的农产品营销市场，但并不是所有的细分市场都能作为目标市场。因此，农产品商家在选择农产品目标市场时，可以将以下几方面的内容作为选择依据。

（1）市场潜力

市场潜力是指被选定的目标市场的现实需求量和潜在需求量符合获利目标的能力，其会影响农产品商家的发展规模。如果目标市场的现实需求量和潜在需求量不大，那么农产品商家的利润空间就会较小。

（2）供应能力

供应能力是指用户需要时，农产品商家可提供产品和服务的能力。农业资源的供应能力会限制农产品目标市场的选择。例如，某养鸡场在选择目标市场时，发现散养鸡、走地鸡这类市场的发展前景较好，因此意欲选择散养鸡市场开展电商营销；然而养鸡场只能一次性散养3000只鸡，无法满足该散养鸡市场的需求，因此，该细分市场无法作为该养鸡场的目标市场。

（3）竞争情况

竞争情况是指目标市场的竞争情况。农产品商家在选择细分市场时，需要确定自己在该细分市场中是否有竞争优势。如果该细分市场竞争激烈，且自身没有明显的优势，农产品商家就不应将这个细分市场作为目标市场。如果该细分市场上的竞争者较少，且自身竞争能力较强，那么这个细分市场就可以作为目标市场。

（4）市场需求

市场需求是指在既定的市场环境中，一类用户购买某种农产品的总额。这种市场需求数量的变化受用户对农产品的喜好程度、用户的购买能力和农产品商家的经营方式影响。当农产品受用户喜爱，且用户购买能力不断提高，农产品商家的经营策略也正确时，市场需求就会增加。在面对目标市场需求时，农产品商家既要预估现实购买数量，又要预估潜在增长的购买数量，以推测最大的市场需求，根据市场需求决定是否选择该细分市场作为目标市场。

2. 农产品目标市场的竞争战略

农产品商家在生产经营活动中，应该根据目标市场的实际情况，结合自身条件，选择合适的农产品目标市场竞争战略。

● **针锋相对战略**：针锋相对战略是指农产品商家跟随竞争者的脚步，同竞争者争夺同一细分市场，这种战略需要农产品商家拥有资源、成本、质量等方面的优势。例如，A企业与B企业是同一市场中势均力敌的竞争对手，当A企业售卖果干、水果罐头等产品时，B企业往往会紧接着推出这类产品，以与A企业争抢市场。

● **填空补缺战略**：填空补缺战略是指农产品商家寻找新的、未被涉足或占领的、用户重视的细分市场。例如，C农产品商家选择了一处风景优美的地区养殖禽类动物，但周围地区有好几家养殖厂，C农产品商家的禽类动物并不好销售，加之农家乐很少，因此，C农产品商家选择了修建农家乐，为用户提供游玩、现场点菜和烹饪服务，在这一新的细分市场中占得先机。

● **另辟蹊径战略**：另辟蹊径战略是指农产品商家在意识到无法与竞争对手抗衡时，根据自己的条件选择具有相对优势的方向占据细分市场。例如，D企业处于一个市场竞争环境激烈的地区，但自身缺乏运输能力，竞争力较小，因此，D企业选择与物流公司合作，通过线上直播等方式售卖生产的水果。

2.3.3　农产品市场定位

农产品市场定位是指针对用户对农产品某种特征或属性的重视程度，塑造农产品的形象，并通过向用户传递这种形象，确定农产品在市场中的位置。通过农产品市场定位，农产品商家可以更精准地定位目标用户，从而更有效地制定农产品的营销方案。

1. 农产品市场定位的方法

农产品不同于其他产品，因此其市场定位的方法也有所不同。一般来说，农产品市场定位可根据农产品质量和价格、用途、特性，以及用户习惯来进行。

（1）根据农产品质量和价格定位

在一些用户眼中，较高的价格意味着较高的产品质量，而现实中很多农产品的价格较低。因此，可适当提高优质农产品的定价，使优质农产品从众多农产品中脱颖而出，为优质农产品塑造高档次、高质量的形象，确定高端的市场定位。

（2）根据农产品用途定位

同一农产品可能有多种用途，农产品商家可以根据农产品的不同用途定位农产品市场。例如，水果类农产品，可以直接食用，定位为生鲜市场，也可以加工成果干、水果罐头等，定位为干货市场、罐头市场等。

（3）根据农产品特性定位

农产品的特性包括种源、生产技术、生产过程和产地等。在定位农产品市场时，这些特性都可以作为定位依据，如绿色农产品市场、无公害农产品市场、有机农产品市场等。

（4）根据用户习惯定位

根据用户习惯定位是指根据农产品目标用户的习惯来确定农产品的形象，并选择合适的目标市场。

2. 农产品市场的竞争优势

农产品商家定位农产品市场的根本目的在于获得在目标市场的竞争优势，这就要求农产品商家将农产品的优势、特色向用户展示，使用户意识到农产品的差异性。具体来说，要想获得竞争优势，农产品商家就要先确定可以从哪些方面寻求差异化，然后找到农产品的独特卖点。

（1）寻求差异化

农产品商家为与竞争对手有所区别，一般会追求与竞争对手的差异化。差异化一般可从产品、服务、渠道、人员和形象5个方面体现。

产品差异化可以从质量、产地、包装、味道、颜色等方面体现；服务差异化可以从包邮、退货、换货、售前、售后等方面体现；渠道差异化可以从农产品分销渠道等方面体现；人员差异化可以从人员挑选、培训、考核、激励等方面体现；形象差异化可以从名称、标识、标语、环境、活动等方面体现。

（2）找到独特卖点

虽然农产品可以通过差异化与竞争对手的农产品区别开，但并不是所有的差异化都有助于农产品营销。因此，农产品商家应为农产品塑造一个独特的卖点，吸引用户购买农产品。

2.4 农产品营销渠道选择

长久以来，农产品流通都是我国农户心头的一个难题，直至21世纪，互联网技术的发展给农户带来了曙光。农产品的营销渠道不再囿于线下，多种多样的线上渠道提高了农产品的销量，增加了农产品的经济利益。农产品商家在开展农产品营销时往往精力有限，无法全面布局所有渠道，因此，需要选择合适的农产品营销渠道来销售农产品。

2.4.1 农产品线下营销渠道

按照采用技术的不同，农产品营销渠道可划分为线下营销渠道和线上营销渠道。线下营销渠道是指通过线下对接售卖农产品的渠道，而线下营销渠道根据是否经过中间环节，又可以分为直接营销渠道和间接营销渠道。

1. 直接营销渠道

农产品直接营销是指农产品商家在生产农产品后，直接将农产品销售给用户，而不经过中间环节。

在直接营销渠道下，农产品商家直接面对用户，能够及时、具体、全面地了解用户的需求状况，且没有中间环节，降低了农产品的营销成本，因此，农产品的售价可以适当降低，进而提高竞争力。此外，进行直接营销的农产品商家还能直接为用户服务，满足用户的个性化需求。

但直接营销会分散农产品商家的精力，增加其需要承担的风险，并增加销售成本，包括人力、物力、财力等成本，且限于农产品商家自身能力，农产品销售的范围和数量也有限。

常见的农产品直接营销渠道有零售直销、订单直销和观光采摘直销3种。

（1）农产品零售直销

农产品零售直销是指直接在田间、农贸市场、菜店等地方将农产品销售给用户，或直接将农产品送达到用户（饭店、家庭、酒店等）手中的直销方式。

农产品零售直销要求农产品直销人员有良好的营销素质，且农产品质量要有保障，否则会影响农产品商家的信誉，导致农产品商家失去用户的信任。另外，农产品商家还应通过多种途径，如互联网、中介组织等，及时了解农产品的市场行情和需求信息，以合理确定产量。

（2）农产品订单直销

农产品订单直销是由农产品加工企业或最终用户与农产品生产企业在生产之前，直接签订农产品购销合同的直销方式。农产品订单直销是先找市场后生产的直销方式，能够适应市场需求，避免盲目生产，是有效解决农产品流通困难的手段。

农产品订单直销的实施分为寻找订单、签订订单和履行订单3个步骤。寻找订单时，可借助的渠道包括农产品交易会、互联网、农产品经纪人等。在签订订单时，农产品商家需调查对方的资信，然后通过市场调研，掌握农产品的供求信息。需要注意的是，订单合同应完备、严密，不签来历不明的订单、收押金的订单、口头承诺的订单和脱离实际的订单等。履行订单时，农产品商家需要维护订单的严肃性，并注重提高农产品质量，以赢得更多订单。

在农产品订单直销实施的各个环节，地方政府都需要做好引导、服务、规范和监督工作。

（3）农产品观光采摘直销

农产品观光采摘直销是指农产品商家在用户观光、采摘、垂钓等一系列活动中，直接推销农产品和服务的直销形式。该形式是随着观光农业兴起而兴起的。观光农业是指利用城郊空间、农业自然资源、乡村民俗风情及乡村文化等，通过合理规划、设计、施工，建立集农业生产、生态、生活于一体的农业区域，是旅游业与农业交叉的新型产业。

要做好农产品观光采摘直销，就需要拥有创新的特色农产品，如有机、绿色农产品或引进的本地没有的农产品；并依托农业设施栽培反季节品种，形成四季特色景观；还需抓好基础设施建设，建设停车场，做好园区绿化美化，完善休闲观光功能；提高园区的服务水平，使采摘服务更加专业化、职业化；在宣传推广时，应加强品牌的宣传，强化品牌意识，提高知名度和影响力。

2. 间接营销渠道

农产品间接营销是指农产品商家通过中间商，将自己生产的农产品销售给用户。间接营销渠道有一级渠道、二级渠道、三级渠道之分。其中，一级渠道是指通过批发商、代理商、经纪人销售给用户的间接营销渠道，如图2-14所示；二级渠道是指由批发商、代理商、经纪人销售给零售商或下级批发商，再销售给用户的间接营销渠道，如图2-15所示；三级渠道是指由批发商、代理商、经纪人销售给下级批发商，再销售给零售商，最后销售给用户的间接营销渠道，如图2-16所示。

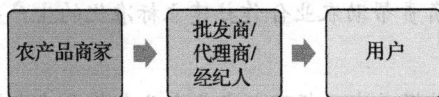

图2-14　一级渠道

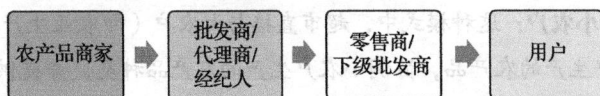

图2-15　二级渠道

图2-16　三级渠道

农产品间接营销渠道中，农产品商家与用户之间隔着多级中间商，能够有效覆盖市场，扩大农产品销售范围，且市场风险小。但是农产品间接营销的售价会高于农产品直接营销，不利于市场竞争，且农产品商家与用户之间无法进行良好的沟通。

常见的农产品间接营销渠道有农产品经纪人和农超对接两种。

（1）农产品经纪人

农产品经纪人是指从事农产品收购、储运、销售，以及销售代理、信息传递、服务等中介活动，获取佣金或利润的个人或组织。农产品经纪人的收入来源有通过为农产品交易双方提供信息、服务、场所等各种服务收取的服务费，以及通过自营农产品赚取的购销差价。

农产品经纪人一般拥有丰富的交易经验和技巧，对农产品市场比较熟悉，可以顺利地开展中介服务，加快农产品流通的进程；农产品经纪人掌握着农产品的供求状况，能够引导农业生产，改善农业产业结构；此外，农产品经纪人还拥有较强的市场经济意识和一定的组织能力，能将信息、观念传递到农村，更新农户的生产经营观念，培养农户的市场意识。

（2）农超对接

农超对接是指负责农产品生产的农产品商家和超市直接签订意向协议书，直接向超市提供农产品的一种新型农产品营销渠道。农超对接减少了农产品流通环节，可以直接帮助农产品生产者增加收入，并及时反馈市场需求，方便调整生产规模和产品结构，能有效避免生产盲目性，降低市场风险。此外，农超对接还能帮助超市获得数量稳定、质量可靠、卫生安全的农产品货源，帮助超市提高市场竞争力，促进农产品销售。

农超对接的主要模式有以下5种。

● **超市+农业合作社+农户**：这种模式由超市直接与符合自身采购需求的农业合作社合作，签订采购协议，然后由农业合作社组织旗下社员生产农产品。

● **超市+农产品行业龙头企业+农户**：这种模式中，超市通过作为中介的农产品行业龙头企业向农户采购农产品。而农产品行业龙头企业则会为农户提供专业的农产品种植、养殖技术和资金，保证生产的农产品能达到安全标准。

● **超市+供销社+农业合作社+农户**：这种模式中，超市通过当地的供销社、农业合作社和农户对接。其中，供销社负责帮助农业合作社建立标准化的生产基地，农业合作社则负责组织农户生产农产品。

● **超市+合作农场**：这种模式中，超市与农业企业合作自建农场，且由农业企业负责直接投资设立农产品生产基地。

● **超市+大农户+小农户**：这种模式中，超市直接与大农户（即农业生产大户）合作，大农户则负责集中储运小农户生产的农产品，协调小农户生产的农产品种类，并提供上门技术指导。

2.4.2 农产品线上营销渠道

线上营销渠道是指通过线上对接售卖农产品的渠道，主要包括电商网站（如淘宝网、京东）、短视频平台等。线上营销渠道具有营销范围广、交易成本低、交易机会多等特点，并且由于互联网的便捷性，农产品商家可以及时了解与农产品有关的市场信息，有利于形成农业生产的正确决策，且互联网的传播速度、传播范围都优于线下渠道，更有利于农产品商家打造农产品品牌。

1. 电商网站

电商网站是企业、机构或个人在互联网建立的、用于开展电商业务的基础设施和信息平台。随着互联网在农村地区的普及，越来越多的农户利用电商网站销售自己生产的农产品。农产品营销的常见电商网站有淘宝网、京东、拼多多等。

（1）淘宝网

淘宝网是我国知名电商平台，由阿里巴巴在2003年5月创立。2014年，阿里巴巴启动"千县万村"计划，以服务农户、创新农业。后来，阿里巴巴启动农村淘宝战略项目，与各地政府合作，搭建县村两级服务网站，实现"网货下乡"和"农产品进城"双向流通功能。

要在淘宝网上营销农产品，首先需要开设淘宝店铺，即在淘宝网上申请开通自己的店铺，然后将农产品相关信息上传到淘宝店铺进行农产品销售。淘宝网用户可以通过访问淘宝网查看并购买农产品。需要注意的是，在经营一些特定种类的农产品时，商家需要提供相关资质认证资料。

（2）京东

京东也是国内主要的电商网站，其与淘宝网的区别在于：淘宝网有个人商家、企业商家，但京东只有企业商家。农产品商家在京东上售卖农产品时，可以选择将农产品委托给京东，直接将农产品运输到京东仓库，用户在京东自营店购买农产品后，再由京东物流将农产品配送到用户手中。

此外，农产品商家也可以开设京东店铺，缴纳入驻费、平台使用费、服务费等费用，在京东上自己售卖生产的农产品；在用户购买农产品后，农产品商家还需要自己打包农产品并通过快递将农产品寄送给用户。

京东上还开设了一个专门针对农产品的"京东生鲜"平台，专注于为用户提供水果蔬菜、海鲜水产、肉禽蛋奶、速冻冷饮等全球生鲜食材。依托京东在物流方面的优势，京东生鲜不断升级优化冷链物流，实现了生鲜农产品的全物流链控温配送，能保障农产品的新鲜度。目前，京东生鲜专属的冷库数量已超过10个，拥有深冷、冷冻、冷藏和控温4个温层，可以满足各类生鲜农产品的保鲜需求。京东生鲜物流配送体系覆盖超过200个城市，可实现"211限时达""京准达""定时达+夜间配"。同时，京东生鲜还在农产品原产地建立了协同仓，实现农产品从产地直发。

京东生鲜接受除个体工商户外的、注册资本不低于10万元的企业入驻，主要热招的品类包括速食熟食、海鲜水产、水果、蔬菜、禽肉蛋品、乳品冷饮、面点烘焙等。农产品商家要想入驻京东生鲜，首先需要注册京东账号，然后填写并提交相关信息和资料，待京东生鲜审核通过后，缴费确认便可在京东生鲜开店了。

（3）拼多多

拼多多以水果生鲜拼单的形式进入电商行业，因此，即便现在拼多多已经发展壮大了，也仍旧十分重视农产品市场，注重让全国各地的农产品走向城市。

2020年12月，拼多多宣布推出农产品"原产地直发"策略，通过加大资金投入、直播扶持、人才培育、供应链优化等举措，加大对生鲜农产品的补贴力度，不断完善原产地直发的农产品上行模式，帮助建设农产品品牌，助力农村经济发展。

现如今，拼多多关于农产品的产品品类可大致分为生鲜果蔬类、粮油米面类、干货辣味类、坚果炒货类、传统滋补类5大类。

2. 短视频平台

短视频是近年来在各种新媒体平台上播放的、适合在移动状态和碎片化时间内观看的、高频推送的、时长控制在几秒到几分钟不等的视频。随着互联网的发展，短视频平台也成为农产品线上营销渠道之一。利用短视频平台，农产品商家能够直观地将农产品的生长环境、采摘过程、打包过程等展示给用户，打消用户的顾虑，增加农产品的销量。农产品商家也可以通过运营短视频平台账号，与用户互动，拉近与用户之间的距离，获取用户的意见和建议，优化农产品生产、加工、包装过程，甚至根据用户意见，拍摄农产品短视频。

3. 直播平台

直播是一种对现场正在发生的事件进行同步播放并且能在同步播放过程中实现双向互动的播出方式，在电商中，直播多表现为直播卖货。与短视频相比，直播更加直观，农产品商家可以通过直播平台对农产品进行营销，达到提升农产品品牌形象、增加农产品销量或吸引用户关注农产品等目的。在直播中，农产品商家可以直接直播农产品的生长、浇灌、采摘、打包、制作等过程，从而提高农产品的真实性，增加用户的参与感；也可以解答用户关于农产品的问题，有针对性地展示农产品的特点，如用户问"收到的货中不会有坏果吧"，主播就可以通过展示水果的采摘、打包现场，以及承诺坏果包赔来打消用户的顾虑。

行业视点

2020年5月，平顺县开展了"县长来了"直播活动，由县长亲自在直播中推销农产品。该直播活动拓宽了全县优质农产品的销路，提高了农产品供需信息对接效率，还有效增强了农产品的品牌效应，加速了农产品的标准化进程，为更多当地居民致富增收提供了新的选择。

4. 微信

微信是人们常用的即时通信软件，拥有交流、发布信息、支付等多种功能。随着智能手机的普及，微信的活跃用户越来越多，不少农产品商家看到了微信在农产品营销上的流量优势，纷纷使用微信进行农产品营销。

利用微信，农产品商家可以随时随地分享农产品信息，如种植、生产、浇灌、喂养等过程，以及这些过程中的趣事，一方面能方便用户了解农产品生长进程和情况，另一方面还能通过风趣幽默的表达，拉近与用户之间的距离，增强用户对农产品商家的信任感，潜移默化地深化品牌印象。

5. 微博

微博是一种基于用户关系的信息分享、传播及获取平台，是通过关注机制分享简短、实时信息的广播式社交媒体。农产品商家可以随时随地将农产品信息发布到微博平台中，而微博病毒式的传播方式能够有效扩大农产品信息的传播范围，提高农产品的知名度。

通过微博营销农产品时，农产品商家可以结合文字、图片、动图、音频、视频、链接等各种形式，发布与农产品相关的信息，向用户介绍农产品；还可以通过转发、回复评论区的留言，拉近与用户之间的关系，塑造富有亲和力的品牌形象，给用户留下良好的印象。

2.5 本章实训

2.5.1 进行"南美白对虾"市场调研

富裕对虾养殖厂（以下简称"富裕养殖厂"）是一家养殖南美白对虾的公司，位于山东省滨州市沾化区滨海镇。往年，富裕养殖厂通过直接对接农贸市场销售南美白对虾，但随着南美白对虾养殖公司的增多、对虾产量的上升，以及网上购物对线下交易的冲击，农贸市场已无法全部接收富裕养殖厂的南美白对虾产品。

2020年，富裕养殖厂共生产约32万斤（1斤=0.5千克）南美白对虾，但却只通过农贸市场销售了18万斤，因此，富裕养殖厂迫切需要拓宽销售渠道，以增加南美白对虾产品的销量。为选择合适的目标市场，富裕养殖厂需要针对南美白对虾进行市场调研。

1. 实训要求

① 掌握了解农产品市场环境的方法。

② 掌握分析农产品市场需求的方法。

③ 具备设计用户调研问卷的能力。

2. 实训准备

在进行南美白对虾的市场调研前，富裕养殖厂需要了解南美白对虾市场行业现状、趋势、市场规模等，可直接搜索相关报告，如《2021年南美白对虾市场规模报告》《2020年白对虾行业发展现状及前景分析》《2019—2025年中国白对虾行业深度调研及投资发展趋势研究报告》等，结合报告内容了解南美白对虾市场的基本情况。

3. 实训步骤

根据了解到的南美白对虾市场基本情况，确定市场调研内容，然后设计调研问卷。操作思路如下。

① 了解南美白对虾的市场环境。在网上搜索《2021年南美白对虾市场规模报告》《2020年白对虾行业发展现状及前景分析》《2019—2025年中国白对虾行业深度调研及投资发展趋势研究报告》等报告，结合报告分析市场环境，可得出以下结论：我国用户在选购水产农产品时，更偏向国内产品，且受我国养殖坏境限制，南美白对虾的产量还相对较少，市场仍未饱和，有较大的发展空间。

② 分析南美白对虾的市场需求。进入百度指数首页，输入"南美白对虾"并进行搜索，在结果页中分别查看"南美白对虾"的趋势研究、需求图谱和人群画像，如图2-17所示。从图2-17中可看出南美白对虾的搜索指数较为稳定，波动范围小且有小幅度上升，这说明南美白对虾有一定的市场需求。

③ 设计用户调研问卷。富裕养殖厂拥有成熟的南美白对虾养殖技术，但只有农贸市场资源，缺乏其他渠道资源，在发展其他渠道时，可能会较为困难。本次市场调研的主要目的在于寻找增加南美白对虾的销售渠道，由于富裕养殖厂对其他销售渠道不甚了解，可从用户购买行为的角度，将调研问卷的主题确定为关于用户对南美白对虾认知情况的调查。图2-18所示为关于用户对"南美白对虾"认知情况的调研问卷，实际设计时可参考该问卷。

④ 投放并分析调研问卷。设计好调研问卷后，富裕养殖厂需要将问卷发放给目标人群进行填写，填写完成后收集样本并进行统计分析。

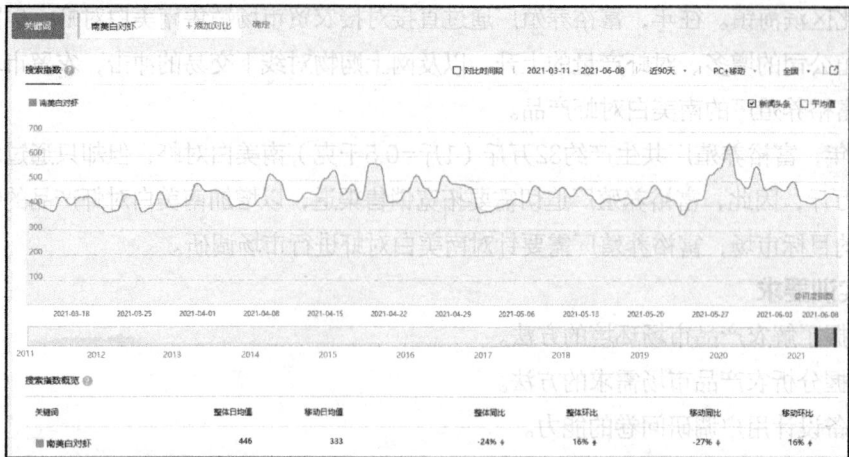

（a）

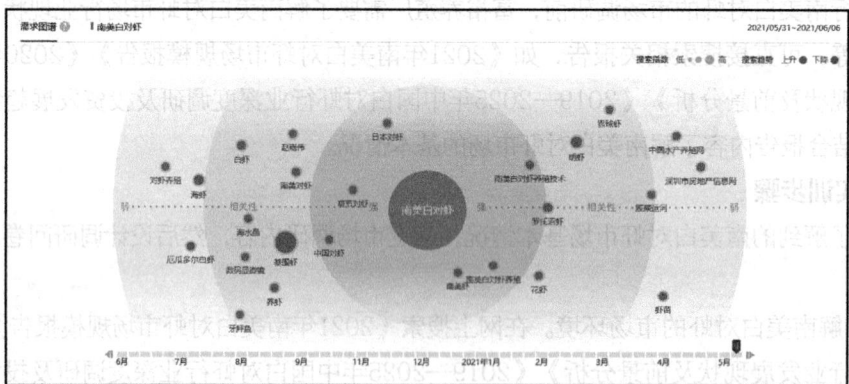

（b）

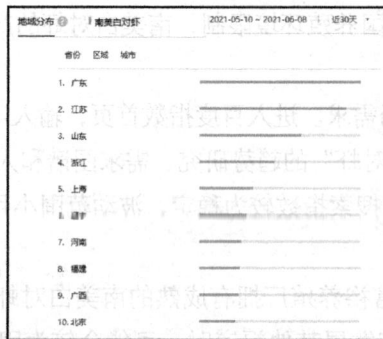

高清大图

"南美白对虾"的
需求图谱

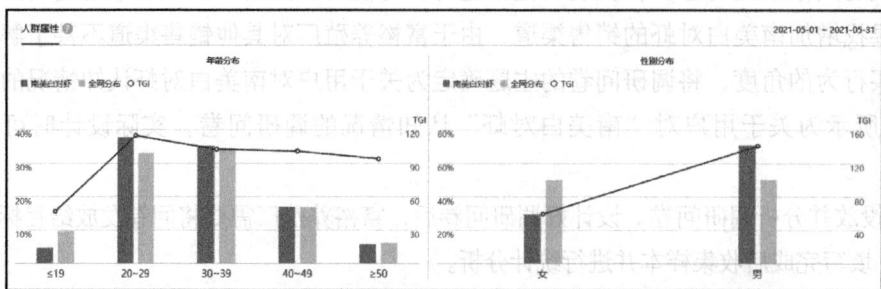

（c）

图2-17 "南美白对虾"的趋势研究、需求图谱和人群画像

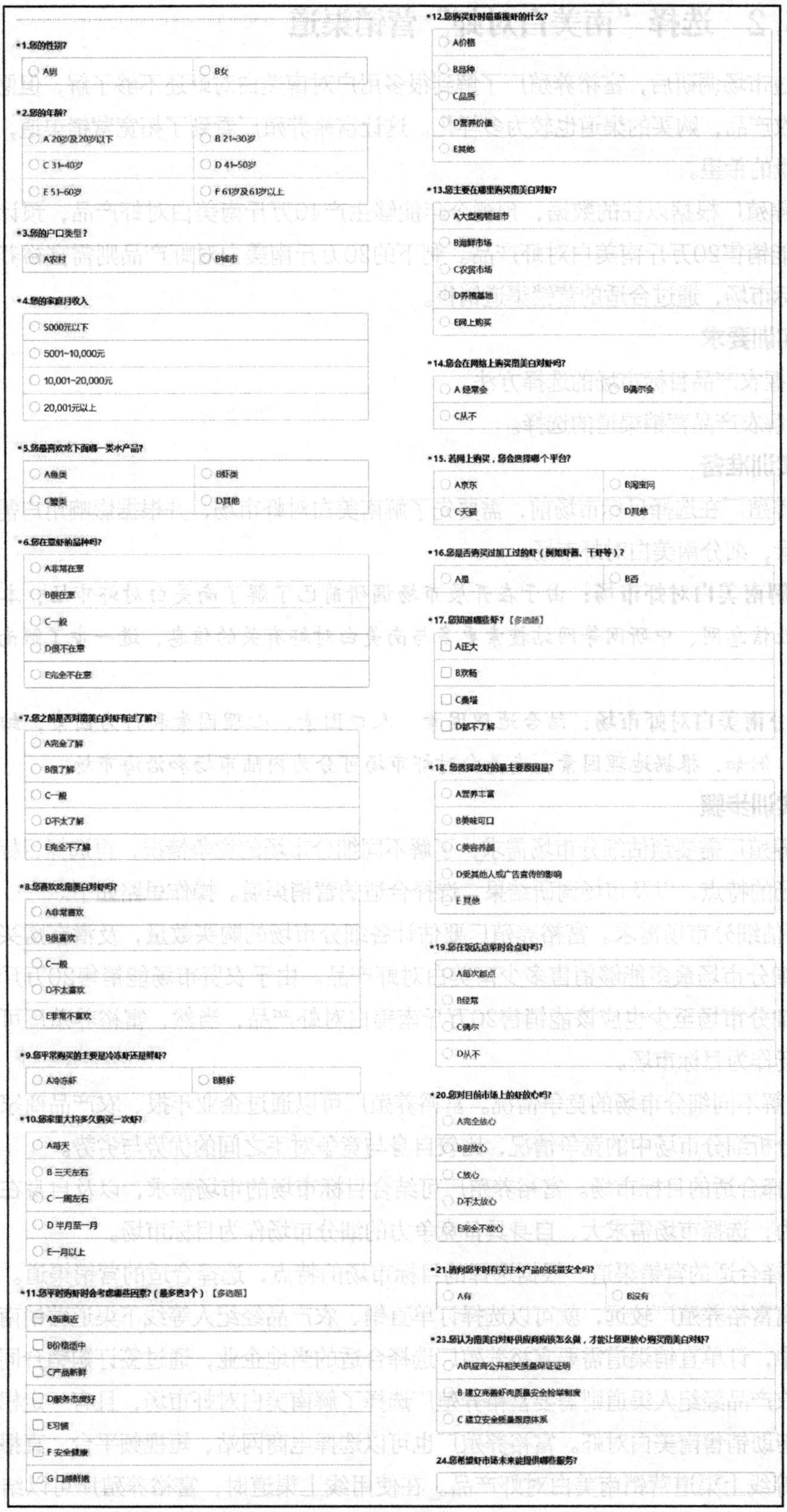

*1.您的性别?
- A 男
- B 女

*2.您的年龄?
- A 20岁及20岁以下
- B 21-30岁
- C 31-40岁
- D 41-50岁
- E 51-60岁
- F 61岁及61岁以上

*3.您的户口类型?
- A 农村
- B 城市

*4.您的家庭月收入
- 5000元以下
- 5001-10,000元
- 10,001-20,000元
- 20,001元以上

*5.您最喜欢下面哪一类水产品?
- A 鱼类
- B 虾类
- C 蟹类
- D 其他

*6.您在意好的品种吗?
- A 非常在意
- B 很在意
- C 一般
- D 很不在意
- E 完全不在意

*7.您之前是否对南美白对虾有过了解?
- A 完全了解
- B 很了解
- C 一般
- D 不太了解
- E 完全不了解

*8.您喜欢吃南美白对虾吗?
- A 非常喜欢
- B 很喜欢
- C 一般
- D 不太喜欢
- E 非常不喜欢

*9.您平常购买的主要是冷冻虾还是鲜虾?
- A 冷冻虾
- B 鲜虾

*10.您家里大约多久购买一次虾?
- A 每天
- B 三天左右
- C 一周左右
- D 半月至一月
- E 一月以上

*11.您平时购买时会考虑哪些因素?(最多选3个)【多选题】
- A 面源近
- B 价格适中
- C 产品新鲜
- D 服务态度好
- E 习惯
- F 安全健康
- G 口感刺激

*12.您购买时最看好的什么?
- A 价格
- B 品种
- C 品质
- D 营养价值
- E 其他

*13.您主要在哪里购买南美白对虾?
- A 大型购物超市
- B 海鲜市场
- C 农贸市场
- D 养殖基地
- E 网上购买

*14.您会在网络上购买南美白对虾吗?
- A 经常会
- B 偶尔会
- C 从不

*15.若网上购买,您会选择哪个平台?
- A 京东
- B 淘宝网
- C 天猫
- D 其他

*16.您是否购买过加工过的虾(例如虾酱、干虾等)?
- A 是
- B 否

*17.您知道哪些虾?【多选题】
- A 正大
- B 双塔
- C 奥塔
- D 都不了解

*18.您选择吃虾的主要原因是?
- A 营养丰富
- B 美味可口
- C 美容养颜
- D 受其他人或广告宣传的影响
- E 其他

*19.您在饭店点菜时会点虾吗?
- A 每次都点
- B 经常
- C 偶尔
- D 从不

*20.您对目前市场上的虾放心吗?
- A 完全放心
- B 很放心
- C 放心
- D 不太放心
- E 完全不放心

*21.请问您平时有关注水产品的质量安全吗?
- A 有
- B 没有

*23.您认为南美白对虾供应商应该怎么做,才能让您更放心购买南美白对虾?
- A 供应商公开相关质量保证证明
- B 建立虾养殖肉质量安全检举制度
- C 建立安全质量服务体系

*24.您希望虾市场未来能提供哪些服务?

图2-18　关于用户对"南美白对虾"认知情况的调研问卷

2.5.2　选择"南美白对虾"营销渠道

在经过市场调研后，富裕养殖厂了解到很多用户对南美白对虾还不够了解，但愿意且经常购买虾类农产品，购买的渠道也较为多样化。这让富裕养殖厂看到了拓宽营销渠道，增加南美白对虾销量的希望。

富裕养殖厂根据以往的数据，预测今年能够生产40万斤南美白对虾产品，预计已有农贸市场资源能销售20万斤南美白对虾产品。剩下的20万斤南美白对虾产品则需富裕养殖厂选择合适的目标市场，通过合适的营销渠道销售。

1. 实训要求

① 掌握农产品目标市场的选择方法。

② 了解农产品营销渠道的选择。

2. 实训准备

富裕养殖厂在选择目标市场前，需要先了解南美白对虾市场，并根据影响用户需求与偏好的各种因素，细分南美白对虾市场。

● **了解南美白对虾市场**：由于在开展市场调研前已了解了南美白对虾市场，本实训可通过中国产业信息网、中研网等网站搜索更多与南美白对虾有关的信息，进一步了解南美白对虾市场。

● **细分南美白对虾市场**：结合地理因素、人口因素、心理因素和行为因素，细分南美白对虾市场。例如，根据地理因素，南美白对虾市场可分为内陆市场和沿海市场。

3. 实训步骤

富裕养殖厂需要预估细分市场需求，了解不同细分市场的竞争情况，再选择目标市场，结合目标市场的特点，以及市场调研结果，选择合适的营销渠道。操作思路如下。

① 预估细分市场需求。富裕养殖厂要估计各细分市场的购买数量，及潜在购买数量，以此推测各细分市场最多能够销售多少南美白对虾产品。由于农贸市场能销售20万斤南美白对虾产品，细分市场至少也应该能销售20万斤南美白对虾产品，当然，富裕养殖厂可以选择多个细分市场作为目标市场。

② 了解不同细分市场的竞争情况。富裕养殖厂可以通过企业年报、农产品商家销售业绩等了解、分析细分市场中的竞争情况，比较自身与竞争对手之间的优势与劣势。

③ 选择合适的目标市场。富裕养殖厂可结合目标市场的市场需求，以及自身在目标市场中的竞争力，选择市场需求大、自身具备竞争力的细分市场作为目标市场。

④ 选择合适的营销渠道。根据选择的目标市场的特点，选择合适的营销渠道。例如，目标市场距离富裕养殖厂较远，就可以选择订单直销、农产品经纪人等线下渠道营销南美白对虾产品。其中，订单直销渠道需要富裕养殖厂选择合适的当地企业，通过签订购销合同销售南美白对虾；农产品经纪人渠道则需要富裕养殖厂选择了解南美白对虾市场，且有一定相关经验的经纪人，帮助销售南美白对虾。富裕养殖厂也可以选择电商网站、短视频平台、直播平台、微信、微博等线上渠道营销南美白对虾产品。在使用线上渠道时，富裕养殖厂可以结合不同渠道，通过微信、微博向用户传递销售信息、直播信息，通过短视频、直播平台展示南美白对虾

的生长环境、打捞情况等，再通过电商网站销售南美白对虾。

2.6 本章小结

```
                              ┌ 相关概念 ○ ┬ 农产品
                              │             ├ 农产品市场
          了解农产品营销 ○─────┤             └ 农产品营销
                              └ "互联网+农产品营销"的发展

                              ┌ 了解农产品市场环境 ○ ┬ 宏观环境
                              │                       └ 微观环境
                              │                       ┌ 趋势研究
          农产品市场调研 ○─────┼ 分析农产品市场需求 ○ ┼ 需求图谱
                              │                       └ 人群画像
                              │                       ┌ 调研问卷的组成
                              └ 用户调研与分析 ○ ──────┼ 设计调研问卷的注意事项
                                                       └ 调研问卷示例

                                                       ┌ 作用
                              ┌ 农产品市场细分 ○ ──────┼ 步骤
农产品营销与                  │                       ├ 方法
运营准备工作 ○────────────────┤                       └ 注意事项
          农产品市场定位 ○─────┤ 农产品目标市场选择 ○ ┬ 依据
                              │                       └ 竞争战略
                              └ 农产品市场定位 ○ ──────┬ 方法
                                                       └ 农产品市场的竞争优势

                              ┌ 农产品线下营销渠道 ○ ┬ 直接营销渠道
                              │                       └ 间接营销渠道
          农产品营销渠道选择 ○─┤                       ┌ 电商网站
                              │                       ├ 短视频平台
                              └ 农产品线上营销渠道 ○ ┼ 直播平台
                                                       └ 微信
```

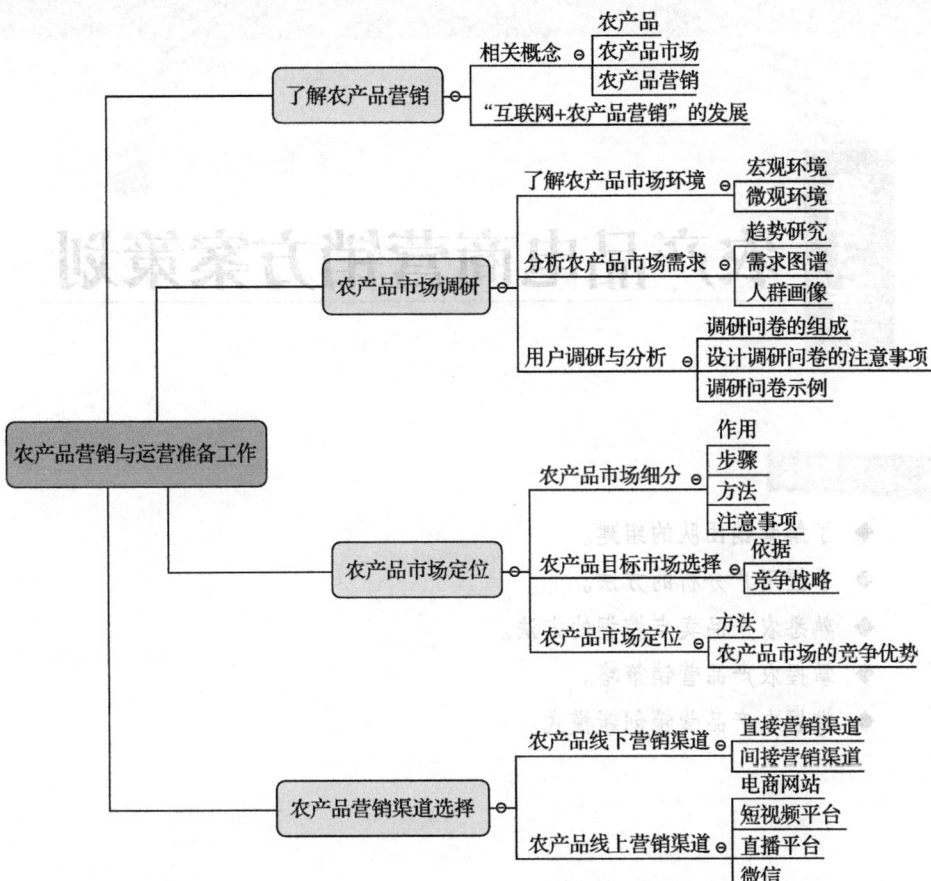

🎓 真实案例推荐阅读

1. 上网卖活牛羊的农村电商
2. 中闽弘泰——从茶园到茶杯

拓展阅读

[QR code]

真实案例推荐阅读

第3章 农产品电商营销方案策划

学习目标

◆ 了解营销团队的组建。

◆ 掌握用户分析的方法。

◆ 熟悉农产品卖点挖掘的方法。

◆ 掌握农产品营销策略。

◆ 掌握农产品营销创新模式。

在家里就可以体验收获的喜悦——润土土豆

康保县地处河北省西北部，有着优越的地理环境，是一处物产丰富的地区。但该县产出的农产品无法卖出好价钱。

后来，康保县与易居（中国）控股有限公司共同组建了公司，开始挖掘康保县的县域产品品牌，并打造了"润土"这个品牌，通过统一包装、统一形象、统一推广、统一物流配送和统一服务，销售康保县的特色农产品。

营销团队抓住了用户向往自然、回归本真的心理需求，将土豆直接带泥包装，并附送铲子、土豆食用调料、产品说明书等，如图3-1所示，让用户可以直接在家中感受收获的喜悦。该举措促进了土豆的销售，大幅提高了康保县当地居民的收入，并提高了润土品牌的知名度、美誉度、附加值。

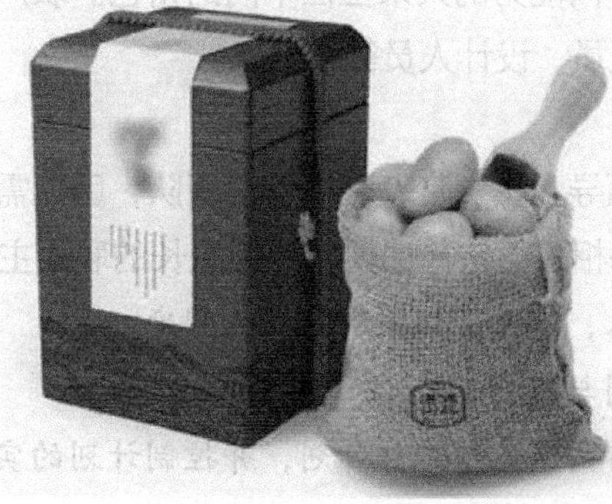

高清大图

润土土豆包装

图3-1 润土土豆包装

3.1 营销团队组建

我国的农产品市场规模庞大，但农产品销售一直面临着供求信息不对称、农产品品质参差不齐、农产品品牌没有知名度等问题，这些问题也一直困扰着诸多农产品商家。要想解决这些问题，靠个人的力量无疑比较困难，因此可以组建一个构架合理且优秀的营销团队，集合团队的力量进行农产品电商营销。

3.1.1 营销团队的构成要素

电商的发展给我国的农产品市场带来了蓬勃的生机，也使得越来越多的人开始聚焦农产品电商行业。这个行业的市场竞争越来越激烈，通过总结不难发现，创业成功的农产品电商大都拥有一个优秀的营销团队。优秀的营销团队是开展农产品营销的基础，而一个完备的营销团队要具备目标、成员、定位、权限和计划等构成要素。

● **目标：**营销团队要有一个确定的发展目标，指引团队发展，如一年内的销售额达到100万元。营销团队还可以将目标细分到团队成员身上，集所有成员的力量去实现目标。

- **成员**：成员是构成团队的核心。在选择团队成员时，应该综合考虑待选对象的能力、经验、技能、性格等，以适合团队为主要考虑标准。此外，在一个成熟的营销团队中，所有成员都应分工明确，并且所有岗位都应为了实现团队目标而设立。

- **定位**：定位包括团队的定位和成员的定位，团队的定位是指团队的性质、团队在整个市场中的位置等一系列问题，成员的定位是指成员在团队中担任的角色。

- **权限**：权限是指团队中处于领导地位的角色的权力大小。此外，团队权限也指团队成员在团队中拥有的权力，如营销人员在制定营销方案时，应有权力要求其他成员提供力所能及的帮助。

- **计划**：计划是指实现最终目标的具体行动方案，即为实现目标需要完成的具体工作的程序。团队只有按照计划工作，才能保证顺利完成团队目标。

3.1.2 营销团队的角色组成

营销团队需要各种具备不同能力的人来担任不同的角色。农产品电商营销团队应至少拥有营销组长、营销人员、客服人员、设计人员等角色。

1. 营销组长

营销组长是营销团队的领导，负责带领整个营销团队，因此需要熟悉农产品及市场情况，掌握一定的营销理论，并熟悉相关的法律法规。营销组长的职责主要包括以下4个方面。

- 负责全面管理营销团队，建立营销团队的相关制度。
- 负责制订团队营销计划与目标。
- 负责主导、监督、参与团队各项工作计划，并控制计划的实施过程。
- 负责团队成员的工作指导、考核、培训等。

2. 营销人员

营销人员是营销团队的核心成员，其主要任务是制定农产品营销策略，并与团队中其他成员一起完成营销任务。营销人员需要拥有一定的农产品营销知识，具备文案创作能力、农产品推广能力、活动策划能力等。营销人员的职责主要包括以下3个方面。

- 负责分析用户数据，了解用户行为，确定农产品推广方案。
- 负责策划推广活动，完成营销指标。
- 负责修改、优化营销方案。

3. 客服人员

客服人员需要根据实际的农产品销量配置，负责客户接待、下单、打单、售后处理等工作，其中，售后处理关系着农产品的复购率和客户忠诚度，是团队必须重视的一个环节。客服人员的工作主要涉及售前接待、售中维护和售后处理。

- **售前接待**：售前接待是在客户未接触农产品之前开展的一系列刺激购买欲望的服务工作，主要包括客户需求调查、客户接待、农产品或服务的介绍与推荐等。

- **售中维护**：售中维护是在农产品销售过程中为客户提供的服务，主要包括订单的处理、农产品包装与发货、农产品物流信息的跟踪等。

- **售后处理**：售后处理是在农产品出售以后所提供的各种服务活动，主要包括交易纠纷处理、农产品退换货处理、客户维护等。

4. 设计人员

设计人员主要负责制作农产品展示图、装修店铺、设计促销广告图等方面的工作，需要掌握一定的图片拍摄技巧，并具备一定的图片处理能力。设计人员的职责主要包括以下3个方面。

- 负责农产品图片在电商网站中的相关设计，如店铺装修、农产品详情页制作等。
- 负责农产品的拍摄、农产品图片的处理等。
- 负责与营销人员沟通，根据营销活动制作海报图等。

3.1.3 营销团队的团队管理

有效的团队管理是促进团队协作、增强团队凝聚力、实现团队快速发展的有效措施。农产品商家组建好农产品营销团队后，还需要管理营销团队，通过必要的管理措施来规范营销团队，提高营销团队的竞争力。

1. 时间管理

一个好的团队，应该能够充分利用工作时间，合理安排团队成员的工作内容，提高团队成员的工作效率，从而带来更高的收益。营销团队在进行时间管理时，可以采取一些技巧，如设立明确的目标、制作清单和严格规定完成期限。

- **设立明确的目标**：一个明确的目标有助于团队设定详细的计划，而详细的计划则能帮助团队有条不紊地开展工作，在一定程度上减少浪费时间的情况。例如，将目标设定为使微信群人数达到500人、卖出1000桶食用油等。有了明确的目标，团队在制订计划时，就会为达到目标努力。随着时间的流逝，当越来越接近目标时，团队成员的积极性也会更高，更容易达到预期的效果。

- **制作清单**：团队成员可以将一段时间内需要完成的任务制作成清单，并将清单摆放在显眼的位置，方便按照清单完成工作任务。例如，在某农产品即将上市前，设计人员就详细列出拍摄农产品、处理拍摄的农产品图片、制作农产品详情页、制作农产品营销海报等工作的完成顺序、时间，以便有条不紊地完成工作。

- **严格规定完成期限**：规定工作的完成期限有助于团队成员更高效地完成工作，提高时间利用率。

2. 协调沟通

沟通是团队工作中的必要手段，只有沟通顺畅的团队，才能上下一心、齐心协力地完成任务。在沟通过程中，团队成员应选择对方能够理解的方式，将此次沟通的重点传达给对方，并注意对方的反应，若对方有疑虑，需解释清楚。此外，在沟通时，双方应保证吐字清楚、思路清晰，必要时还可以采用肢体语言辅助表达。这种互动方式不仅能帮助团队成员之间交流意见，提高工作效率，还能增强团队凝聚力。

3. 目标管理

目标是指引人前进的方向，对营销团队来说也是一样。一个营销团队，需要设定一个合适的目标，又不能过高，也不能过低，且不能朝令夕改。营销团队若人数较少，还可以一起讨论，根据实际情况制订团队目标，这有利于调动团队成员的工作积极性。当然，制订的目标还需要有明确的时间限制。

4. 绩效管理

绩效管理是指营销团队为达到团队目标，共同参与的绩效计划制订、绩效辅导沟通、绩效考核评价、绩效结果应用、绩效目标提升的持续循环过程，其目的是持续提升团队成员和团队的绩效。

绩效管理的整个过程可以分为绩效计划、绩效辅导、绩效考核和绩效反馈。其中，绩效计划是开展绩效管理的基础，需要根据团队实际情况和发展方向制订；绩效辅导是绩效管理的重点，关系着绩效管理能否落地实施；绩效考核是绩效管理的核心，也是团队成员等级划分、职位晋升的基础；绩效反馈则能帮助团队完善绩效管理，帮助团队更好地发展。

拓展阅读

实施绩效管理的
注意事项

营销团队在开展绩效管理时，需要细化不同岗位的工作，以方便后续开展绩效考核。在实施绩效管理时，团队领导者还需要引导团队成员理解绩效管理，疏导团队成员执行时的不良情绪，保证绩效管理顺利实施。

5. 激励制度

激励就是通过一定手段满足团队成员的需要，以调动他们的积极性，激发他们的潜能。在农产品营销过程中，可以通过榜样激励、目标激励、授权激励、尊重激励、宽容激励、赞美激励、竞争激励、文化激励和惩罚激励等方法激发团队成员的工作积极性，提升团队成员的工作热情，从而提高农产品的销量。

拓展阅读

常见的激励方法

需要注意的是，激励机制要在满足团队成员需求的基础上，遵循以下必要原则，才能达到最佳的激励效果。

● **对等原则**：对等是指团队成员的奖励应该是团队成员通过努力能够争取到的，并且，奖励应该是团队成员都希望获得的。因为只有团队成员都希望获得且都有机会获得奖励，才会提高团队成员的积极性，起到激励的作用。例如，某农产品营销团队设置的激励制度中的某一条为"当农产品销量突破5000件时，团队成员当月可获300元奖金"。

● **公开原则**：公开是指激励制度公开化、考核透明化，即将团队成员获得激励的原因、做出的贡献等均公开告诉团队所有成员，这样既能保证激励的公平性，又能激发团队其他成员的积极性。

● **高名誉原则**：单纯的物质激励作用时间较短，且效用有限，因此，营销团队还需通过赋予价值感、荣誉感等方式激励团队成员，如颁发"年度优秀成员"称号、发布优秀成员荣誉榜等。

● **时效性原则**：时效性原则是指激励制度应该限定在一定时期内，必须在这个期限达到设定的目标，如限定在3个月内，这样不仅能够保证目标顺利达成，还能增强团队成员的时间观念。

● **可变性原则**：可变性原则是指激励制度会随时间的流逝、营销团队等的发展而发生变化。例如，营销团队初创时，激励奖励为假期、自身销售的农产品等；当营销团队规模较大后，激励奖励就可以升级为奖金、旅游等。

- **团队激励原则**：团队激励原则是指将团队作为整体来奖励，这样可以增强团队的凝聚力。

6. 教育培训

教育培训是推动团队建设和发展不可或缺的重要机制，是提高团队专业性的重要手段。必要的教育培训能帮助营销团队适应外部环境的发展变化，帮助团队成员成长，提高团队绩效。

教育培训内容主要包括专业知识技能培训、行业发展变化培训、相关政策法规培训等。专业知识技能培训包括网络营销培训、客户服务培训、农产品详情页设计培训、团队管理培训等；行业发展变化培训包括农产品行业变化培训、电商行业变化培训、物流行业变化培训等；相关政策法规培训包括农业政策法规培训、商业政策法规培训等。

3.2 用户分析

"工欲善其事，必先利其器。"这一点同样适用于农产品营销。在正式开始营销前，农产品商家要分析用户数据，绘制用户画像，了解用户喜好，才能更加精准地吸引目标用户，取得更好的农产品营销效果。

3.2.1 分析用户数据

农产品最终要面向用户，因此，取得用户的认可十分重要，这就要求农产品商家分析用户数据，通过用户数据推测用户特征和用户需求，并针对用户需求推广农产品。一般来说，农产品商家需要分析的用户数据有用户属性数据、用户行为数据、新增用户数据、存量用户数据和用户留存率。

- **用户属性数据**：用户属性数据包括用户自身的基本信息和状态等在内的特征数据，如性别、年龄、电话、受教育程度、城市、职业等。农产品商家可以通过数据分析平台，如百度指数、微信指数、百度统计流量研究院、易观千帆指数、SimilarWeb等获取相关用户数据。

- **用户行为数据**：用户行为数据指用户在产品查询、浏览、选择、购买、使用、复购等方面的数据，可以体现出用户和产品的互动模式，以及影响用户购买产品的因素。用户行为数据可通过电商网站关联的数据分析平台获得，通过分析用户行为与农产品销售之间的关系，可以更精准地推广农产品。

- **新增用户数据**：新增用户是指从未购买过产品的用户。农产品商家在分析新增用户时，需要分析新增用户的来源渠道、数量、交易时间，找到用户的兴趣点，聚焦该兴趣点开展农产品营销。

- **存量用户数据**：存量用户是指一段时间后，依然关注产品的用户。存量用户数据直观地反映了农产品对用户的吸引力。存量用户数据指标包括日活跃用户数量和月活跃用户数量，即一日或一月内关注该农产品的用户数量，可以用来衡量用户黏性及衰退周期。这两类数据指标都可以通过第三方统计分析工具来获取，如友盟+、TalkingData、GrowingIO等。

- **用户存留率**：用户存留率是指同一时间段内新增的用户存留下来的数量占总的新增用户数量的比例，研究的是某一时间点的一批用户在后续的几天、几周、几个月内的生命周期情况，直接反映了不同来源渠道用户的质量。

3.2.2 绘制用户画像

用户画像是一种将用户属性、行为等信息用图像直观地展示出来，以方便农产品商家进行用户定位的有效工具。用户画像是实际用户的虚拟代表，能够将产品或品牌的主要受众和目标群体通过数据进行展示，从而实现数据的统计分析。

1. 用户画像的基本要素

在构建用户画像时，农产品商家应遵守"PERSONAL"要素，即基本性、同理性、真实性、独特性、目标性、数量性、应用性和长久性。

- **基本性**：基本性指用户画像应该基于一定的数据调查，如经过了情景访谈、数据统计，或有案例做基础等。
- **同理性**：同理性指农产品商家在设计用户画像时，要从用户的角度来思考问题。
- **真实性**：真实性指用户画像符合现实生活中用户的真实形象。
- **独特性**：独特性指用户画像中的目标用户具有各自的特点，彼此间相似性不大。
- **目标性**：目标性指用户画像中包含与产品相关的高层次目标，以及用来描述该目标的关键词。
- **数量性**：数量性指用户画像中的数量级明确，能够方便农产品商家制订营销计划。
- **应用性**：应用性指用户画像可以作为一种工具，实际应用到营销决策中。
- **长久性**：长久性指用户画像能长久适用。

2. 构建用户画像

农产品商家可以按照获取用户数据、构建用户标签库、标记用户和输出用户画像报告的顺序构建用户画像。

（1）获取用户数据

农产品商家可以借助电商网站或自行记录等方式获取相关的用户数据，包括用户属性数据，如姓名、性别、手机号、地区、年龄、身高、职业、爱好、关注领域等；用户在购买农产品过程中产生的业务数据，如订单数、消费金额、购买产品品类等；用户在购买农产品过程中的行为数据，如购买次数、购买频率等。

（2）构建用户标签库

在获得用户数据后，农产品商家就可以选择标签维度，确定标签值。例如，选择性别维度，则标签值是男性或女性；选择年龄维度，则标签值是少年、青年、中年、老年等。农产品商家可以选择不同的标签维度，确定不同的标签值，以构建丰富的标签库。一般来说，完善的标签库包括学历标签、职业标签、收入标签、偏好度标签、消费能力标签、活跃度标签等。

（3）标记用户

构建完用户标签库后，农产品商家可根据标签库，将用户标记到不同的标签下，从而清晰地展示出用户画像。在标记用户时，一些基于基础数据的用户标签可以简单标记，如性别标签、地区标签等；而一些标签需要用户在满足某一条件时才可标记，如只有消费满5次、金额满1000元以上的用户，才能被标记为会员用户。

（4）输出用户画像报告

使用不同标签标记完用户后，农产品商家就可以通过标签绘制真实的用户画像，帮助制定合适的产品策略和运营规则。此外，农产品商家还可以通过一类用户共同拥有的标签，绘制用户群体的用户画像，输出完整的用户画像报告。

例如，在制作茶叶电商的分析报告前，需要先获取茶叶电商用户相关数据，如性别分布、年龄分布、喝茶原因、选购渠道、偏好品类、选择袋泡茶原因、获取信息渠道等；然后构建标签库，如用户偏好的标签值有绿茶、红茶、养生茶、乌龙茶、花草茶、白茶等，以构建用户标签库；通过不同标签，将用户分类，最后绘制用户画像，如图3-2所示。

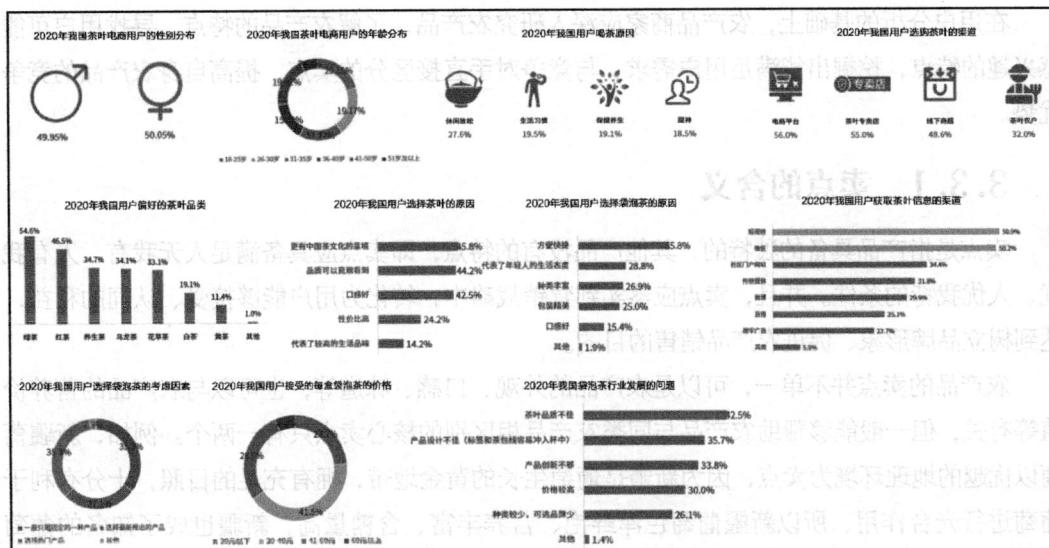

> 高清大图
> 茶叶电商用户画像

图3-2　茶叶电商用户画像

3.2.3　了解用户喜好

在农产品营销中，了解用户喜好十分必要，只有发布的营销信息符合用户喜好，才能有效地拉近与用户之间的关系，从而更容易将农产品销售给用户。而要了解用户的喜好，可以从购买角度和竞争角度切入。

1. 购买角度

农产品商家可以通过分析用户购买农产品的相关信息，如购买行为、浏览记录、复购率等，了解用户的购买偏好，进而了解用户感兴趣的、更愿意购买的农产品。

例如，分析用户的浏览记录，可以了解用户感兴趣的农产品；对比用户浏览过的农产品和已购买的农产品，可以推测影响用户购买农产品的相关因素；分析用户的复购率，可以了解用户对农产品品牌的忠诚度等。

2. 竞争角度

除了从用户购买的角度切入外，农产品商家还可以分析竞争对手的农产品包装、农产品营销手段、农产品选择等，通过观察用户对竞争对手的态度，分析用户对农产品的喜好，从而选择更合适的营销方案。

> **思考与讨论**
>
> 你在电商网站上购买农产品时，更加注重农产品的哪个方面？为什么？

例如，对比竞争对手品质相当、包装不同的农产品的销量，分析用户对农产品包装的偏好；对比采用不同营销手段的竞争对手的知名度、用户忠诚度等，分析用户更喜欢的营销手段，再结合自身实际情况，制定适合的营销策略；分析目标市场中不同竞争对手的农产品的特点，确定自身农产品的主要卖点。

3.3 农产品卖点挖掘

在用户分析的基础上，农产品商家应深入研究农产品，了解农产品的特点，寻找用户可能感兴趣的特点，挖掘出能满足用户需求、与竞争对手直接区分的卖点，提高自身农产品的竞争优势。

3.3.1 卖点的含义

卖点是指产品具备的独特的、其他产品没有的特点，即卖点应具备满足人无我有、人有我优、人优我特的条件。并且，卖点应落实到营销战略中，转化为用户能够接受、认同的利益，达到树立品牌形象、促进农产品销售的目的。

农产品的卖点并不单一，可以是农产品的外观、口感、味道等，也可以与农产品的营养价值等有关，但一般能够帮助农产品与同类农产品相区别的核心卖点只有一两个。例如，新疆葡萄以优越的地理环境为卖点，因为新疆是葡萄生长的黄金地带，拥有充足的日照，十分有利于葡萄进行光合作用，所以新疆葡萄色泽鲜艳、营养丰富、含糖量高，新疆也成了知名的葡萄产地。

3.3.2 农产品卖点的表现形式

当前市场环境中，产品同质化严重，要想使自己的农产品从众多同质化农产品中脱颖而出，就需要通过卖点吸引用户，增强农产品的竞争力。农产品最具有吸引力的卖点是核心卖点，核心卖点有新卖点、超级卖点和独家卖点等不同的表现形式。

1. 新卖点

新卖点就是与同类农产品的卖点不同的、从崭新的角度挖掘的卖点。新卖点能让用户耳目一新，更容易快速获得用户的关注和认可，因此，农产品商家可以尽可能地用新的理念和想法来展现农产品卖点，提高农产品的竞争力。

新卖点应当为用户呈现一种颠覆性的认知，并能够填补用户认知上的空白。例如，普通土豆虽然是一种生长周期短、营养价值高的农产品，但却没有突出的卖点，而黑土豆则不同，黑土豆不仅营养丰富，还含有较高的黑色素，且内外均呈黑紫色，在营销时，就可以将"黑色""黑色素高"作为新卖点，吸引用户关注。

知识补充

即便不能填补用户认知上的空白，新卖点的表达方式也要新颖，农产品商家可以将已有的卖点以另一种表达方式呈现。例如，在描述散养鸡卖点时，可以用更加新颖的说法——"山林里自由生长"来替代已经泛滥的"散养"，以打造新卖点。

2. 超级卖点

超级卖点指与同行相比有极强竞争力的卖点。只有竞争力明显高于同行的卖点才能称为超级卖点。例如，柑普茶（又名新会柑普洱茶）是用广东新会大红柑或小青柑和云南西双版纳勐海县普洱茶作为原料制作的一种茶，这种茶不仅具有甘醇香甜的茶香，还具有新会柑的果香。柑普茶因为具有其他茶没有的特点，具有很强的竞争力，成了普洱茶中的特色茶。

3. 独家卖点

独家卖点是某个产品本身所拥有的、独特的卖点，如独家秘制的食材、产品独有的功能、领先的技术等。一般来说，独家卖点的竞争力是独一无二的。独家卖点可以帮助农产品与同类农产品相区别，成为农产品的标识。

例如，金龙鱼的卖点是"1:1:1黄金比例"，如图3-3所示，其给用户传达了一个信息：食用油分为两类，一类是1:1:1的食用油，另一类是非1:1:1的食用油。金龙鱼利用核心技术生产出来的1:1:1食用油，经过了中国粮油协会的认证，适合人体吸收。金龙鱼挖掘的这个独家卖点让很多油类品牌无法与之竞争，使很多用户在购买食用油时都更愿意选择金龙鱼的食用油。

图3-3 金龙鱼的卖点

3.3.3 农产品卖点的展现角度

对农产品来说，消费者往往更关注农产品的品质，而要展现出农产品优秀的品质，农产品商家可以从农产品的品相、包装、保存时间与方法等角度入手。

1. 品相

品相是用户对农产品的第一印象，也就是说，农产品品相是农产品的直观卖点。因此，在营销农产品时，可以通过良好的品相凸显农产品的品质，增强农产品对用户的吸引力。例如，相比于图3-4所示的品相一般的水果，图3-5所示的品相好的水果更有吸引力，因此，用户在购买时，很可能会更愿意购买图3-5所示的水果。

高清大图

品相不同的水果

图3-4 品相一般的水果

图3-5 品相好的水果

2. 包装

良好的包装不仅能够在农产品运输过程中为农产品提供更好的保护，还能提升用户对农产品的印象，帮助打造农产品品牌。图3-6所示的丹东草莓包装，内包装采用了泡沫网套直接包裹单个草莓，再使用异形泡沫内衬用以缓冲，进一步固定草莓，加强了包装的防撞防摔效果，提高了草莓运输过程中的安全性；外包装经过精心设计，以黑色搭配金色营造了一种高级感，并且包装上的宣传语和品牌标志也有利于品牌的打造和传播。

高清大图

丹东草莓包装

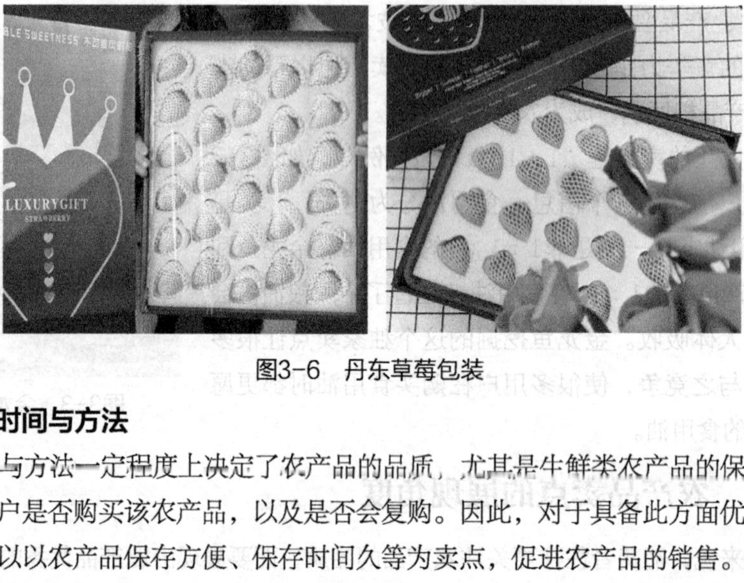

图3-6 丹东草莓包装

3. 保存时间与方法

保存时间与方法一定程度上决定了农产品的品质，尤其是生鲜类农产品的保存时间与方法能直接影响用户是否购买该农产品，以及是否会复购。因此，对于具备此方面优势的农产品，农产品商家可以以农产品保存方便、保存时间久等为卖点，促进农产品的销售。例如，营销经过巴氏消毒法处理后的鲜牛奶，不仅可以最大限度地保留牛奶的营养和风味，还让牛奶有相对更长的保质期，保存更方便。

3.3.4 农产品卖点的展现技巧

选择好农产品卖点的展现角度后，农产品商家可以借助适当的展现技巧，增强卖点的吸引力，扩大农产品的传播范围。

1. 精确的数字

在竞争激烈的市场环境下，高效率地满足用户的需求是提高农产品竞争力的重要方式。而精确的数字表达，就是一种让用户高效率获取信息的方式，且数字在很多时候具备强大的说服力。例如，牛肉肉质鲜嫩的卖点一般都通过牛的生长周期和环境展现。而生长周期可以直接使用数字展现，图3-7所示是用"300"这个数字来直观体现牛的生长周期。

图3-7 通过数字营销牛肉

2. 特殊的地域

对特色农产品来说，用地域作为卖点会更容易让用户接受，如湛江小龙虾、赣南脐橙、西湖龙井、宁夏枸杞、峨眉山大红袍、青海虫草等。这些具有地域代表性的农产品不仅承载了用户对农产品地域特征的印象，还承载了用户对农产品优良品质的高度认可。因此，如果农产品的原产地有一定的地域特征，也可以从地域的角度来展现农产品卖点。

案 例

高邮咸鸭蛋的卖点

江苏省高邮市地处长江中下游北岸的里下河地区，是国家级生态示范市，位临高邮湖，这样的环境为高邮麻鸭繁衍生息提供了理想的场所。而高邮麻鸭是全国三大优良鸭系之一，高邮湖丰富的水生动植物资源为高邮麻鸭提供了理想的饵料，保证了高邮鸭蛋的品质。

高邮咸鸭蛋用高邮麻鸭的蛋腌制而成，具有质细而油多的特点，是知名的咸鸭蛋产品。高邮市邮星食品有限公司就以高邮麻鸭蛋为原材料，使用手工传承的工艺，推出了麻鸭蛋和双黄蛋两个产品系列，并借助其原材料产地——高邮的知名度，打造了"高邮麻鸭蛋 富贵流油"和"高邮双黄蛋 好事成双"的卖点，如图3-8所示。

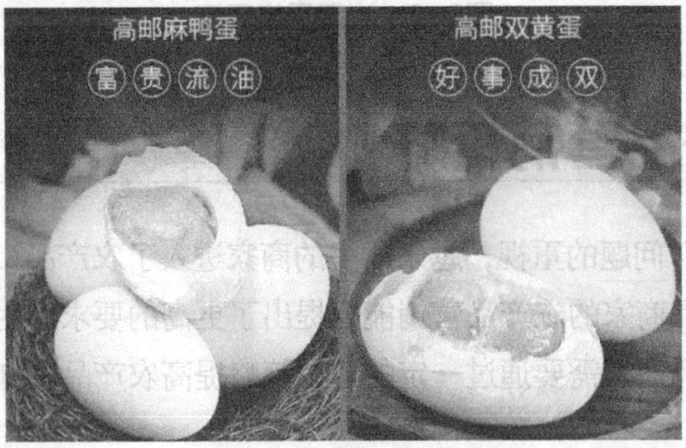

图3-8 高邮咸鸭蛋卖点

思考：（1）高邮咸鸭蛋有哪些特点？（2）高邮市邮星食品有限公司的麻鸭蛋和双黄蛋的卖点有什么样的特点？

3. 概念性

概念性的卖点比较独特，往往能带来直接的经济效益，一个好的概念具备了独家性和不可复制性的特点。用户的购买决策通常都有一套理念来指导，如当用价格判断产品时，他们的消费指导理念就是"便宜没好货，好货不便宜"。打造出可以指导用户消费的概念，产品就会拥有独特的卖点，这对于农产品营销而言也是如此。

例如，近年来某些商家打造了第三代水果的概念性卖点。第三代水果是指分布于黄山林区，尚未被开发利用、仍处于野生状态的山果和一些新开发的优质、特色水果，包括刺梨、余甘子、沙棘、桑葚、树莓等。这些水果的生长需要极好的自然环境，具有天然、绿色、健康等特点，而这些特点正是现在人们购买农产品所追求的。因此，农产品商家在营销第三代水果时，只要体现出第三代水果的概念，并介绍它的特点、价值，用户就会很容易被这个新奇的概念吸引，从而购买该水果。

4. 稀缺的数量

物以稀为贵，当某种农产品的数量较为稀少且足够独特时，往往能够大大提升该农产品在用户内心的价值感，增强用户的购买欲望。在描述农产品的卖点时，农产品商家可以使用"珍稀品种"等词突出农产品的稀缺性，制造紧迫感，帮助提高农产品的销量。

例如，在描述岩蜜时，农产品商家就可以着重突出这种蜂蜜需要在悬崖峭壁上采集，采集难度大，因此岩蜜的产量较少，以其稀缺性吸引用户。图3-9所示为岩蜜采集环境。

图3-9 岩蜜采集环境

3.4 农产品营销策略

随着国家对"三农"问题的重视，越来越多的商家进入了农产品市场，农产品市场的竞争越发激烈，这也对农产品商家的农产品营销能力提出了更高的要求。为了销售农产品，更好地打造农产品品牌，农产品商家需要通过一定的营销策略提高农产品的知名度，从而取得良好的销售效果。

3.4.1 品牌策略

品牌能够帮助用户识别农产品，让用户在看到品牌时，就联想到该品牌旗下农产品的质量、价格、特色及服务，这可以对农产品营销起到正面的促进作用。一般来说，打造农产品品牌首先需要定位，再致力于传播品牌。

1. 品牌定位

良好的品牌定位不仅有助于塑造差异化的竞争优势，提升品牌传播的效果，还有助于在农产品与用户之间建立长期稳定的关系，为农产品的培育、营销活动指引方向。常见的品牌定位的方法有以下7种。

- **用户群体定位**：用户群体定位是指以农产品的用户群体为诉求对象，通过突出农产品的针对性以获得目标用户群体的认同。这种定位方法将用户与品牌直接联系起来，更容易让用户产生品牌归属感，如辣妹子、老干妈等品牌就以爱吃辣的用户群体为诉求对象。

- **品质定位**：品质定位是指以农产品优良或独特的品质作为诉求点，向注重农产品品质的用户推广品牌。这种定位方法的实质是将品牌与农产品品质或特征关联起来，再结合用户的品质认知定位品牌。例如，浏阳河农业产业集团股份有限公司的品牌——神籽，就十分容易让用户联想到农产品品质好，使用户更容易接受其旗下的农产品。

- **情感定位**：情感定位是指通过情感的抒发与表达唤起用户心理与精神上的共鸣，提高他们对农产品或品牌的认同感、依赖感和归属感。情感的种类有很多，亲情、爱情、友情、关怀、思念、怀旧等都可融入品牌定位。如果用户在购买、食用农产品的过程中获得这些情感体验，就容易唤起用户内心深处的认同和共鸣，最终使他们对品牌产生喜爱，提高其忠诚度。例如，鲜丰水果就从关怀的角度，以"从枝头鲜到舌头"为目标，致力于为用户提供优质的水果产品和服务，使品牌价值得到了有效体现。

- **档次定位**：档次是指事或物的等级。档次定位是指根据这种等级体现品牌带给用户的不同心理感受和体验。一般来说，档次定位主要针对高档次，以传达农产品、品牌的高品质。高档农产品被赋予很强的表现意义和象征意义，如龙威贡牌强调旗下的莲子和银耳都不使用化肥农药，且全部通过国际检测机构检测，是品质十分优良的农产品，令人感觉品质优良，档次很高。

- **文化定位**：文化定位是指将文化内涵融入品牌，形成品牌在文化上的品位，提升品牌的文化底蕴。在进行文化定位时可以汲取我国历史长流中的故事、精神元素、文化内涵等并将其融入品牌中，如酒品牌与酒文化的结合。

- **地理定位**：地理定位是指直接使用农产品的原产地定位品牌。这种方法能够直观地将农产品与原产地联系起来，提高用户对农产品的接受程度。例如，阳山水蜜桃品牌，就利用了水蜜桃的原产地阳山镇定位水蜜桃农产品。阳山镇地处江南水乡，拥有独特的自然气候和地质条件，该地产出的水蜜桃不仅果形大、色泽美，还香气浓郁、汁多味甜，将水蜜桃与阳山镇联系起来可以凸显水蜜桃的品质。

- **对比定位**：对比定位是指通过与事物的客观比较定位品牌。这种定位方法要求农产品商家通过对比分析找出对比事物的缺点，并改变其在用户心中的现有形象，进而确立自己的品牌形象。对比的对象可以是农产品的竞争者，也可以是自然现象或用户对某一事物的原有认知。例如，菁云就定位为绿色天然农产品，与人工生产农产品相区别。

2. 品牌传播

品牌传播是指农产品商家通过各种传播手段将品牌信息传递给用户的方法，其能够维持用户的品牌记忆。品牌传播可以提高农产品品牌的知名度，发挥品牌效应，帮助农产品销售到更多、更广的地方。常用的品牌传播方式有很多种，其中适用于农产品品牌传播的有口碑传播、广告传播、公关传播、网络传播、实地传播等。

拓展阅读

品牌传播的误区

（1）口碑传播

简单来说，口碑传播就是通过用户交谈来传播品牌的一种方式，是农产品品牌传播中十分有效的手段。用户在购买农产品时十分重视品质，而农产品的品质往往需要用户实际感受后才能获知，这使得用户更倾向于称赞那些他们觉得满意的农产品，这类农产品所属的品牌也就更容易被用户提起，更容易达到品牌传播的效果。

需注意的是，依靠口碑传播的农产品要保证良好的产品品质。为达到更好的传播效果，农产品商家还可以将农产品特点概括成朗朗上口的传播语言，帮助用户记忆品牌、传播品牌，扩大品牌的传播范围。

（2）广告传播

广告传播是指借助大众广告媒体传播农产品品牌，是农产品品牌传播的主要方式。选择广告传播品牌时，农产品商家应结合目标用户的需求和喜好，以鲜明的卖点、创新的表现形式，单刀直入地传播农产品和品牌，不过度追求创意。

广告传播常见的方式有电梯广告、影院广告、站牌广告等线下广告，网幅广告、弹窗广告、邮件广告、链接广告、网络视频广告等网络广告，以及开屏广告、弹屏广告、短视频广告等新媒体广告等。

（3）公关传播

公关传播是指利用公关策略传播农产品品牌。农产品商家可以通过以下3种方式进行品牌的公关传播。

● **相关会议展示和演讲**：农产品商家可以参加与农产品相关的博览会、交流会、专题研讨会，在会议上展示农产品形象，宣传农产品特点，并传播农产品品牌。

● **活动或节日**：农产品商家可以利用与用户切身相关的活动或节日，通过举办营销活动或发布营销文案等，传播农产品品牌。

● **公益服务**：公益服务是农产品商家进行公关传播的常用方式，主要包括发起公益活动、赞助特定公众、参与知名公益活动等方式。公益服务有助于树立品牌形象，提高品牌知名度和美誉度。

（4）网络传播

网络传播是指利用网络直接传播农产品品牌，这一方式容易取得较为明显的效果。一般来说，农产品商家可以根据自身情况，通过打造官方网站、运营新媒体账号等方式，展示店铺和农产品，塑造农产品品牌形象，提高农产品品牌的知名度。

（5）实地传播

实地传播是指通过农产品原产地传播农产品品牌。农产品商家可以调动用户对农产品的种植、生长、采摘等过程的兴趣，吸引用户到原产地旅游、参观，利用原产地优势传播农产品品牌。

案 例

褚橙的品牌营销策略

2002年，74岁的褚时健在云南玉溪哀牢山接手了一个种植冰糖橙的国有农场，开始了他的二次创业。褚时健在接手农场之初就充分了解了国内外的柑橘类作物，并自费购买了许多不同产地、不同品种的柑橘类产品，邀请身边的人共同品尝。通过对比，褚时健印证了他最初的判断——哀牢山非常适合种植冰糖橙。

因此，褚时健坚定了要种出最好的橙子的决心，并为此投入了大量的资金，提高了冰糖橙的品质，并为其取名"云冠"——云南的冠军之橙，但当时云冠的销量十分堪忧。后来，本来生活平台结合褚时健的人生经历，将褚橙打造为了"励志橙"，顺利打开了褚橙的市场。

2014年，褚橙开始触网，推出了电商网站"传承鲜品"，并于2015年更名为"实果记"，用于销售褚橙和其他经过认真挑选的特色农产品。同时，褚时健还在天猫平台开设了"实建褚橙旗舰店"，销售当季褚橙和高端品质水果。

褚橙的包装采用了和橙子颜色一致的橙红色作为主色，设计了个性化的趣味标语，与褚橙的品牌故事相呼应，加深了用户对褚橙品牌的印象，提升了用户的好感度。褚橙通过个性化的包装吸引了用户注意，并充分利用知名人物和本来生活平台的影响力来宣传褚橙品牌，引导用户购买褚橙，再借助优质的产品和服务，塑造了良好的口碑，扩大了品牌传播范围，吸引了更多用户。

思考： （1）褚橙为什么能被众人熟知？（2）褚橙的品牌传播使用了哪些策略？

知识补充

当农产品品牌有一定知名度和市场影响力后，农产品商家可以考虑在已有品牌的基础上，将原品牌运用到新产品上，减少新产品进入市场的风险。

行业视点

2019年，农业农村部一号文件发布，强调绿色化、优质化、特色化、品牌化发展，大力推进农产品区域公用品牌、企业品牌和产品品牌建设，打造高品质、有口碑的农业招牌。

3.4.2 包装策略

产品包装最初的作用是保护产品、便于运输，随着互联网的发展、用户审美与消费需求的变化，产品包装也成了营销宣传的一种手段。农产品包装策略就是根据农产品特色与生产条件，结合市场与用户的消费需求，对农产品的包装方式与档次进行整体方向性规划定位。农产品包装策略主要有相似包装策略、差异包装策略、相关包装策略、分等级包装策略、改变包装策略和配套包装策略。

1. 相似包装策略

相似包装策略是指农产品在包装上都采用相同或相似的图案、颜色，保证整体风格的一致，从而体现出共同的特征，更好地树立品牌形象。该策略能够节约农产品包装的设计和制作成本，一旦形成了明显的产品包装风格，就能加深用户对农产品的认知，有利于宣传和推广新的农产品，但容易因为某样农产品的质量问题而影响用户对品牌所有农产品的印象。因此，农产品商家在使用相似包装策略时，需要格外注重农产品的品质。

图3-10所示的包装就采用了相似包装策略，其不同产品包装风格较为一致。

图3-10　相似包装策略

2. 差异包装策略

差异包装策略是指根据农产品不同的定位和市场需求，采用独特的设计风格设计包装，从而在包装上形成差异化。这种策略适合农产品系列较少，且每种农产品的特征有明显区别的情况，但会因为包装设计费用与农产品促销费用的增加而成本上升。

图3-11所示为宁夏塞外香食品有限公司旗下塞外香品牌的大米产品——长粒香的包装。图3-12所示为塞外香品牌的另一大米产品——富硒香米的包装。虽然长粒香和富硒香米都是塞外香旗下的大米农产品，但因为两者的卖点不同，长粒香以优良品质为卖点，所以二者在包装上也有所差异，富硒香米以富硒为卖点。

图3-11　长粒香的包装　　　图3-12　富硒香米的包装

3. 相关包装策略

相关包装策略是指将多种相关农产品及配套放在同一包装物内的策略。这种策略可方便用户同时购买多件产品，从而带动多种产品的销售，一般适合属性相近的小型农产品，具有一定的局限性，如礼包、什锦坚果等。

4. 分等级包装策略

分等级包装策略是指按照用户的消费层次设计农产品包装的一种策略。一般来说，高收入和高文化程度的用户较为注重包装的品位和个性化；低收入和低文化程度的用户较为注重包装的便利和实惠性。例如，同样是双鱼品牌旗下的猪肉脯，但却按照售卖方式的不同，采取了不同的包装，图3-13所示为400g袋装售卖的猪肉脯产品包装，图3-14所示为1kg散装称重售卖的猪肉脯产品的独立小包装。

图3-13　袋装猪肉脯包装　　图3-14　散装称重猪肉脯独立小包装

5. 改变包装策略

改变包装策略是指改变和放弃原有的农产品包装，改用新的包装。当农产品升级换代、用户包装需求发生变化或科学技术发展更新后，农产品包装就需要更新换代。农产品包装改变后，农产品商家需要做好相关的宣传与说明工作，避免用户识别不出品牌。图3-15所示为卫龙大面筋的新旧包装。

6. 配套包装策略

配套包装策略是指将数种有关联的农产品配套包装在一起成套供应，从而增加农产品的销量。图3-16所示的香醋+料酒组合就采用的是配套包装策略。

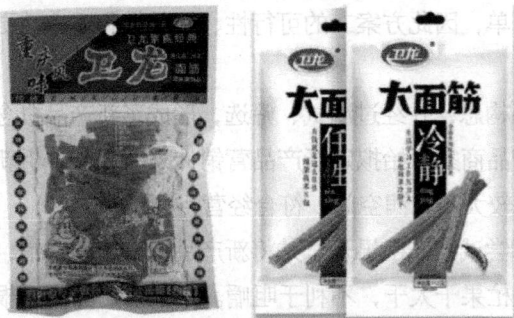

图3-15　卫龙大面筋的新旧包装　　　　　图3-16　香醋+料酒的配套包装

3.4.3 产品策略

农产品营销应基于农产品本身。农产品是否符合市场需求，是否能吸引消费者的注意将很大程度上影响农产品商家的日常经营状况，因此农产品商家在进行农产品营销时，应采取一定的产品策略。

1. 新产品策略

随着社会、经济的发展，用户对农产品的需求逐渐从"吃饱"转变为"吃好"，并且呈现出多元化的发展态势。而目前我国农产品市场还存在着严重同质化、优质农产品相对不足等问题，因此要想获得长远发展，农产品商家就应紧跟市场发展趋势，保持良好的产品更新换代的节奏。换句话说，就是不能埋头于经营现有的农产品，而应采取适当措施开发新产品。

一般而言，新产品开发都有一定的流程，包括新产品构思、产品方案筛选、形成产品概念并测试、初拟营销计划、商业分析、新产品研制、市场试销、正式上市。

- **新产品构思**：根据农产品商家的实际发展情况，提出新产品的设想方案。
- **产品方案筛选**：从可行性、效益性和适应性等方面比较、判断各种设想方案，筛选出最合适的方案。
- **形成产品概念并测试**：从用户的角度多次描述新产品构思方案，让用户能一目了然地识别新产品，然后测试这些产品概念，筛选出有潜力的产品概念。
- **初拟营销计划**：拟定新产品投放市场的初步营销计划书，包括规划目标市场的规模、结构、行为，新产品的价格、分销策略，以及新产品的销售目标等。
- **商业分析**：分析新产品的销售额、成本、利润等，查看其是否符合农产品商家的经营目标，若符合即可开发新产品。
- **新产品研制**：开始新产品的研制，并特别注意其在技术和商业上的可行性。
- **市场试销**：将新产品投入市场中试销，并分析用户的接受度、产品销量等，便于新产品改善与营销方案的调整。
- **正式上市**：正式在市场中投放新产品，最终获得利润。

例如，某销售杧果的农产品商家想要开发新产品，并提出了两个新产品的设想方案：一是种植菠萝；二是开发杧果干产品。经过对两个方案的比较后，农产品商家认为自身已具备多年的杧果种植与销售经验以及相关渠道资源，且开发的杧果干产品已有品牌的背书，更容易让用户接受，制作杧果干产品的技术也较为简单，因此方案二的可行性、效益性和适应性更高，选定了方案二。

接下来，农产品商家开始描述新产品构思，并经过测试、筛选，形成了新产品概念——原汁原味、清香脆爽的杧果干。然后，农产品商家开始拟定新产品营销计划书，并分析新产品的预期销售额、成本、利润等，认为其具有较大的利润空间，符合经营目标。

然后农产品商家开始利用引进的技术尝试制作杧果干，并将新产品投入市场试销，发现用户对新产品的接受度还不错，但普遍反映杧果干太干，不利于咀嚼。于是农产品商家根据用户的反馈意见改进了新产品的制作工艺，然后将改进后的新产品正式投放市场。

2. 产品组合策略

产品组合是指农产品商家生产经营的各种不同类型的产品之间的组合和量的比例。产品组合策略是指农产品商家为面向市场，对所生产经营的多种产品进行最佳组合的方法。制定产品组合策略的目的是使产品线广度（产品线数量）、产品线深度（每条产品线中包含的产品品种）及二者关联性（各产品线之间在生产技术、运销方式和最终用途等方面的一致程度）处于最佳组合状态，以提高农产品商家竞争能力，取得更好的经济效益。

知识补充

所谓产品线，是指规格品种不同但具有相似使用功能的一组同类产品。例如，某农产品商家经营的肉类产品中有猪肉和鸡肉两个品种，经营的菜蔬类产品中有白菜、菠菜和芹菜3个品种，经营的水果类产品中有苹果和橘子两个品种，则该农产品商家拥有3条产品线、7个产品品种，具有一定的产品线广度和深度。

（1）扩大产品组合策略

扩大产品组合策略是指增加产品线的广度和深度。增加产品组合的广度主要指增加产品线，如原经营水果、蔬菜，现增加一个产品线——粮油；增加产品组合的深度指在原有产品线内增加新的产品品种，如原经营的水果只有香蕉和菠萝，现增加一个水果品种——椰子。

农产品具有较强的季节性，用户对每一类农产品的需求量变化较大，农产品价格也有一定的波动，这些因素使得某一种类农产品的盈利水平较不稳定，产生一定的经营风险。农产品商家适当提升产品线广度，将有利于分散市场风险，提升收益稳定性。

同时，由于同一产品线中的各品种农产品具有相似的物理属性，可以采用相近的工艺和设备贮藏、包装与运输。农产品商家适当增加产品线的深度，可降低销售成本，并满足用户的多元化需求，扩大市场范围。

（2）缩减产品组合策略

缩减产品组合策略是指通过缩减产品组合的广度、深度等，从而使农产品商家集中力量经营特定农产品。当农产品市场不景气或生产所需原材料大幅上涨时，采用该策略淘汰需求量小、生产成本高的产品线或产品品种，留下利润率高的产品线或产品品种，可以有效地降低经营成本，并让农产品商家可以集中资源和技术力量改进保留农产品的品质。

（3）产品线延伸策略

产品线延伸策略是指农产品商家改变原有的农产品市场定位，将目光转向其他不同类型或相同类型的其他市场或其他领域的农产品。例如，某农产品商家原本只售卖散装平价果蔬，现将产品线向上延伸，增售独立包装的高端精品果蔬，以期带来更丰厚的利润；某农产品商家原本经营中等价位的菜籽油，现将产品线同时向上、向下延伸，增售高档冷榨工艺菜籽油和平价农家菜籽油。

知识补充

制定产品组合策略时应遵循3条原则：一是满足用户需求；二是有利于促进产品销售；三是有利于提高营销经济效益。

3.4.4 定价策略

农产品定价是影响市场需求和购买行为的一项重要因素，直接影响农产品商家获取的利润。合理的农产品定价不仅可以促进农产品的销售，还有助于增加农产品商家的利润；反之，则会制约用户需求，减少农产品商家收益。而要想合理定价，农产品商家应掌握农产品定价策略。

1. 定价依据

农产品商家在确定农产品售价时，需要考虑农产品成本、市场需求以及市场竞争3方面的内容。

● **农产品成本**：农产品成本是售价的下限，主要包括生产成本、销售成本、运输成本、储存成本等。一般来说，农产品的售价必须能够补偿农产品的生产及营销产生的所有支出和在经营过程中需要承担的风险支出。若售价低于成本费用，那么农产品商家就会亏损；若定价过高，农产品的竞争力就会相应降低，也无法取得很好的营销效果。因此，农产品商家可以选择扩大生产和交易量，适当降低农产品成本，增加获得的利润。

● **市场需求**：如果成本是售价的下限，市场需求就是售价的上限。用户在购买产品时，往往会对比产品的价格和产品能够带来的价值或利益，判断该产品是否值得购买。因此，在定价时，农产品商家还要充分了解用户感知到的产品价值。

● **市场竞争**：农产品商家在确定农产品价格时，还需要考虑目标市场中竞争对手的成本、售价，以及对自身农产品售价可能做出的反应等。一般来说，当目标市场竞争较为激烈时，用户对农产品的售价就会较为敏感。若售价较高，用户就可能会转而购买竞争对手的农产品；当目标市场的竞争较为和缓时，用户对农产品的售价可能不会那么敏感，甚至高一些的售价还可能让用户认为农产品有与众不同的特点，进而选择该农产品。

2. 定价策略的类型

农产品定价策略是指在定价目标指导下，结合目标市场的条件和农产品特征，在考虑各种影响农产品售价的因素后，使用具体定价方法确定农产品售价。

（1）渗透定价策略

渗透定价策略是指产品在进入市场初期时采用低价的方式，吸引更多用户的定价策略。所谓的低价，是相对农产品品质和服务水平而言的。这种定价策略能够有效阻止竞争者进入目标市场，使农产品可以在较长一段时间内占领目标市场。渗透定价策略有高质中价定位、中质低价定位和低质低价定位3种。

● **高质中价定位**：高质中价定位是指农产品优质、售价在中等水平，以价格优势吸引用户。

● **中质低价定位**：中质低价定位是指以较低的售价，向用户提供符合一般标准的农产品和服务，使用户能够用较低的价格获得有质量保障的农产品。

● **低质低价定位**：低质低价定位是指产品只有价格优势，没有质量优势，主要针对低收入人群。

这种策略适合新产品进入市场、市场竞争较强、产品需求弹性大、大批量生产能降低成本、薄利多销能获得更多利润的情况。

（2）撇脂定价策略

撇脂定价策略是指新产品进入市场后，故意将产品售价定得高于成本，以在短时间内迅速收回新产品开发的投资成本，获得预定利润。这一定价策略以满足用户的炫耀心理为标准，在实施时，往往需要配合强大的宣传攻势，将新产品快速推向市场，使用户尽快认识新产品，并形成强烈的需求和购买动机。

（3）尾数定价策略

尾数定价策略是指利用用户在数字认识上的某种心理制定尾数价格，给用户一种产品价格合理、定价认真，且接近成本的信任感。例如，鸡蛋的单价标价为5.99元，会比标价为6.00元更容易吸引用户。

（4）整数定价策略

整数定价策略是指将一些高级商品的售价尾数设置为整数，以满足用户炫耀心理的定价策略。例如，新上市的信阳毛尖春茶250g礼盒装售价为1600元。

（5）差别定价策略

差别定价策略是指针对不同用户、不同场合、不同时间，在销售规格、包装等不同的同类产品时，制定不同的价格。常见的差别定价策略有根据用户定价、根据产品本身定价、按地点定价和按时间定价4种。

● **根据用户定价**：根据用户定价就是将用户分为会员和非会员，会员购买产品的价格一般低于非会员购买产品的价格。例如，农产品商家设立会员体系，满足条件的用户成为会员用户，在购买农产品时，会员用户可享受9折优惠，而非会员用户则原价购买。

● **根据产品本身定价**：不同品类的农产品定价不同，同一农产品因品相、部位等的不同也有不同的价格。例如，果蔬类农产品可以根据品相、花纹、规格等分为不同档次，不同档次的售价不同；禽畜类农产品可以根据不同的部位，确定不同的售价，如鸡中翅售价为23元、鸡胸肉售价为16元等。

● **按地点定价**：根据农产品销售地点的地理位置，如交通便利程度、商圈繁华程度、消费群体层次等因素，确定农产品的售价。例如，菜市场中的农产品价格就比商店、超市中的农产品价格低，电商网站中的农产品价格则可能会更低。

● **按时间定价**：农产品销售的时间不同，定价也不相同。例如，在某农产品大量上市之前的一段时间，该农产品的售价会相对更高。又如蔬菜、肉食等易变质的农产品，晚上的售价通常比早上、下午的售价低得多。

差别定价可以帮助用户更快地挑选到符合自己需求的农产品，但同类农产品的价格差别不能过大，以免引起用户不满。

（6）折扣定价策略

折扣定价策略是指为鼓励用户购买农产品，在用户购买农产品达到一定数量或金额时给予价格折扣的定价策略。常见的折扣定价策略有数量或金额折扣、现金折扣和交易折扣。

● **数量或金额折扣**：数量或金额折扣是指当用户购买的农产品达到一定数量或金额后，予以一定的折扣，有累进折扣和非累进折扣两种。累进折扣是指用户在一定时期内，累计购买一定数量或金额，给予折扣，购买越多，折扣比例也越高；非累进折扣是指一次性购买的数量或金额到达要求时，给予折扣。

- **现金折扣**：现金折扣是指用户在赊销购物时，如果以现金付款或提前付款，就可以获得一定折扣，有利于商家及时收回货款。

- **交易折扣**：交易折扣是指根据中间商在农产品营销过程中承担的责任，给予相应的折扣。

3.4.5 促销策略

促销是农产品营销的常用手段。农产品商家应该意识到促销对农产品营销的重要性，并采取合适的促销策略传递产品信息，扩大农产品传播范围，吸引更多用户购买农产品。

1. 人员推销

农产品线下促销常使用人员推销策略。人员推销包括集体组织的产地人员推销和企业专业营销人员的推销。产地人员推销农产品主要用于当地政府组织的农产品推销活动，主要面向大中城市的农产品批发市场，需要与长年从事批发业务的公司或农产品商家签订供货合同，以提高产地农产品的销量。

企业专业营销人员推销包括联系经销商和直接面向用户两种。联系经销商可建立经销商网络，形成稳定的销售渠道；而直接面向用户则要求营销人员到大型商超中，向目标用户介绍农产品，并引导用户购买农产品。在这个过程中，营销人员需要观察用户购买行为、听取用户意见，以了解用户需求变化和市场竞争情况，便于不断调整营销策略。

农产品商家的营销人员在推销农产品时，还可以通过扫二维码的方式，引导用户添加、关注官方账号。农产品商家通过官方账号发布农产品相关信息，吸引用户了解农产品的生长过程，增强用户对农产品的信任感。利用官方账号，农产品商家还可以发布促销活动，提高农产品销量。

2. 广告促销

广告不仅可以传播品牌，还能促进产品销售。农产品的产量一般较大，很多时候农产品市场呈现供大于求的状态，在这种情况下，通过广告宣传农产品促销信息，引起用户购买农产品的兴趣是非常重要的促销方式。在利用广告促销农产品时，农产品商家要提供能激发用户购买欲的信息，如有奖销售、赠送样品、发放优惠券、打折销售等，同时注明农产品的名称、数量、价格、物流方式等，并且保证在一定时间段内，广告始终能被用户看到。在网络上发布的农产品广告，还应该引导用户跳转至购买页面或直接附上购买链接，方便用户下单购买。

3.5 农产品营销创新模式

经济与技术的快速发展影响着农产品市场，农产品营销除了依靠传统的品牌策略、包装策略、产品策略、定价策略外，还需要根据营销环境的变化，结合农产品商家的自身资源条件和经营实力，构建适用于现代社会的创新模式。目前，农产品营销的创新模式包括农产品+物联网、农产品众筹、农产品新媒体和农产品认养。

3.5.1 农产品+物联网

国家对农业发展的大力支持催生了新型农业生产经营模式，大量的农产品生产、销售个体户向农业机构转变，如规模化的家庭农场、合作社、种养殖企业、农业科技园区、农业示范园区、农业高新技术开发区等新型农业经营体等。这不仅扩大了农产品的生产规模，也对农产品的生产、销售体系建设提出了更高的要求。

为满足这种要求，许多农产品商家将物联网引入了农业领域。现如今，物联网已渗透到农产品的方方面面，而农产品+物联网正是物联网技术在农产品的生产、经营、管理和服务中的具体应用。

农产品+物联网的原理是运用感知设备（如传感器、射频模块、视觉采集终端等），精确采集农产品的种植、物流等的现场信息，然后利用无线传感器网络、电信网和互联网等信息传输通道将信息传送出去，最后再通过智能化操作终端融合、处理信息，从而实现农产品的自动化生产、控制、管理和交易等。简单来说，物联网在农产品的生产、流通等方面发挥着重要作用。

在农产品生产方面，通过物联网，农产品商家可以实时监测农产品的生长环境，如空气温度、湿度、光照、土壤水分等，保证农产品的健康生长。物联网可以使用户通过网络视频观看农产品、牲畜的成长，打消用户对农产品质量、安全的顾虑，使用户放心地购买农产品。图3-17所示为物联网在农产品种植领域的应用。

图3-17 物联网在农产品种植领域的应用

在农产品流通方面，通过物联网智能设备，农产品商家一方面可以将农产品的相关信息公开、透明地呈现给用户，解决供求双方信息不对称、不透明的问题，实现对农产品生产、流通等环节的溯源管理，帮助用户追溯农产品，增强用户的信任感，助力农产品上行；另一方面又可以系统地收集农产品生产、加工、仓储以及供求双方的数据，从而制订标准、科学的存储、运输计划，加强农产品的供应链管理。

总的来说，通过物联网，农产品商家能直接与供求双方对接，减少农产品营销的中间流通环节，降低农产品营销成本，实现农产品商家与供求双方的共赢。

3.5.2 农产品众筹

随着消费升级与新零售的出现，越来越多的用户开始追求个性化的定制农产品，因此，当农产品商家能够生产出符合定制要求的农产品时，有助于解决销路不畅的问题，并带来更高的收益。但大部分农产品商家并不能承担定制农产品的费用，这就催生了农产品众筹模式。

农产品众筹是指支持者将资金提供给众筹发起人（农产品商家），用以生产开发某种优质特色农产品，在该农产品开始对外销售或已经具备对外销售条件后，众筹发起人按照众筹双方的约定，用开发完成的农产品回报支持者的一种既销售又融资的模式。

农产品众筹不仅能解决农产品的销售问题，还能使农产品商家将精力集中到农产品种植与改良上，增加优质农产品的数量。此外，农产品众筹多借助线上平台开展，还能增加众筹项目的曝光度，增加用户了解农产品的渠道，有利于销售农产品。但并不是所有的农产品都适合众筹，因此，在开展农产品众筹前，众筹发起人还需要选择合适的农产品，并设计众筹项目，然后再选择合适的众筹平台，开展农产品众筹，并宣传、推广众筹项目。

1. 农产品选择

一般来说，有亮点和特色、市场需要且稀缺的农产品较为适合众筹，即应选择具有内在价值的农产品。农产品的价值是用户需求的核心，因此，发起众筹的农产品应该具有自己的价值，这个价值可以指农产品的营养价值，如蜂王浆就是一种营养价值十分高的农产品；也可以是由稀缺性带来的价值。在开展众筹时，这类有价值的农产品会更吸引注意，众筹成功的概率也会更高。

2. 设计众筹项目

正式上线众筹项目前，众筹发起人需设计众筹项目。众筹发起人需要构思众筹项目、组建众筹团队、准备众筹资金，并开展众筹市场调研，做好农产品众筹的准备工作。然后，众筹发起人需根据众筹项目，设计相关首屏海报、视频和文案，充分展示农产品的特色，帮助用户快速了解农产品，吸引用户参与众筹项目。

● **首屏海报：**首屏海报应通过文字和照片的组合，展示农产品的核心价值和特色，如图3-18所示。

图3-18　首屏海报

● **视频：**在拍摄视频前，应先制作合适的故事脚本，按照脚本拍摄视频，介绍农产品、众筹项目、项目团队等。一般来说，视频长度在1～3分钟。

● **文案：**文案是众筹项目的主要组成部分，也是用户了解众筹项目的主要渠道。文案应包括发起众筹项目的原因、众筹项目形成的过程、农产品介绍、众筹的形式、众筹金额、众筹回报等，以吸引用户关注众筹项目，提升用户的信任度，如图3-19所示。此外，文案应该简洁明了，建议以讲故事的形式讲述。

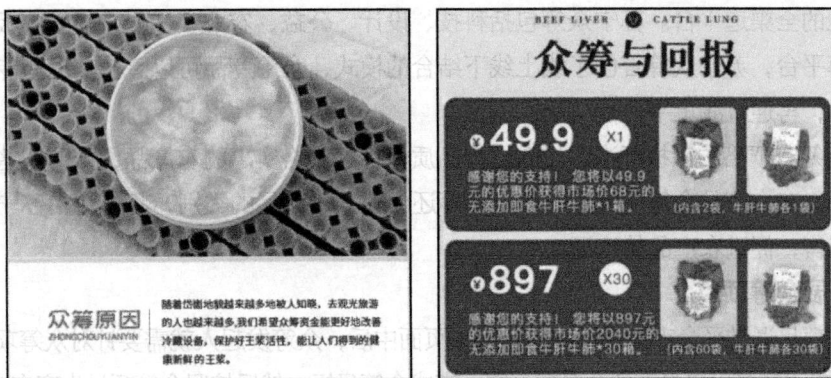

图3-19 众筹文案

3. 选择众筹平台

众筹发起人需要根据构思的众筹项目，选择合适的众筹平台，填写众筹项目的相关内容，并等待众筹平台的调查、分析和审核，审核通过后项目才会出现在众筹平台上。我国常见的农产品众筹平台有点筹网、造点新货、京东众筹和苏宁众筹。

（1）点筹网

点筹网是专注农业生态供应链全域服务的众筹平台，成立于2014年。点筹网从农业生产环节介入，帮助农户募集生产资金，并解决农产品销售难题。在点筹网上，用户可以通过VR（Virtual Reality，虚拟现实）浸入式体验农业生产场景，与农户直接互动交流，感受农场原生态自然环境。

（2）造点新货

造点新货是阿里巴巴旗下唯一的众筹平台，原名淘宝众筹。造点新货借助淘宝网知名度高、浏览人数多的优势，以不收取众筹发起人佣金及提成的形式为特点，受到了很多众筹发起人的欢迎。

造点新货为众筹项目打造了一套数字化营销方案，能够为缺乏营销经验的众筹发起人提供从前期调研到售后的营销服务，实现营销信息的精准投放。例如，2020年1月，造点新货就推出了"扶贫专项"活动，针对甘肃、新疆、贵州等下辖的贫困县成立了农村电商运营团队，提供线上销售支持，帮助这些地区的众筹发起人销售了大批农产品。

此外，造点新货还常通过与知名IP合作的方式，打造联名农产品，帮助农产品行业补足短板，实现互联网时代的突围。

（3）京东众筹

京东众筹是京东于2014年7月1日上线的一个为创新创业企业发展提速的筹资与孵化平台。京东众筹包括科技、美食、家电、设计、娱乐、文化、公益等板块。

2016年1月22日，国务院扶贫开发领导小组办公室与京东集团签署《电商精准扶贫战略合作框架协议》，借助京东的电商平台，助力精准扶贫工作。京东众筹则提出了"线上众筹+线下帮扶"的扶贫新模式，让农产品众筹发起人能够以销定产，精准匹配农产品产量和市场销量。

（4）苏宁众筹

苏宁众筹是苏宁易购旗下的众筹网站，是一个同时在线上平台和线下实体门店同步开展众筹产品体验的全渠道平台。苏宁众筹包括科技、设计、公益、农业、文化、娱乐等板块。不同于其他众筹平台，苏宁众筹首创了线上线下结合的模式，众筹产品可以直接在门店专区展示，供用户体验，再通过线上平台参与众筹项目。

苏宁众筹有严格的审核标准，旨在选择品质优良、价格实惠的农产品，帮助这些农产品打开销售市场。在农产品众筹完成后，苏宁众筹还会根据农产品的类别，将其转入苏宁易购相关平台继续销售，促进农产品的流通。

4. 开展众筹项目

在众筹项目通过平台审核展现在平台相关页面中后，众筹发起人就需要针对众筹项目开展宣传工作，以吸引更多用户参与到众筹项目中，完成众筹目标，然后按照众筹项目生产农产品。

（1）宣传众筹项目

在众筹项目的实施过程中，众筹发起人应随时关注并及时回答用户的问题，合理考虑并适当采纳用户的建议。同时，众筹发起人还可以利用社交平台宣传、推广众筹项目，并在众筹平台的帮助下处理众筹到的资金与项目对接的问题。

在宣传众筹项目时，众筹发起人可以运用一定的营销手段，从产品本身、口碑、故事、互动等方面，吸引用户。

● **产品本身**：农产品众筹发起人可以抓住农产品本身的亮点或特色，引起用户的注意，进而吸引用户参与到众筹项目中，如赤焰软籽石榴就抓住了"不吐籽的石榴"这个亮点，吸引了众多用户的注意。

● **口碑**：好的口碑能促进农产品的销售，同样可以帮助众筹项目获得更多用户的支持。

● **故事**：农产品的故事可以帮助用户了解、接受农产品，扩大农产品的营销范围，使更多用户参与到农产品众筹中，增加农产品众筹的成功概率。

● **互动**：当有了第一批众筹参与者后，众筹发起人应积极与这些参与者互动，增强他们的品牌记忆，增进彼此之间的熟悉度，以建立信任关系。

（2）得到众筹结果

在众筹期限之内，众筹资金目标完成，则众筹成功。如果众筹成功，就会涉及众筹平台如何将已筹资金与项目方对接的问题；如果在众筹期限之内，项目的众筹资金目标没有完成，则表示项目众筹失败，通常的做法是将已筹集的资金退回给众筹参与者。

（3）实施众筹项目

如果众筹成功，那么就需要按照项目计划实施该众筹项目，并且实施过程中，众筹发起人需要及时公开并反馈项目实施情况，并在众筹项目实施完成后兑现回报。

3.5.3　农产品新媒体

随着互联网的发展，新媒体成了一种高效率的营销工具，利用新媒体手段营销农产品十分常见。在农产品营销中，涉及的新媒体包括短视频、直播、微信及微博。

● **短视频**：短视频可以直观地展示农产品的生长环境、采摘、保存、包装等情况，帮助用户了解农产品。农产品商家在利用短视频营销农产品时，可以展示农产品的特点，并直接附带购买链接，促进农产品销售。短视频营销比较适合自有农场、种植园、养殖场的农产品商家。

● **直播**：在直播过程中，主播可以回答用户实时提出的问题，并根据问题展示农产品。此外，主播还可以借助优惠活动、红包等，充分调动用户的参与积极性，提高农产品的销量。直播营销适合产量大、农产品种类多，且一段时间内需要销售多种农产品的农产品商家。

● **微信**：农产品商家可以利用微信群、朋友圈、视频号等，向用户发布农产品信息，使用户能够便捷地购买到需要的农产品，图3-20所示为使用微信朋友圈营销农产品。微信营销往往能拉近与用户之间的关系，提高用户的忠诚度，适合培养忠实用户。

● **微博**：微博可以实时发布农产品的相关信息，如生长、售卖等信息，且微博可以转发，具有较强的传播能力，图3-21所示为使用微博营销农产品。此外，农产品商家还可以利用微博回答用户提出的问题，并发起各种互动活动，如转发抽奖等，提升用户的参与感。

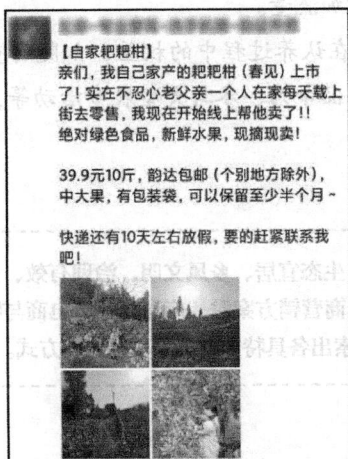

图3-20　使用微信朋友圈营销农产品　　　图3-21　使用微博营销农产品

农产品新媒体营销的具体内容见第5章至第8章，此处不做详细讲解。

3.5.4　农产品认养

互联网的快速发展使国家看到了"互联网+"的巨大潜力，并将"互联网+"纳入了扶持政策范围，这也促进了传统认养模式向"互联网+"认养模式的转变，即用户可以直接在线上认养平台认养某一样农产品，并通过手机App查看农产品的实时动态，享受养护的乐趣，并获得优质的农产品。

在农产品认养模式中，用户需要预付生产费用，而农户则需要为用户提供绿色、有机的食品。在认养过程中，用户可以深入农场，自行耕耘，体验农耕生活，也可以直接让农户按照自己的需求种植农产品，自己利用互联网远程监控即可。

农产品认养营销模式具有以下4个特点。

● **透明化**：农产品认养模式中，用户可以随时随地查看自己认养的农产品，看到无公害、营养丰富的绿色农产品的生长过程，使农产品生产透明化。

● **直接联系**：农产品认养模式能够直接建立农户与用户之间的联系，实现从田间到餐桌的无缝对接，降低农产品滞销的风险，提高农产品利润，让农户与用户实现双赢。

● **风险共担**：农产品认养要求用户提前支付生产费用，而农户只需负责生产，因此，如果生产过程中遇到不可抗力，造成了损失，那么用户已支付的定金将不再退还，农户的损失也可以减小。当然，若没有损失，那么农产品成熟后，用户就可以直接获得放心、优质的农产品。

● **产业融合**：农产品认养还可以与旅游、养老、文化等产业融合，将城市居民作为目标用户，以体验、互动等为卖点，打造特色农产品、特色民宿、旅游景点等，吸引城市居民到农产品产地旅游。

要想顺利吸引用户认养农产品，还需做好以下3点。

● **简化模式**：农产品认养需要简化认养模式，即结合用户使用习惯，通过微信公众号、电商网站等完成认养流程，避免用户因流程复杂放弃认养。

● **做好宣传**：在开展农产品认养时，还需做好农产品认养的宣传工作，在微信、微博、知乎、抖音等平台发布信息，通过直播、短视频等方式增加流量。

● **强调联系**：在发布认养信息时，有必要强调用户在认养过程中的权益，如随时查看农产品生长状态、按用户喜好生产农产品、为已认养的农产品命名、参与大型农事活动等，吸引用户认养农产品。

行业视点

党的十九大报告提出了乡村振兴战略，以及"产业兴旺、生态宜居、乡风文明、治理有效、生活富裕"的总要求，加快推进农业农村现代化。在制定农产品电商营销方案时，应深入分析电商与特色农村小镇建设的结合点，以体现出农产品的地域特点，积极探索出各具特色的美丽乡村建设方式。

3.6 本章实训

3.6.1 组建"桃花村"营销团队

桃花村位于某山区深处，盛产玉米、红薯、土豆、脆桃、李子等多种农产品，但是蜿蜒的大山导致该村交通十分不便，农产品养在深山无人知。近年来，桃花村也修好了通往城市的道路。

小陶是桃花村走出来的大学生，在学习了电商、农产品营销等相关课程后，希望回到家乡组建"桃花村"电商营销团队，利用大学4年所学回报家乡，帮助村民营销农产品，带动村民增收致富。

1. 实训要求

① 了解农产品营销团队需要的角色。
② 掌握农产品营销团队的组建流程。

2. 实训准备

在组建营销团队前，需要先明确团队核心、团队组织结构、管理机制等。

● **团队核心**：团队核心需要在组建营销团队前确定，方便寻找志同道合的团队成员，本实训中的团队核心是返乡创业的小陶。小陶是团队的领导者，可以带领组建"桃花村"营销团队。

● **团队组织结构**：一支完整的营销团队应拥有明确的团队组织结构，才能对团队中的工作任务的分工、分组和协调合作进行合理规划。"桃花村"营销团队的组织结构如图3-22所示。

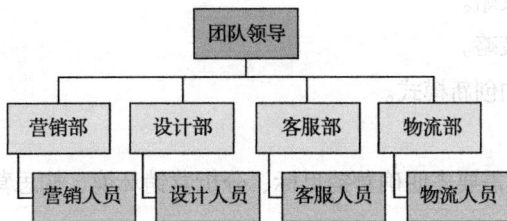

图3-22 团队组织结构

● **管理机制**：在团队组建之时，还应当确定团队的绩效管理制度、激励制度、教育培训制度等，以吸引更有能力的人员成为团队成员。

3. 实训步骤

本实训中，小陶应该确定团队目标，构建合适的组织架构，制订组建计划，寻找骨干成员，增大宣传力度。具体操作思路如下。

① 确定团队目标。本实训中"桃花村"营销团队的核心目标是帮助"桃花村"搭建电商渠道，助力"桃花村"增收致富。

② 构建组织架构。一个完整的营销团队至少应包含营销组长、营销人员、客服人员、设计人员和物流人员。其中，营销组长可暂由小陶担任，后期再招揽有经验的人才担任；营销人员、客服人员与设计人员需从社会上招揽；物流人员可以由当地村民担任。营销组长负责总揽团队事宜，营销人员、客服人员、设计人员、物流人员之间则相互独立，必要时候可互相沟通，交流团队发展、工作事宜。

③ 制订组建计划。在构建好组织架构后，需确定该团队具体需要招揽多少成员，以及招揽成员预计花费的时间，成员的结构、学历、年龄、岗位、待遇等。

④ 寻找骨干成员。制订好组建计划后，小陶需要寻找能够与自己并肩奋斗的骨干成员，鉴于本实训中"桃花村"位处山区深处，因此，小陶可尝试将附近村镇的人才招揽为骨干成员，并适当寻求政府帮助。

⑤ 增大宣传力度。在团队初具雏形后，小陶还应增大对团队的宣传力度，吸引更多人才了解甚至加入团队。

3.6.2 制定"有机大米"农产品营销方案

栗富家庭农场是一家经营有机大米的公司，地址位于黑龙江省哈尔滨市五常市小山子镇。五常市气候宜人，资源丰富，生态环境优美，利于农作物的生长。依靠五常市得天独厚的自然条件，栗富家庭农场的创始人结合传统水稻种植方法与新生态种植方法，以农家肥、有机肥和液体肥料种植水稻，生产原生态的有机大米。

现如今，栗富家庭农场已包揽了附近县镇的大米供应。随着销量的提高，栗富家庭农场改善了有机大米的生产条件，有机大米的产量也逐渐增加，因此栗富家庭农场决定重新制定农产品营销策略，提高有机大米的销量。

1. 实训要求

① 了解农产品营销策略的种类。

② 掌握农产品品牌策略。

③ 掌握农产品包装策略。

④ 掌握农产品营销的创新模式。

2. 实训准备

在营销有机大米前，需要先明确营销目标、分析营销环境、构思营销策略，以优化有机大米的营销效果。

• **明确营销目标**：栗富家庭农场的营销目标可以简单概括为提高有机大米销量。

• **分析营销环境**：营销环境包括栗富家庭农场内部环境、市场环境、经济环境、营销渠道环境等。

• **构思营销策略**：构思营销策略时，需要根据栗富家庭农场的实际情况，如自身资源、经营实力，选择合适的营销模式。

3. 实训步骤

本实训中，栗富家庭农场已有一定的有机大米生产能力，因此可以着手打造品牌，借助品牌影响力助力销售；而好的包装也是打造品牌的一部分，因此，栗富家庭农场还需要设计相应的包装，最后再通过电商和新媒体营销有机大米。具体操作思路如下。

① 打造品牌。可根据栗富家庭农场的实际情况和有机大米的行业现状，定位品牌，开展品牌传播。由于栗富家庭农场已有一定知名度，所以可直接沿用现有名称作为品牌名，即栗富大米；然后了解有机大米市场的整体需求，包括有机大米的销售趋势、购买行情、平均定价等，定位有机大米的用户群体，图3-23所示为百度指数中有机大米的搜索指数，图3-24所示为百度指数中有机大米的用户画像；最后结合线下门店、电商网站、新媒体等渠道，提高栗富大米的知名度。例如，在线下开设体验店，在线上开设网上店铺，再通过线下体验、线上购买的方式营销栗富大米，并借助短视频、直播平台销售栗富大米，通过微博吸引更多用户，建立栗富大米会员微信群等。

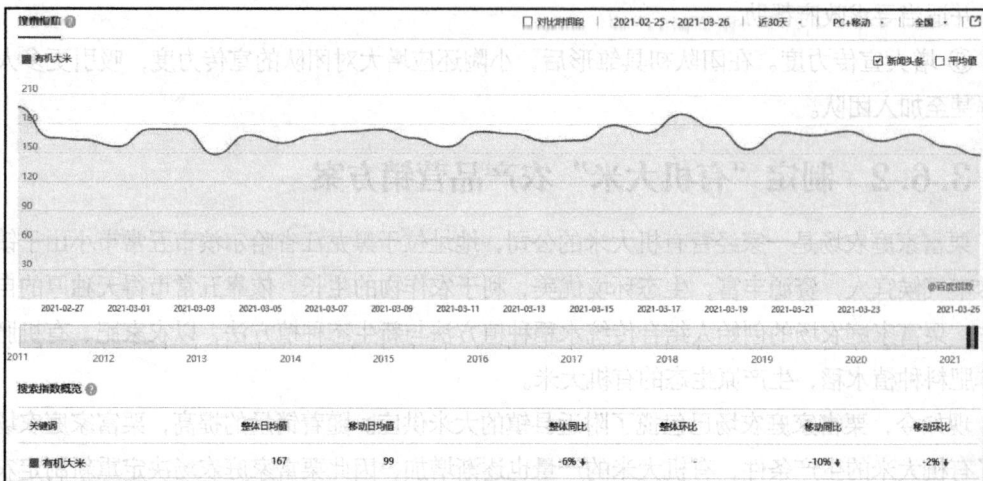

图3-23　有机大米的搜索指数

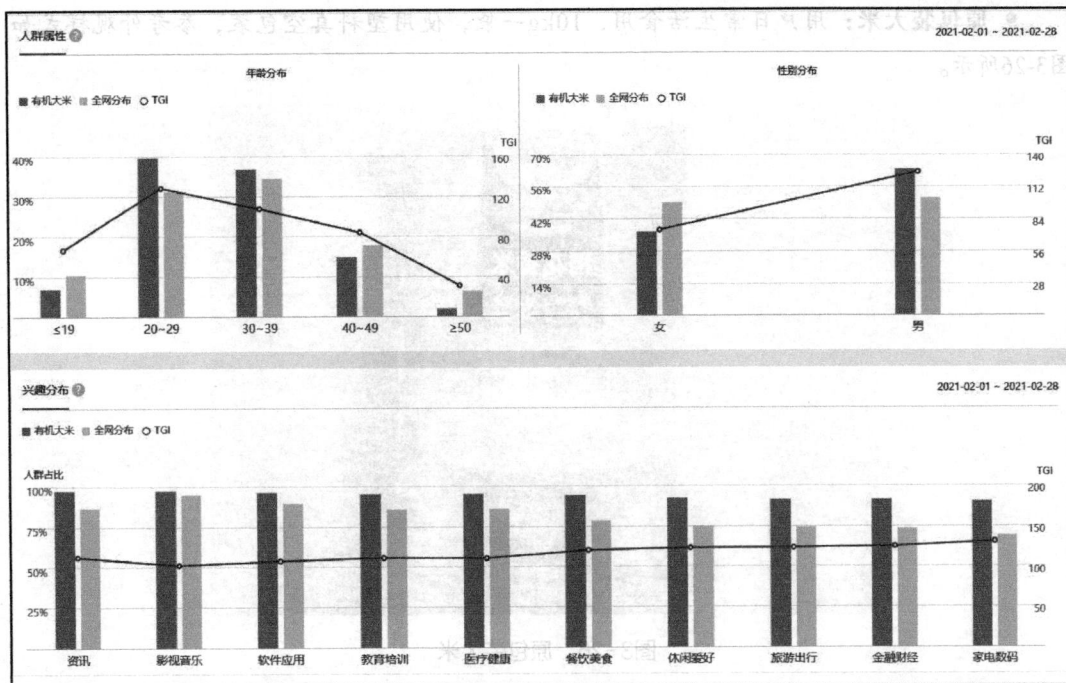

图3-24 有机大米的用户画像

📖 知识补充

在图3-25所示的30天内的相关词热度中，可发现延边大米、五常大米与本实训中的有机大米属于竞争对手关系，且热度较高，后续营销时可重点关注这两种大米的市场表现。

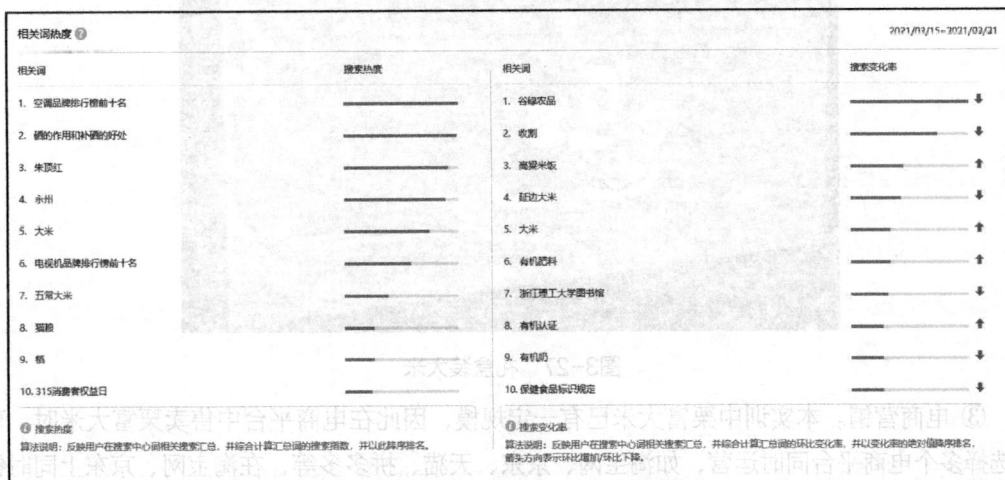

图3-25 30天内的相关词热度

② 设计包装。大米不仅可以作为日常生活必需品，还可以作为礼物赠送给他人。考虑到用户这两方面的购买需求，栗富大米设计了两种包装，即适合自用的原包装和适合送礼的礼盒装。

● **原包装大米**：用户日常生活食用，10kg一袋，使用塑料真空包装，参考外观样式如图3-26所示。

图3-26 原包装大米

● **礼盒装大米**：礼盒装大米用于走亲串友时赠送亲朋好友，5kg一盒，每盒分2个小袋，外包装采用硬纸盒材质，参考外观样式如图3-27所示，内包装使用塑料真空包装。

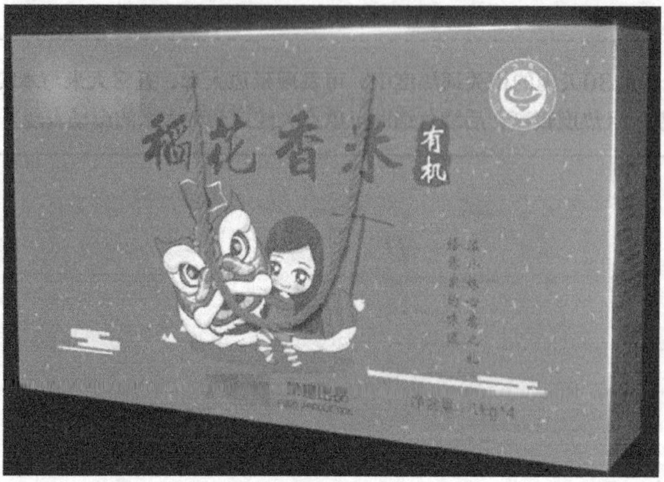

图3-27 礼盒装大米

③ 电商营销。本实训中栗富大米已有一定规模，因此在电商平台中售卖栗富大米时，可以选择多个电商平台同时运营，如淘宝网、京东、天猫、拼多多等，在淘宝网、京东上同时销售两种包装的有机大米，而在拼多多平台则仅销售原包装大米，在天猫上仅销售礼盒装大米。

④ 新媒体营销。由实训描述可知，栗富大米已在周边县镇有一定知名度，因此在开展新媒体营销时，可利用微信朋友圈、微信群、视频号向已有用户营销有机大米，提供有机大米相关信息；利用短视频平台、微博平台及直播平台介绍、展示栗富大米，吸引新用户购买栗富大米，提升营销效果。

3.7 本章小结

农产品电商营销方案策划

- 营销团队组建
  - 构成要素
    - 目标
    - 成员、定位
    - 权限、计划
  - 角色组成
    - 营销组长、营销人员
    - 客服人员、设计人员
  - 团队管理
    - 时间管理、协调沟通
    - 目标管理、绩效管理
    - 激励制度、教育培训
- 用户分析
  - 分析用户数据
    - 用户属性数据、用户行为数据
    - 新增用户数据、存量用户数据
    - 用户存留率
  - 绘制用户画像
    - 用户画像的基本要素
    - 构建用户画像
  - 了解用户喜好
    - 购买角度
    - 竞争角度
- 农产品卖点挖掘
  - 含义
  - 表现形式 ○ 新卖点、超级卖点、独家卖点
  - 展现角度 ○ 品相、包装、保存时间与方法
  - 展现技巧
    - 精确的数字
    - 特殊的地域
    - 概念性
    - 稀缺的数量
- 农产品营销策略
  - 品牌策略 ○ 定位、传播
  - 包装策略
    - 相似包装、差异包装
    - 相关包装、分等级包装
    - 改变包装、配套包装
  - 产品策略 ○ 新产品、产品组合
  - 定价策略 ○ 依据、类型
  - 促销策略 ○ 人员推销、广告促销
- 农产品营销创新模式
  - 农产品+物联网
  - 农产品众筹
    - 农产品选择
    - 设计众筹项目
    - 选择众筹平台
    - 开展众筹项目
  - 农产品新媒体
    - 短视频、直播
    - 微信、微博
  - 农产品认养

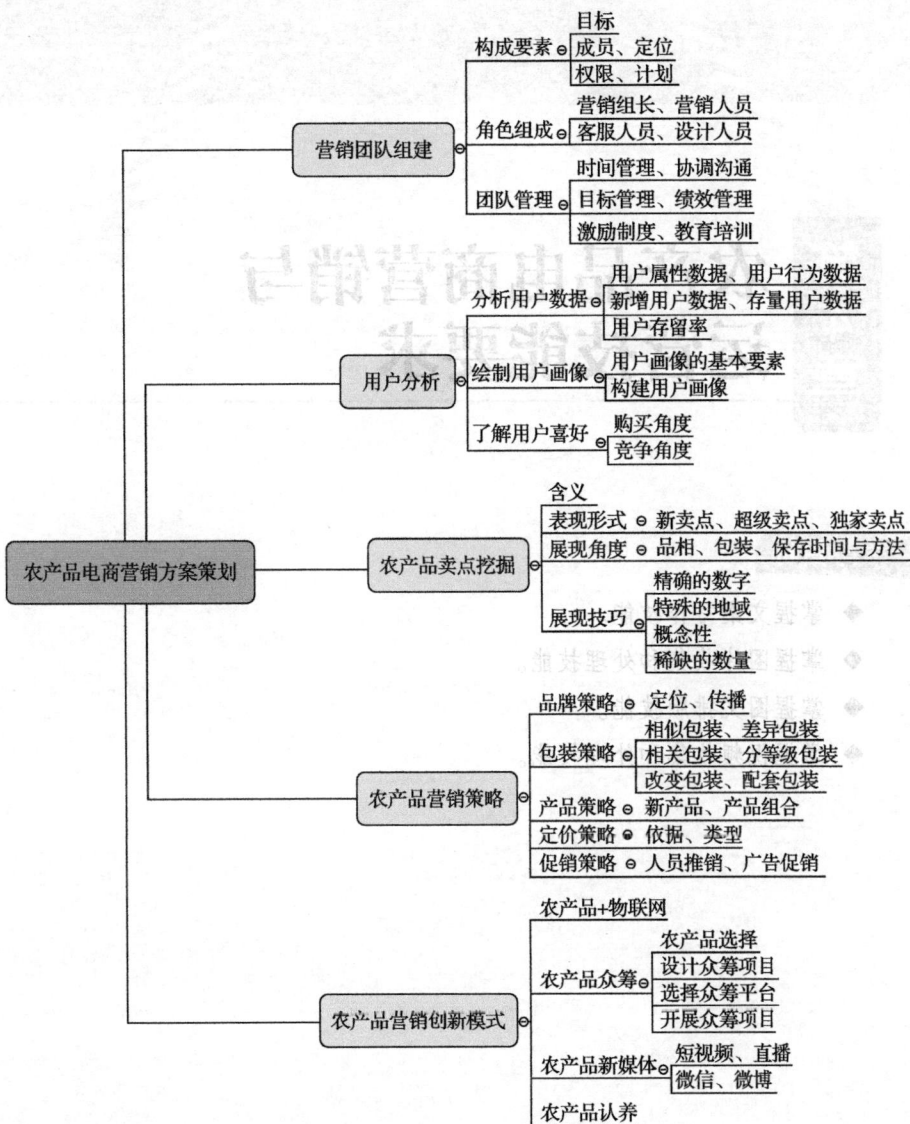

🎓 真实案例推荐阅读

1. 甘肃成县电商新模式
2. 黄金富士——岁月精选，终成大器

拓展阅读

真实案例推荐阅读

第4章 农产品电商营销与运营技能要求

学习目标

- ◆ 掌握文案写作技能。
- ◆ 掌握图片收集和处理技能。
- ◆ 掌握图文排版技能。
- ◆ 掌握视频收集和处理技能。

引导案例

充满蓬勃生气的文案——网易严选

网易严选是广州网易计算机系统有限公司（以下简称"网易"）旗下的生活方式品牌，覆盖了居家生活、服饰鞋包、美食酒水、个护清洁、母婴亲子、运动旅行、数码家电、严选全球八大品类，为用户提供好价格、好产品和好服务。

除了产品和服务本身外，网易严选另一个被津津乐道的就是其优秀的文案。网易严选的文案以细腻、感性闻名，从日常生活的角度创作文案，调动用户的感情。

例如，网易严选营销绿茶蛋黄酥的文案："还记得儿时外婆做的蛋黄酥，圆圆的鸭蛋黄，烘烤得金黄喷香的外皮，一口咬下是咸中带甜的味道。那属于记忆的老滋味，如今加入淡淡一抹茶香，蛋黄的香醇和茶叶的清香幻化成全新的味蕾惊喜。"这个文案从视觉、触觉、味觉3方面描写了绿茶蛋黄酥，再通过儿时、老滋味等词充分调动起用户关于蛋黄酥的记忆，在用户与绿茶蛋黄酥之间建立了强有力的联系。

又如，网易严选营销花牛苹果的文案："除了儿时的味道，还有那颗未变的初心。色泽娇艳红润，个头饱满匀称，从枝头到舌尖为您精选好果子。"这个文案通过描述视觉体验，展示了花牛苹果的外观，借助儿时、未变的初心等词，向用户保证了花牛苹果的口感。此外，精选好果子还向用户表明了网易严选选品的态度。

高清大图

花牛苹果文案图

网易严选通过细腻、感性的文案，调动用户的感官，帮助用户了解产品的特点，促进产品的销售。此外，这些"网易风格"的文案还丰富了网易严选的品牌形象，使用户在提起网易严选时，就能联想到温暖、细腻等词。

4.1 文案写作技能

在电商环境中，用户认识农产品和品牌，大多通过农产品商家发布的图文信息。同样地，农产品商家要想吸引或说服用户认可并购买农产品，也需要通过图文信息为用户提供有价值的内容。而文案就是这些有价值的内容的载体，承担着推广农产品和品牌的重任。

4.1.1 文案的概念及分类

文案衍生自广告行业，是一种能够吸引用户注意的广告表现形式，承担着传达信息和促成交易的重要功能，能够帮助农产品商家达成营销农产品的目的。

1. 文案的概念

狭义的文案是指广告作品中的文字部分，如广告的标题、副标题、广告语、活动主题文字等。从广义上来说，广告作品的所有部分都属于文案，包括文字、图片、创意等。而现在，文案主要指以文字、图片、动图、视频等多种形式表现的创意策略，是目前主流的宣传手段之一，被广泛应用于企业宣传、新闻策划等领域。

在电商环境中的电商文案则是一种特殊类型的文案，具备文案的所有特性，但主要适用领域为互联网，常应用在网店中，其作用是推销产品。

2. 文案的分类

对于农产品电商营销来说，文案的价值在于传递农产品信息。好的文案可以帮助用户了解农产品，并为后续的市场推广、农产品销售创造良好的条件。了解农产品文案的类型及其适用环境，对农产品商家来说十分必要。

（1）主图文案

主图文案是展示农产品形象的文案，如图4-1所示，一般出现在电商平台的搜索结果页面，以及一些站外活动结果页面，是用户了解农产品信息的首要途径。农产品商家要提高农产品的点击率，就要通过主图文案来吸引用户。

图4-1 主图文案

（2）详情页文案

详情页文案就是详细介绍农产品相关信息的文案。用户在购买农产品时，会通过详情页文案中的图片和文字具体了解农产品，并决定是否购买，因此详情页文案应做到图片美观、文字简洁。

农产品详情页可以使用实地拍摄的图片展示农产品的品相、包装、生长环境等，并通过对农产品的品种、特点、产地等的文字介绍（见图4-2），引起用户对农产品的兴趣，提高农产品销量。

图4-2 详情页文案

（3）营销推广文案

营销推广文案的主要作用是利用文案推广农产品，快速提高农产品或品牌的知名度，并产生一定的经济效益。营销推广方案一旦被大量转载，推广效果会非常明显。目前，搜索引擎、电商平台、新媒体平台（微博、微信等）、短视频平台和直播平台中都有大量的营销推广文案。图4-3所示分别为抖音、微信和微博中的营销推广文案。

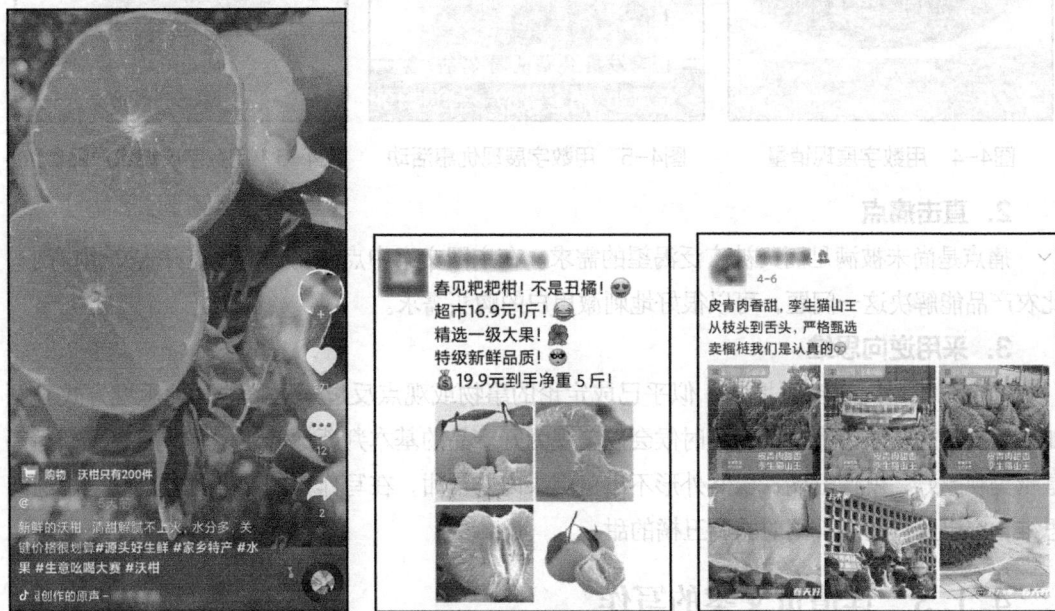

图4-3 营销推广文案

4.1.2 主图文案的写作

主图文案中的图片可以展示农产品的真实情况，文字能补充介绍农产品，是用户了解农产品的重要途径。在写作主图文案时，农产品商家可以通过使用数字、直击痛点和采用逆向思维3个技巧增强文案的吸引力。

1. 使用数字

数字是电商文案中使用频率很高的元素，因为数字通常能直观地呈现信息，具有客观性等。在主图中巧妙地运用数字展现销量，可以引起用户的从众心理，激发用户的购买行为；也可以运用数字直接展现优惠活动，或农产品的各种参数，吸引用户注意，进而提高农产品的销量。

● **用数字展现销量**：在电商环境中，用户通常更喜欢购买人气高的农产品，销量越高的农产品越容易获得用户信任。因此，在写作主图文案时，可以用数字展现销量，如图4-4所示，增强用户的信任。

● **用数字展现优惠活动**：用数字展现农产品的优惠活动，如满减、折扣、优惠券等，如图4-5所示，可以直观地让用户了解自己能够得到的利益。

● **用数字展现农产品参数**：用数字清楚地标注农产品的大小、重量等参数，如图4-6所示，可以方便用户选购，有利于快速促成用户的购买行为。

| 图4-4 用数字展现销量 | 图4-5 用数字展现优惠活动 | 图4-6 用数字展现农产品参数 |

2. 直击痛点

痛点是尚未被满足而又被广泛渴望的需求。在主图文案中点明用户的痛点并告知用户购买此农产品能解决这一问题，可以很好地刺激用户的购买需求。

3. 采用逆向思维

逆向思维是对司空见惯的、似乎已成定论的事物或观点反过来思考的一种思维方式。例如，用户在购买农产品时，大多时候会以美观为好产品的基本判断标准，但并非所有农产品都是越美观越好，就像丑橘，虽然外形不出色但果肉非常甜，在写作主图文案时就可以采用逆向思维，突出丑橘的丑，同时强调丑橘的甜。

4.1.3　详情页文案的写作

用户在电商平台上购买农产品时，不能触摸到实际的农产品，只能通过农产品的详情页文案来充分了解农产品的相关信息，这要求农产品商家在保证详情页文案内容详尽的同时，还要有较强的吸引力，这样才能促进用户的购买行为。

1. 详情页文案的框架

详情页是农产品信息的主要展示页面，写作吸引力强的详情页文案是激发用户购物欲望的主要手段。在电商平台的长期引导下，用户对详情页文案已形成了固定印象。详情页框架内容的规划也有一定的规律可循，即可按照激发用户兴趣、展示农产品卖点、展示农产品品质、打消用户疑虑、营造购物紧迫感的思路构建详情页文案框架，如图4-7所示。

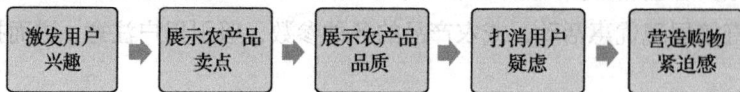

图4-7　详情页文案的框架

（1）激发用户兴趣

激发用户购物兴趣的直接方法是突出农产品的实用价值，即让用户看到农产品能够带给他们的利益。这个利益应该是用户关心的、需要的。写作文案时需要站在用户的角度思考，通过深入分析用户的购物行为，从中提炼出用户关心的问题，从而找出打动用户的点。最后再将这个点以醒目的形式展示在详情页上方，如焦点图、海报图、视频等形式。

例如，某麒麟西瓜以"无籽""肉质细腻，香甜多汁，细嫩无渣"作为卖点，如图4-8所示，强调该西瓜能够满足用户吃西瓜不吐籽、瓜甜多汁等方面的需求，激发了用户继续浏览详情页文案的兴趣。

（2）展示农产品卖点

卖点是促使用户产生购物行为的主要因素，卖点越符合用户的购物需求，就越能激发用户的购物欲望。一般来说，卖点应该体现出独特性和差异性。所谓独特性就是指农产品独一无二、不可复制的特点，差异性是指与同类农产品之间的区别。比较简单的展示农产品卖点的方法是将一句凝练的文字形成主打广告语，通过文案内容展示。

卖点的提炼方法很多，在第3章已做了介绍，这里不赘述。农产品商家可以通过前面介绍的卖点提炼方法找到与用户需求最匹配的农产品卖点。

例如，某海苔详情页文案借助实拍的采摘图和晾晒图（见图4-9），展现了海苔的新鲜、原生态等卖点，以吸引用户继续浏览详情页内容。

图4-8　激发用户兴趣

图4-9　展示农产品卖点

（3）展示农产品品质

农产品品质包括农产品的口感、生长环境、生产方法、细节、包装等内容。在展示农产品品质时，应该注意展示方法，不要直接使用烦琐的文字，可通过简单直白的图片搭配讲解的文字展示，让用户对内容能够一目了然。在展示细节、包装等信息时，通常以图片为主、文字为辅，注意详情页的整体视觉效果，突出农产品本身。图4-10所示为某藤编材料的细节展示，其以图片为主，辅以简单的文字内容，介绍了藤编的相关数据，简洁明了，能提升用户的好感度。

每条藤皮宽度2.0mm左右，厚度0.55mm左右，孔宽2.5mm左右。

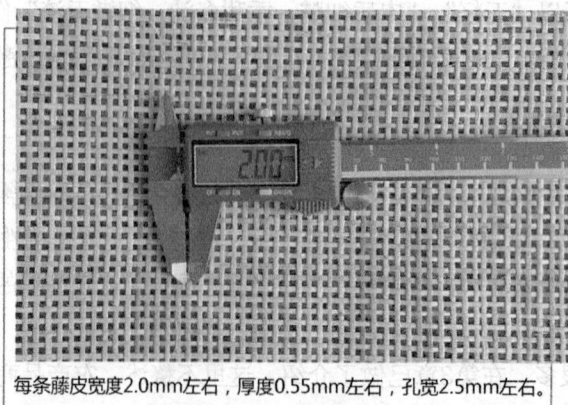

图4-10　展示细节

（4）打消用户疑虑

打消用户疑虑其实是为了增强用户对农产品的信任，以进一步激发用户的购物欲望。首先，品牌实力展示是一种很好的打消用户疑虑的方式，具体包括实体店铺展示、工艺生产流程展示。其次，还要展示消费保障、用户评价等用户普遍比较关心的内容，如退换货政策（见图4-11）、好评率超过95%等。最后，对于用户所困惑的或容易产生疑虑的内容，如食品安全性等问题要提供解答。图4-12所示为产品资质证书，可以用来证明农产品的安全性，以打消用户的疑虑。

图4-11　退换货政策　　　　　　　　　　图4-12　产品资质证书

（5）营造购物紧迫感

营造购物紧迫感是指通过营造一种迫不及待、供不应求的现象来刺激用户，将用户的心动彻底转化为行动，从而促使用户产生最终的购物行为。营造紧迫感的方法很多，如设置促销优惠等。

按照以上思路构思详情页文案后，即可搭建起产品详情页的基本框架，如图4-13所示。当然，这个详情页文案基本框架只能作为参考，在实际写作时，农产品商家还需要结合农产品的具体情况进行考虑。

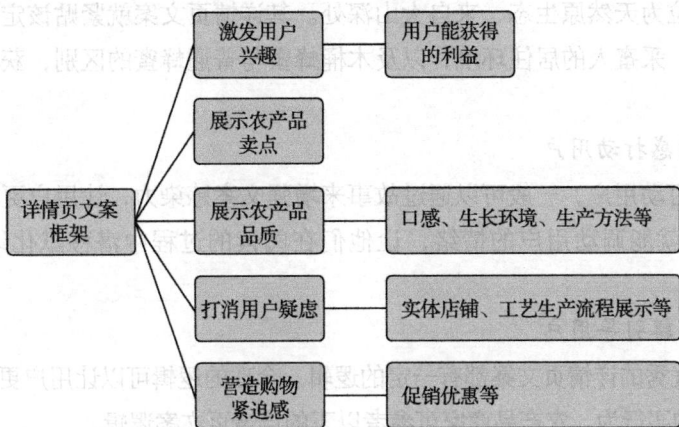

图4-13　详情页文案基本框架

知识补充

> 为保证详情页文案的质量，农产品商家在写作文案前还可以收集一些同行业销量靠前的农产品的详情页文案，分析他们的详情页布局和内容展现方式，在此基础上加以优化调整，创作出符合自身农产品特点的详情页内容。

2. 详情页文案的写作技巧

农产品商家在写作详情页文案时，需要考虑使用图文搭配、体现农产品价值、紧贴自身定位、借助情感打动用户，以及利用逻辑引导用户等技巧，以增强详情页文案的吸引力。

（1）使用图文搭配

优秀的文字解说搭配出色的图片，可以增强详情页文案的吸引力，给用户留下良好的印象，因此，农产品详情页应该注意图文搭配。农产品商家写作时可以在图片中添加文字，或在图片外的空白处添加文字，以向用户解释图片内容。但需要注意的是，文字不可遮盖图片要传达的信息，并且图片应被重点突出，清晰度高。

（2）体现农产品价值

农产品价值分为使用价值和非使用价值两种，写作详情页文案时，要同时体现二者。

● **使用价值**：农产品的使用价值是农产品的自然属性，是产品具有的共同属性。例如，大米、面、蔬菜等农产品的使用价值是充饥，盆栽、花苗等农产品的使用价值是观赏等。

● **非使用价值**：非使用价值也叫存在价值（有时也称为保存价值或被动使用价值），它是指人们在知道某种资源的存在（即使他们永远不会使用那种资源）后，对其存在赋予的价值。通过挖掘农产品的非使用价值，设计符合用户需求的非使用诉求，可以提升农产品的价值，给农产品赋予更加丰富的内涵。农产品的非使用价值可以从农产品的品牌价值、历史文化内涵、消费人群的身份和社会地位等方面挖掘。例如，竹编藤椅的文案就可以从工艺传承、环保、高品位等方面赋予其丰富的内涵。

（3）紧贴自身定位

文案要紧贴自身定位，不断强调自己的优势与特色，才能打动用户。例如，某蜂蜜农产品商家将蜂蜜定位为天然原生态、来自大山深处。其详情页文案就紧贴该定位，展示了蜂蜜生产的大山环境、采蜜人的居住环境，以及木桶蜂蜜与普通蜂蜜的区别，获得了很好的销售效果。

（4）借助情感打动用户

要借助情感打动用户，一般可以通过故事来增强文案感染力，让用户更容易接受。只要能够讲好故事，就能调动用户的情绪，让他们在阅读的过程中潜移默化地认同农产品的价值。

（5）利用逻辑引导用户

一般来说，优秀的详情页文案都有一定的逻辑。合理的逻辑可以让用户更好地接收信息，并引导用户产生购买行为。农产品商家可参考以下的详情页文案逻辑。

- 介绍品牌（也可换到最后）。
- 展现焦点图（引起用户的阅读兴趣）。
- 展现场景图，激发用户的潜在需求。
- 详细介绍农产品，以赢得用户的信任。
- 介绍为什么购买本农产品，即购买本农产品的好处。
- 介绍不购买本农产品的影响。
- 对比同类型农产品，包括价格、口感和包装等。
- 展现用户评价或第三方评价，提升用户信任度。
- 展现农产品的非使用价值，如让用户感受家的温暖。
- 发出购买号召，促使用户购买农产品。
- 介绍购物须知，包括发货和退换货政策等。
- 关联推荐其他农产品。

案 例

岐翁土蜂蜜的文案

岐翁土蜂蜜产自四川达州大巴山高海拔地区的原始森林，其详情页文案以央视节目截图和"我家土蜂蜜上央视"文本作为开头，以有效吸引用户的注意。紧接着，利用文字内容介绍了岐翁土蜂蜜的产地、产量、品相、价值等，并向用户做出承诺——只要包装完好，终身无条件包退换，这进一步引起了用户对该土蜂蜜的兴趣，并增强了用户的信任。

紧接着，文案再次介绍了土蜂蜜的产地、产量、色泽、营养价值和价格，并结合多张实拍产品图，如图4-14所示，展示了岐翁土蜂蜜的细节，如色泽、黏稠度等，并结合文字再次强调该土蜂蜜的营养价值；然后展示了岐翁大巴山的自然环境、养蜂人的居住环境，介绍了运输土蜂蜜的艰难及养蜂的艰辛。

图4-14　岐翁土蜂蜜实拍产品图

　　然后，详情页文案中介绍了土蜂蜜的定义和基本情况，突出了土蜂蜜天然、无添加的特点，并对土蜂蜜和普通蜂蜜进行了对比，如图4-15所示，突出了岐翁土蜂蜜的品质。文案中还介绍了包退换的承诺及用户的评价，增强了用户的信任。

图4-15　土蜂蜜和普通蜂蜜的对比

　　在详情页文案的最后，农产品商家介绍了传统古法割蜜的方法，向用户介绍了土蜂蜜的相关知识，并侧面突出了岐翁土蜂蜜的品质，加强用户对岐翁土蜂蜜的好感。

　　思考：（1）岐翁土蜂蜜的详情页文案包括哪些内容？（2）该详情页文案的基本框架是怎样的？

4.1.4　营销推广文案的写作

　　优秀的营销推广文案可以宣传品牌、推广农产品，达到促进农产品销售，为农产品商家积累人气与粉丝，提升品牌形象的目的。一般而言，营销推广文案分为宣传文案和促销文案。

1. 宣传文案

　　一篇优秀的宣传文案能产生很大的影响力，达到让用户了解品牌和产品，进而认识和认可品牌和产品的目的。宣传文案主要包括标题、正文两个要素，写作时要注意这两个要素的写法。

　　● **标题：**现在网络上的宣传文案很多，想要使文案脱颖而出，标题应该尽量简练，能够快速勾起用户的好奇心和阅读欲望，将能够提供给用户的价值直接表达出来，让用户可以快速确定自己对文案内容是否感兴趣。此外，也可以通过添加一些时下的流行词来增强标题的趣味性，拉近与用户之间的距离，吸引用户的目光。

● **正文**：宣传文案的正文在内容和形式上并没有具体的要求，但是要想使文案被用户关注和传播，就需要有针对性地进行设计。从原则上来说，有价值的、发人深省的、容易让人产生认同感的、有趣的、有创意的、真实的内容更受用户的欢迎和青睐。

图4-16所示为"五芳斋"在微博中发布的宣传文案，文案标题为"#高考加油#高考必粽"，将当下热点话题"高考"融入标题中吸引用户注意，并以"中"谐音"粽"，表达对高考学子的祝福，又融入了自己的产品——粽子，趣味性较强。正文直接以关注抽奖+宣传海报的形式宣传品牌，以增加品牌微博账号的粉丝量。

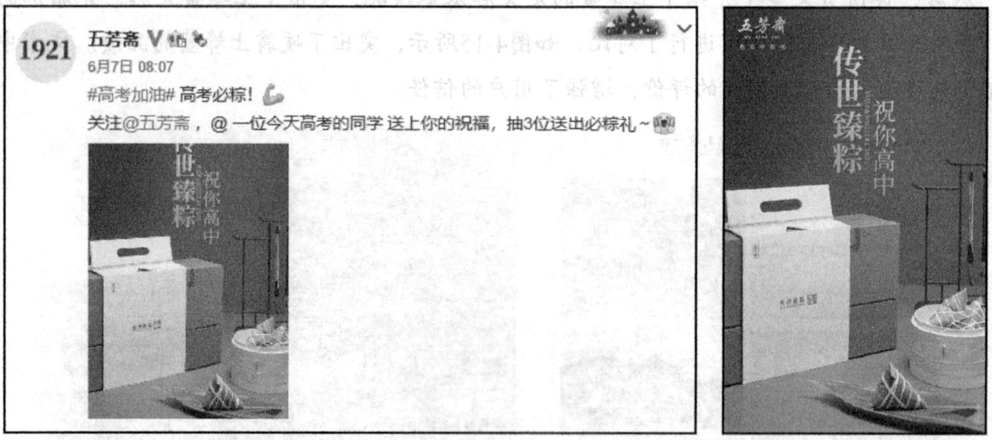

图4-16 "五芳斋"在微博中发布的宣传文案

2. 促销文案

促销文案是为了促进产品的销售，在特定的时间范围内，利用打折、优惠等营销手段制作的文案，是一种非常特殊且功能性很强的文案。图4-17所示的宣传海报中"满199减100"就是典型的促销文案。促销文案的写作重点是促销信息，具体可通过以下方式体现促销感，吸引用户对文案产生兴趣，进而购买产品。

图4-17 促销文案

（1）错觉折价

直接打折容易给用户一种产品是折价产品（往往是滞销货）的感觉；而错觉折价是让用户在享受折扣的同时，告诉用户购买的是正价产品，只不过农产品商家搞促销，有所让利。例如，"花100元买130元产品""满200元返100元"等。

（2）降价打折

降价和打折是促销的基本方式，降价打折是将降价与打折结合在一起开展的促销，这不仅能给用户更加优惠的感觉，促使用户购买农产品，还能为农产品商家带来更多的利益，因为先降价再打折的优惠方式的实际优惠幅度往往会小于直接折扣。例如，50元打6折，实际优惠为20元，但满50减5元再打8折，实际优惠只有14元。

（3）积分抽奖

积分抽奖要求用户的消费额达到一定的金额才能兑换对应积分，获得的积分可以换取抽奖机会或兑换礼物。积分抽奖会让用户产生实惠心理，让他们愿意一直在同一店铺消费，以累积积分，给农产品商家带来长期收益。这种方式充分利用了用户追求实惠的心理，效果往往不错。

4.2 图片收集和处理技能

图片是视觉化呈现的重要一环，具有直观、生动、形象的特点，是吸引用户注意的有效手段。在开展农产品营销的过程中，图片能展示农产品的外观、形状等信息，也能展示农产品营销活动的信息。

4.2.1 图片收集方法

用于农产品营销的图片有两种：一种为展示农产品本身特色的产品图，这类图片一般使用相机等拍摄设备直接拍摄；另一种为辅助展示农产品相关营销信息、活动信息的图片，这类图片需要在相关网站中搜索才能找到。

1. 实地拍摄

实地拍摄图片可以直观、真实地展示农产品商家的农产品，并且，实地拍摄的图片更容易引起用户的好感，增加点击率，从而吸引用户查看农产品的详细信息，并购买农产品。在拍摄农产品图片时，农产品商家需要选择合适的拍摄设备，掌握一定的拍摄技巧，并按步骤拍摄农产品。

（1）拍摄设备

常见的拍摄设备有手机、相机和无人机3种。

①手机

手机是日常生活中常用的电子设备，使用手机拍摄图片具有拍摄方便、操作智能、编辑便捷和互动性强的优势，但手机在防抖、降噪、广角、微距等方面的表现往往比不上相机。因此，手机拍摄的图片可用于微信营销、短视频营销、微博营销等场景，但不适宜用于电商平台中的农产品详情页。

②相机

农产品商家若拥有一定的拍摄技能，且运营资金足够，可以购入相机拍摄农产品。常见的相机有单反相机、微单相机、运动相机和全景相机4种。

● **单反相机**：单反相机拍摄的图片往往画质更高，并且能兼顾静态和动态两方面的拍摄，具有极强的便利性和高性价比。

● **微单相机**：微单相机通常被称为"微单"。微单相机与单反相机成像原理不同，但拍摄技能上的要求基本相当。微单相机的重量更轻、体积更小，便携性更高。

● **运动相机**：运动相机是一种专门用于记录运动画面的相机，是一种镜头尺寸较小，具有超广角、超焦距、定焦镜头的相机。

● **全景相机**：全景相机是一种可以360度拍摄周围场景的相机，能够为用户呈现独特的画面风格，常作为手机或微单相机的辅助设备。

一般而言，单反相机和微单相机就足以满足农产品商家拍摄农产品的需求。

③无人机

无人机常用于拍摄全景、俯瞰等画面，具有高清晰、大比例尺、小面积等优点，适合农产品整体生长环境的拍摄，如在展示玉米的生长环境时，就可以借助无人机拍摄俯瞰画面。

（2）拍摄技巧

在拍摄农产品时，要注意展现农产品的形状、品质、色彩，以优质的卖相打开农产品销售市场，增加农产品销量。要展现农产品，可以从以下6个方面入手。

● **单个农产品**：单个农产品的拍摄要求构图简洁，可单独拍摄农产品本身，也可选择一些饰品搭配拍摄。在拍摄单个农产品时，一般采用素色背景，减弱背景的距离感，增加画面景深，突出农产品本身。如果想直接突出农产品，农产品商家可以选择白色或淡色的背景；如果想要选择较为艳丽的颜色作为背景，那么就要注意背景与农产品的颜色搭配问题，要选择反差较大或同一色系的颜色。图4-18所示为拍摄的单个农产品。

高清大图

相关农产品图片

● **农产品组合**：当需要出售多种农产品时，农产品商家可以按照一定的构图方法，将农产品作为一个组合进行拍摄，并排列成一定的形状，以突出农产品的整体感。一般来说，可以组合成的形状包括方形、三角形、弧形等。方形具有均衡感，如图4-19所示；三角形具有稳定性，如图4-20所示；弧形则更有创意，能够在画面中加入品牌，如图4-21所示。

图4-18　单个农产品

图4-19　方形农产品组合

图4-20 农产品组合（三角形）

图4-21 农产品组合（弧形）

● **农产品细节**：农产品细节能够体现农产品质量，而农产品质量是用户十分关心的问题，因此，农产品商家可以通过拍摄农产品细节，增强用户的购买意愿。在拍摄农产品细节时，应打开微距模式，或将镜头拉到足够近的距离，以展示农产品细节，增加景深，如图4-22所示。

图4-22 农产品细节

● **农产品与水**：用户在选购农产品时，农产品的新鲜度也会影响用户的购买决策，而将农产品与水组合拍摄，则能给用户留下农产品天然、无污染的印象。但需注意的是，在拍摄前应将农产品清洗干净，且保持光线明亮，使拍出来的农产品更加水润有光泽，如图4-23所示。在拍摄时，可以将水与甘油按10∶1的比例混合，并将其喷洒到果蔬表面，形成均匀的水雾。

● **农产品场景**：农产品商家在拍摄农产品时，还可以将农产品置于某种场景中，如农产品烹饪场景、食用场景（见图4-24）等，以展示农产品的烹饪方法、美味，激发用户的购买欲望。此外，还可以展示农产品的生长环境，如果园、菜地等，证明农产品天然、原生态的特点。

图4-23 农产品与水的组合

图4-24 农产品食用场景

● **创意农产品**：创意拍摄能增加用户对农产品的想象空间，增强农产品的趣味性，提升用户的购买欲望。例如，将多种农产品组成猫头鹰形状，如图4-25所示。

图4-25 创意农产品

（3）拍摄步骤

在正式拍摄农产品前，农产品商家需要根据农产品特点，选择合适的拍摄背景，并根据环境光源选择恰当的方式补光，然后选择合适的距离、角度、焦距进行拍摄。

● **选择背景**：农产品商家在拍摄农产品前，应根据农产品的颜色，选择合适的背景颜色。一般来说，常选择白色或浅色，也可选择能与农产品形成较大反差的颜色。

● **补光**：一般来说，农产品的拍摄应选择自然光源，不宜过亮或过暗，但当光线不足时，农产品商家可借助台灯、补光灯等人工光源补光，以提高亮度。

● **调整距离**：在拍摄时，农产品商家应选择合适的拍摄距离，一般为6～10cm，可根据实际情况酌情调整拍摄距离。例如，拍摄农产品细节图时，可以拉近拍摄距离；拍摄带包装的农产品时，为完整展现包装，可拉远拍摄距离。

● **选择角度**：拍摄农产品时，需要选择合适的拍摄角度，一般选择90度或45度，有必要时，也可以选择其他角度。

● **调节焦距**：拍摄前还需调节相机焦距，以保证拍摄的图片清晰、真实。

● **拍摄农产品**：所有工作准备完成后，农产品商家就可以拍摄农产品图片了。为避免多种因素导致拍摄效果不佳，可以从多个角度拍摄多张图片，以便后期挑选。

2. 图片搜索

对一些无法通过拍摄获取的但可在网络上搜索得到且可以商用的图片，农产品商家可以直接登录图片搜索网站，输入农产品关键词进行搜索、下载，并将其运用到农产品营销过程中。图4-26所示为在摄图网中搜索"农产品"后显示的图片素材。

可用于搜索农产品图片的网站较多，较常用的有摄图网、设计导航、千图网、聚图网等。这些网站的搜索方法类似，但需要注意图片版权问题。

● **摄图网**：摄图网专注提供免费摄影图片，图片分类丰富，并且可以商用。摄图网上的图片有不同的下载尺寸，包括最大尺寸、Banner配图尺寸、微信配图尺寸等。

● **设计导航**：设计导航包括设计素材、灵感酷站、灵感画板、设计教程、配色、设计工具、尺寸规范等板块，农产品商家可以根据实际需要选择，然后搜索相关的图片素材。

● **千图网**：千图网拥有大量素材，是我国知名的素材提供平台，为用户提供了设计素材下载、创意设计分享服务。千图网中的图片有源文件或PNG格式。在用于商业用途时，需要获得商用许可授权。

● **聚图网**：聚图网拥有海量图片素材，为用户提供了各类图片素材下载服务。农产品商家若需要制作营销活动海报、农产品详情页等，就可以在聚图网中搜索相关素材，以实现美化海报、农产品详情页的目的。

图4-26 在"摄图网"中搜索"农产品"后显示的图片素材

4.2.2 图片处理工具

拍摄的农产品图片可能存在失真、模糊、过暗、过亮、主次不分等问题，而搜索的图片素材也可能因为尺寸不合适需要剪裁，因此，这些图片素材往往需要经过处理才能用于农产品营销。常用的图片处理工具包括以下4种。

1. Photoshop

Photoshop是较为专业的图像处理软件，一般在计算机上使用，具有使用方便、功能强大等特点。在农产品营销过程中，可以利用Photoshop编辑拍摄或下载的农产品图片，根据实际需求，改变图片的大小、角度、透明度、明暗度、颜色，处理图片的瑕疵，并设计多种特殊效果等。但Photoshop的操作要求较高，不适合新手。

> **思考与讨论**
>
> 你知道哪些图片处理工具？处理图片时，你更愿意在计算机上操作还是直接使用手机操作？

2. 美图秀秀

美图秀秀是厦门美图网科技有限公司研发、推出的一款免费影像处理软件，拥有PC版、iOS版和Android版3个版本，支持在PC端或移动端编辑图片。

美图秀秀是一款操作简单快捷、适合新手的图片处理工具，拥有丰富的滤镜、背景、字体、贴纸资源。因此，美图秀秀适合处理用于微博、微信营销的农产品图片，因为微博、微信营销的重点在于建立与用户之间的联系，适宜使用生活化的图片。

3. 天天P图

天天P图是深圳市腾讯计算机系统有限公司出品的具有美化图片、自然美妆、魔法抠图等模块的简单实用的图片编辑软件。天天P图集专业与娱乐于一体，具有强大的图片编辑功能，且操作简单，适合新手使用。天天P图更适合编辑日常图片，用该软件处理的农产品图片适合用于微博营销、微信营销。

4. PicsArt美易

PicsArt美易（以下简称"PicsArt"）是一款免费的图片编辑软件，可在iOS系统、Android系统及Windows系统上使用，集拍照和图片处理功能于一体。PicsArt的功能十分强大，支持剪切、拉伸图片，以及根据实际需要为图片添加文本、滤镜、画框、背景、边框等。

PicsArt会根据图片本身的颜色推荐背景颜色，适合制作文案封面，但PicsArt的广告较多，且免费字体较少，需要付费购买。

4.2.3　图片处理方法

拍摄或下载的农产品图片都可能不符合农产品营销的实际需求，因此，需要根据实际需要进行处理。本小节将通过Photoshop CC 2019处理从网上下载的农产品图片，以及通过美图秀秀处理拍摄的农产品图片，来介绍图片处理的基本方法。

1. 使用Photoshop处理图片

使用相机拍摄或通过计算机搜索下载的图片适合通过Photoshop进行处理，下面在Photoshop CC 2019中处理从网上下载的农产品图片。该图片由于亮度不足、较灰暗，需要进行亮度/对比度、色阶、曲线、曝光度和自然饱和度等的调整，其具体操作如下。

微课视频

使用Photoshop
处理图片

① 打开Photoshop CC 2019，选择【文件】/【打开】菜单命令，打开"打开"对话框，选择已下载的"蓝莓.jpg"图片文件（配套：\素材\第4章\蓝莓.jpg），单击 打开(O) 按钮，在Photoshop CC 2019中打开该图片，如图4-27所示。

② 选择【图像】/【调整】/【亮度/对比度】菜单命令，打开"亮度/对比度"对话框，在"亮度"右侧的数值框中输入"60"，拖动"对比度"下方的滑块，设置对比度为"-15"，单击 确定 按钮，如图4-28所示。

③ 选择【图像】/【调整】/【色阶】菜单命令，打开"色阶"对话框，在"输入色阶"栏下的第2个数值框中输入"1.15"，单击 确定 按钮，如图4-29所示。

④ 选择【图像】/【调整】/【曲线】菜单命令，打开"曲线"对话框，设置"输出"为"141"、"输入"为"123"，单击 确定 按钮，如图4-30所示。

图4-27 在Photoshop CC 2019打开图片

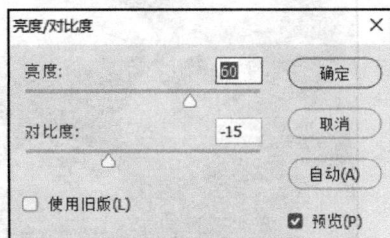

图4-28 设置亮度/对比度

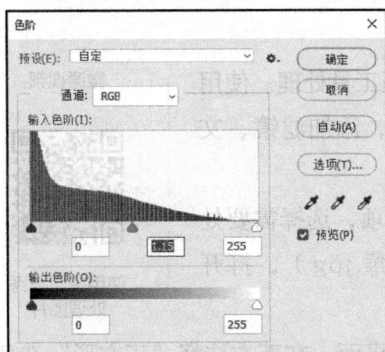

图4-29 调整图片色阶

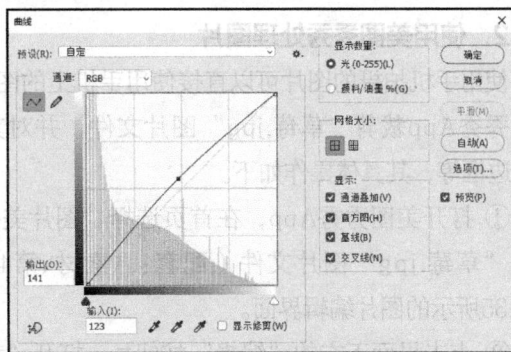

图4-30 设置图片曲线

⑤ 选择【图像】/【调整】/【曝光度】菜单命令，打开"曝光度"对话框，设置"曝光度"为"+0.28"，单击 确定 按钮，如图4-31所示。

⑥ 选择【图像】/【调整】/【自然饱和度】菜单命令，打开"自然饱和度"对话框，设置"自然饱和度"为"+20"、"饱和度"为"+15"，单击 确定 按钮，如图4-32所示。完成后的效果如图4-33所示。

⑦ 选择【文件】/【存储为】菜单命令，打开"另存为"对话框，选择图片保存的位置，更改"文件名"为"蓝莓效果图.jpg"，选择"保存类型"为"JPEG(*.JPG;*.JPEG;*.JPE)"选项，单击 保存(S) 按钮，如图4-34所示。打开"JPEG选项"对话框，单击 确定 按钮，保存图片。（配套：\效果\第4章\蓝莓效果图.jpg）

图4-31 调整图片曝光度

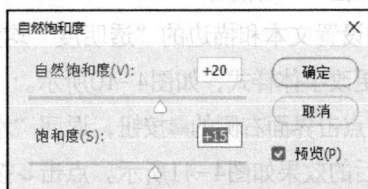

图4-32 调整图片自然饱和度

图4-33 完成后的效果

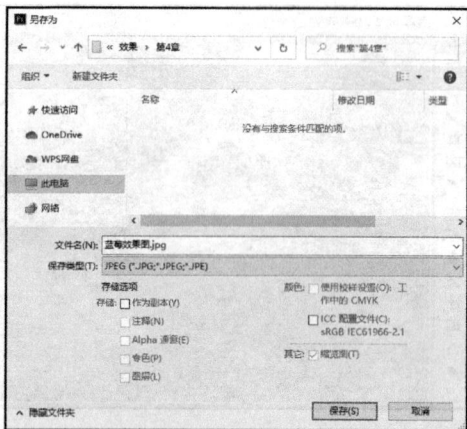

图4-34 另存为图片

2. 使用美图秀秀处理图片

使用手机拍摄的图片可以直接使用手机上的图片处理工具处理。使用美图秀秀App裁剪"草莓.jpg"图片文件，并对其调色，添加滤镜、文字、边框等，其具体操作如下。

微课视频

使用美图秀秀
处理图片

① 打开美图秀秀App，在首页选择"图片美化"选项，选择需要处理的"草莓.jpg"图片文件（配套：\素材\第4章\草莓.jpg），打开图4-35所示的图片编辑界面。

② 点击界面下方的"编辑"按钮□，打开"裁剪"界面，在下方选择"正方形"选项，选择裁剪范围，如图4-36所示。点击✔按钮，确定裁剪效果。

③ 点击界面下方的"调色"按钮□，打开"光效"界面。点击"亮度"按钮□，滑动滑块调整"亮度"为"+10"；点击"对比度"按钮□，调整"对比度"为"+30"；点击"高光"按钮□，调整"高光"为"+40"；点击"暗部"按钮□，调整"暗部"为"−15"，如图4-37所示。

④ 在界面下方选择"色彩"选项，打开"色彩"界面。点击"饱和度"按钮□，调整"饱和度"为"+10"；点击"色温"按钮□，调整"色温"为"+5"，如图4-38所示。点击右下角✔按钮，确定调色效果。

⑤ 点击界面下方的"文字"按钮□，打开文字样式选择界面，点击"被食物治愈的周末"水印样式，在界面中添加该样式文本；然后点击该样式文本，打开文本编辑页面，更改文本为"谁能拒绝美味的草莓呢？"；选择"样式"选项，设置文本颜色为深红色、描边颜色为黄色，如图4-39所示。

⑥ 设置文本和描边的"透明度"均为"60"；选择"字体"选项，选择第4排第1列字体选项，更改字体样式，如图4-40所示。

⑦ 点击界面右侧的□按钮，返回"水印"界面。拖动文本右下角的□按钮，放大文本，旋转放大后的效果如图4-41所示。点击✔按钮，确定添加文字。

⑧ 点击界面下方的"边框"按钮□，在打开的界面中，选择"简单"选项，选择第1排第1列的边框样式，点击✔按钮，添加边框后的效果如图4-42所示。

图4-35　图片编辑界面　　　　图4-36　裁剪为正方形　　　　图4-37　调整图片光效

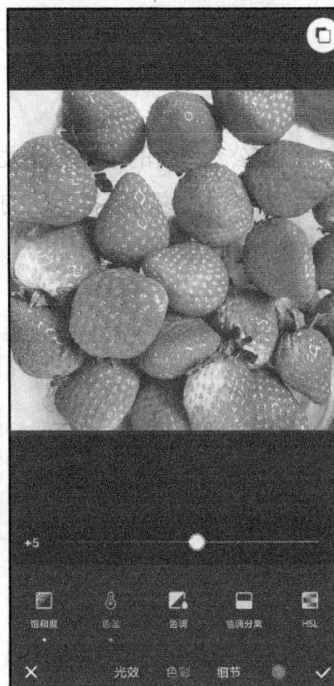

图4-38　调整图片色彩　　　图4-39　更改文本内容和样式　　　图4-40　更改字体样式

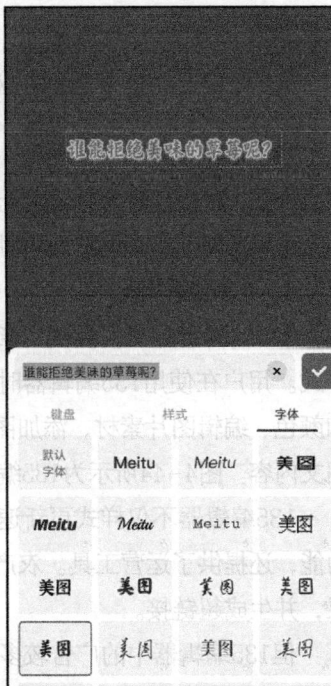

⑨ 点击右上角 保存 按钮，将保存编辑完毕的草莓图片（配套：\效果\第4章\草莓.jpg），并打开图4-43所示的界面，可将编辑完成的图片分享到美图秀秀社区。点击右上角 按钮，即可返回美图秀秀App首页。

图4-41 旋转放大后的效果　　图4-42 添加边框后的效果　　图4-43 保存后的界面

4.3 图文排版技能

在农产品营销的过程中，农产品商家常以图文结合的形式宣传农产品，如微博文章、微信公众号推文等。这些推文的内容一般较多，农产品商家需要掌握一定的图文排版技能才能更好地呈现推广内容。

4.3.1 图文排版的工具

在互联网上营销农产品时，通常会涉及图文内容，但诸如微博、微信公众平台的排版功能太弱，样式、模板也较为有限，无法满足农产品营销的实际需求。因此，农产品商家可选择专门的图文排版工具，在这些工具中排版图文内容，再将排版完的内容直接复制粘贴到相关平台中。

1. 135编辑器

135编辑器是一款提供文章排版和内容编辑的在线工具，拥有丰富的样式。用户在使用135编辑器时，可以进行快速应用图文格式、收藏样式和颜色、编辑图片素材、添加图片水印、一键排版等操作，能够轻松排版图文内容。图4-44所示为135编辑器的编辑页面。

135编辑器不仅样式更新速度快，模板也丰富，具有较为全面的排版功能，还提供了运营工具。农产品商家可以根据实际运营需要设置字符效果，并生成超链接。

拓展阅读

135 编辑器会员
功能对比

但135编辑器中的广告较多，免费素材比较少，很多功能需要用户开通会员才能使用，且会员的设置比较复杂，会员费用也并不便宜。

2. 秀米编辑器

秀米编辑器提供了图文排版和H5制作两大功能。其中，图文排版提供了丰富的原创模板素材，可以设计独特的图文排版风格，满足用户的排版需求；H5制作提供了丰富的页面模板和页面组件，能够制作长图文，设计独具风格的H5页面。

图4-44　135编辑器的编辑页面

秀米编辑器还支持生成预览链接，操作简单，样式统一，整体效果好，且排版灵活，适合新手操作。但秀米编辑器的样式查找较为麻烦，免费模板较少。图4-45所示为秀米编辑器的图文编辑页面。

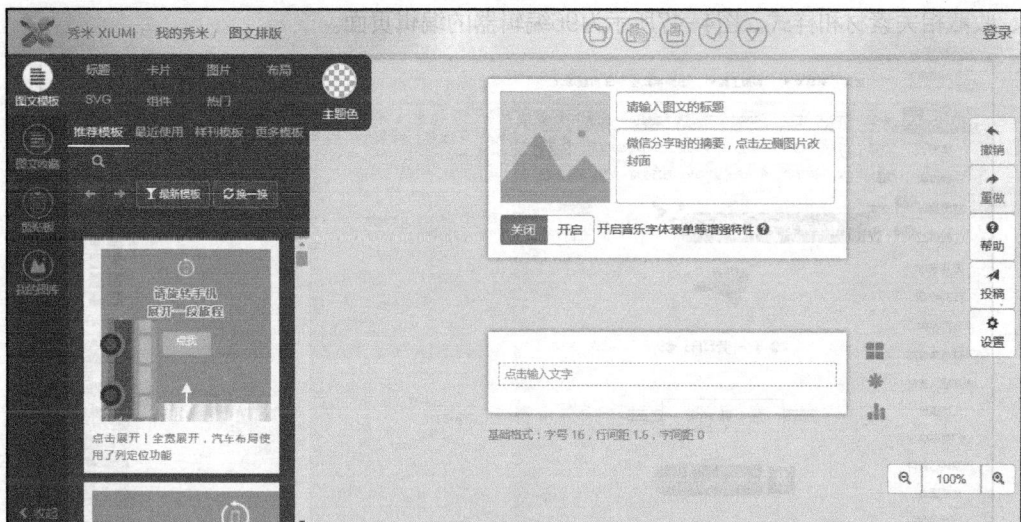

图4-45　秀米编辑器的图文编辑页面

3. i排版编辑器

i排版编辑器是一款排版效率高、界面简洁、样式美观的排版工具，支持全文编辑、实时预览、一键应用样式、一键添加签名，能够在短时间内快速排版图文内容。i排版编辑器包含多种文字样式和特效，但很多功能需要付费成为会员才能使用。图4-46所示为i排版编辑器的编辑页面。

4. 96编辑器

96编辑器是一款专业、强大的在线编辑排版工具。96编辑器支持导入文章、一键排版、生成图片、同步微信、在线作图、制作动画、编辑文本和素材等，功能十分全面。

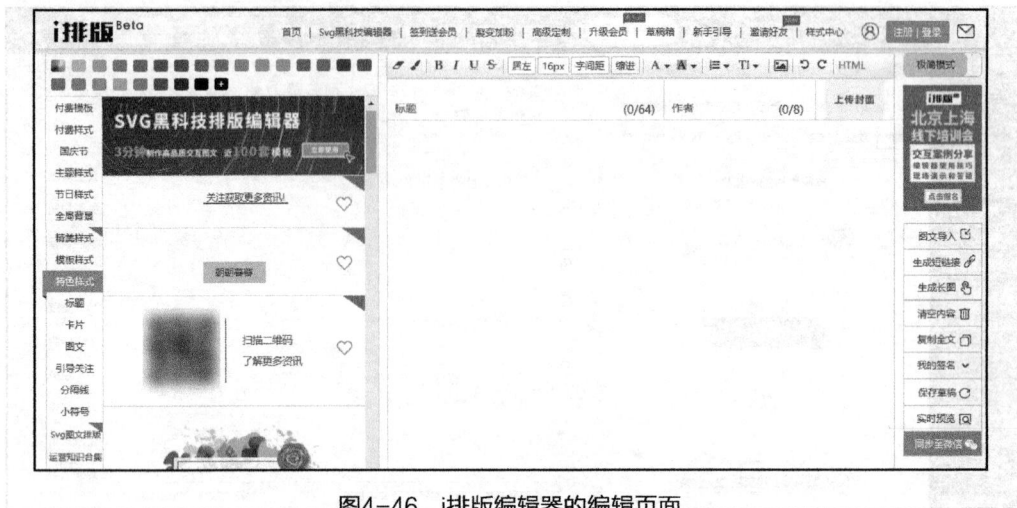

图4-46　i排版编辑器的编辑页面

此外，96编辑器还配备了无版权图片库、素材模板库、动图库和配色方案，能够帮助用户排版图文内容。与其他编辑器不同的是，96编辑器的会员分为月会员、年度会员和终身会员，终身会员仅需一次性付款就可终身享受会员权益。

96编辑器的编辑排版区主要用于编辑图片、文字，排版图文内容等；素材样式区用于选择、收藏相关素材和样式。图4-47所示为96编辑器的编辑页面。

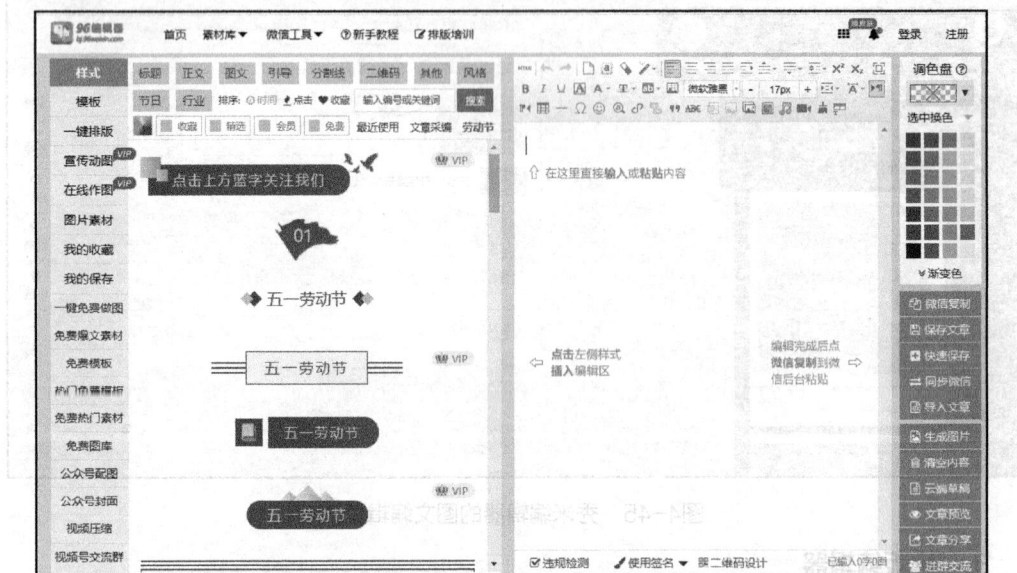

图4-47　96编辑器的编辑页面

5. 易点编辑器

易点编辑器是一款简单易用、功能强大的内容排版编辑工具，提供了图片制作、微信表情制作、网页配色、GIF制作等美化图文的功能，能够帮助用户快速、轻松地编辑图文样式，适合新手使用。

易点编辑器还提供了微信域名防封、小程序推广、图片在线PS、热点发现等功能，但易点编辑器的排版模板少，且很多功能需要会员身份才能使用，如文章转发分享、公众号托管、自定义样式、一键排版、定时推送等。图4-48所示为易点编辑器的编辑页面。

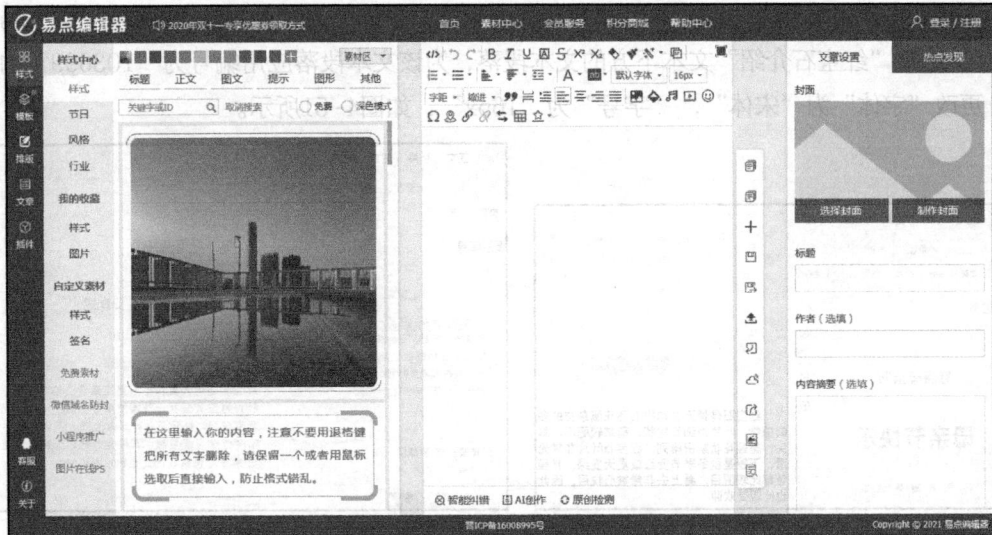

图4-48 易点编辑器的编辑页面

4.3.2 图文排版的基础操作

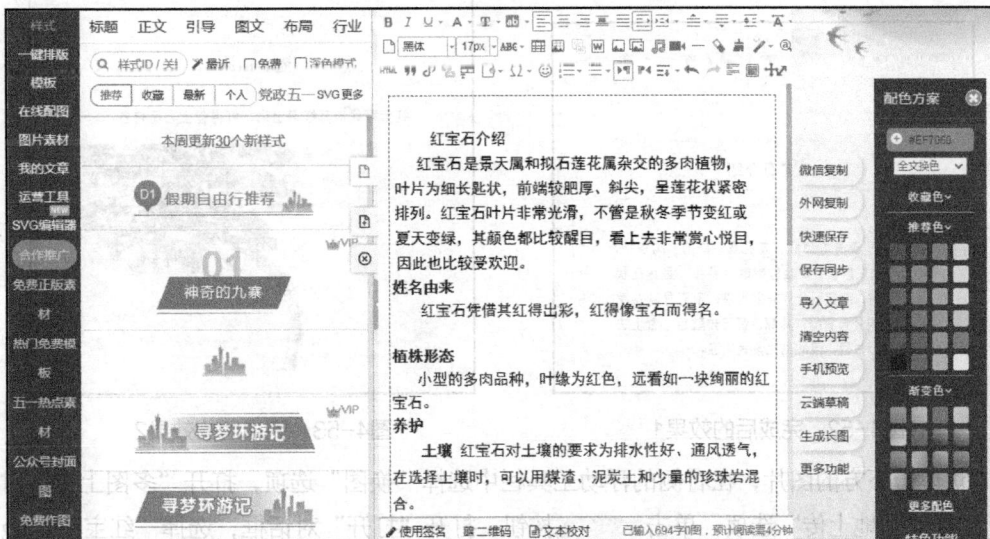

虽然图文排版的编辑器很多，且编辑器中的样式、模板有所不同，但在这些编辑器中排版图文的方法基本一致。以135编辑器为例，排版"红宝石介绍"图文，其具体操作如下。

① 在浏览器中搜索"135编辑器"，打开135编辑器官网，打开"红宝石介绍.docx"素材文件（配套：\素材\第4章\红宝石介绍.docx），复制文本内容，并将其粘贴到135编辑器的编辑区中。选择所有文本内容，在上方工具栏中更改"字体"为"黑体"，如图4-49所示。

微课视频

图文排版的基础操作

图4-49 更改字体

② 选择"红宝石介绍"文本，在左侧搜索框中输入"粉色"文本，按【Enter】键搜索样式，为该文本应用编号为"103703"的样式，并更改"字体"为"黑体"，如图4-50所示。

③ 选择"红宝石介绍"文本下方的文本段落，为该文本段落应用编号为"103699"的样式，更改"字体"为"宋体"，"字号"为"16px"，如图4-51所示。

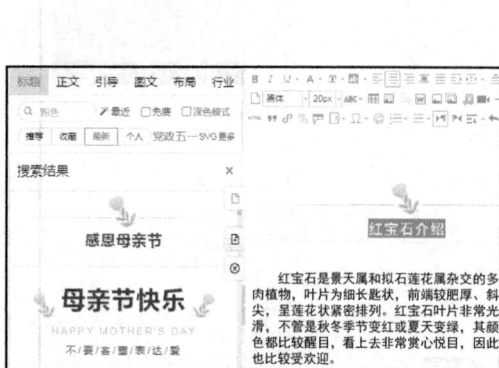

图4-50 设置"红宝石介绍"文本格式

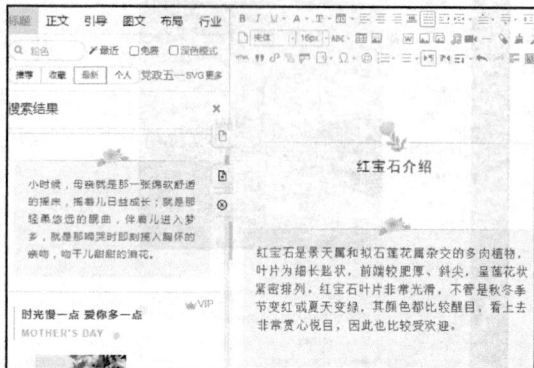

图4-51 为文本段落选择样式

④ 在上方工具栏中单击"段前距"按钮，在打开的下拉列表中选择"10"选项；单击"段后距"按钮，在打开的下拉列表中选择"10"选项；单击"行间距"按钮，在打开的下拉列表中选择"2"选项。完成后的效果如图4-52所示。

⑤ 选择"姓名由来"文本内容以及下方文本段落，为其应用编号为"103693"的样式，更改"姓名由来"文本的"字体"为"黑体"，下方文本段落的"字体"为"宋体"，"字号"为"16px"，"段前距"和"段后距"均为"10"，"段间距"为"2"。单击"居中对齐"按钮，将文本居中对齐，完成后的效果如图4-53所示。

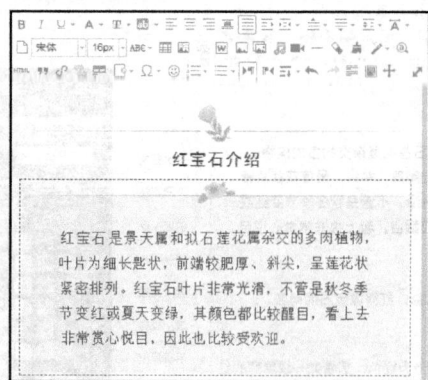

图4-52 完成后的效果1

图4-53 完成后的效果2

⑥ 单击下方的图片，在右侧的浮动工具栏中选择"换图"选项，打开"多图上传"对话框，选择"本地上传"选项，单击 按钮，打开"打开"对话框，选择"红宝石1.jpg"图片文件（配套：\素材\第4章\红宝石1.jpg），单击 按钮，如图4-54所示。

⑦ 返回"多图上传"对话框，单击 ▣开始上传▣ 按钮，上传"红宝石1.jpg"图片，然后单击 ▣确定▣ 按钮，如图4-55所示，替换样式中的图片。

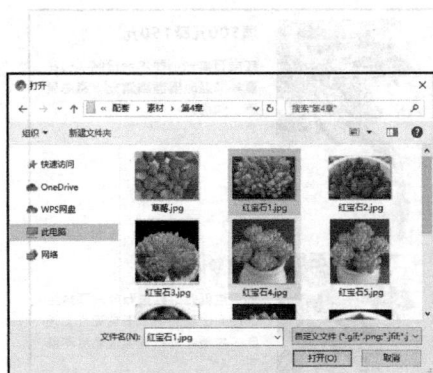

图4-54　选择图片

图4-55　上传图片

⑧ 将文本插入点定位到该图片前，选择右侧浮动工具栏的"前空行"选项，该图片与前一段文字之间将增加一行空行，完成后的效果如图4-56所示。

⑨ 选择"植株形态"文本内容以及下方文本段落，应用编号为"103693"的样式，并按照"姓名由来"及下方文本段落格式，更改本段文本格式，然后将图片更换为"红宝石2.jpg"图片文件（配套：\素材\第4章\红宝石2.jpg），并在图片前方增加一行空行，完成后的效果如图4-57所示。

图4-56　完成后的效果3

图4-57　完成后的效果4

⑩ 选择"养护"文本，选择编号为"103706"的样式，更改"字体"为"黑体"，将文本插入点定位到"土壤"文本前，按【Enter】键插入空行。再将文本插入点定位到"土壤"文本前一行，选择编号为"103692"的样式，插入该样式，如图4-58所示。

⑪ 再次插入编号为"103692"的样式，删除下方相关文本内容，将"土壤""浇水""光照""温度""施肥"相关文本填入样式中，完成后的部分效果如图4-59所示。

图4-58　插入样式后的效果

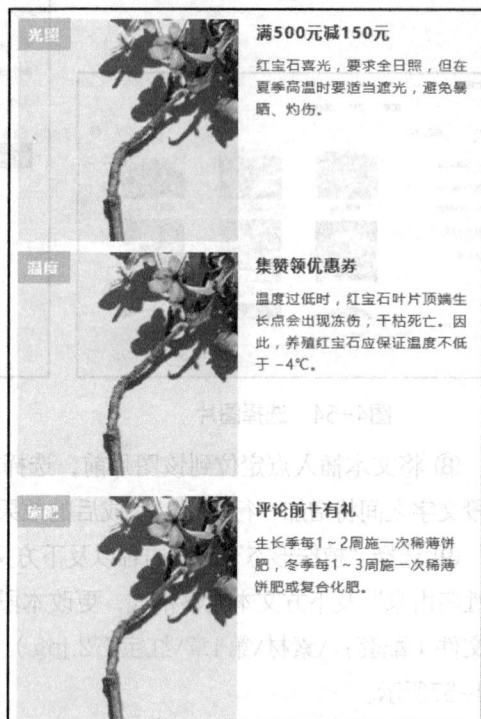

图4-59　完成后的效果5

⑫ 删除样式中多余的与活动相关的文本。选择"土壤"文本，更改"字体"为"黑体"，"字号"为"18px"。选择"土壤"相关的文本段落，更改"字体"为"宋体"，"字号"为"16px"，单击"两端对齐"按钮，将文本两端对齐；单击"首行缩进"按钮，设置首行缩进；设置"段前距"和"段后距"均为"10"，"段间距"为"1.5"，完成后的效果如图4-60所示。

⑬ 按照"土壤"相关文本格式，设置"浇水""光照""温度""施肥"相关文本格式。依次选择"土壤""浇水""光照""温度""施肥"对应的图片，将其分别更改为"红宝石3.jpg""红宝石4.jpg""红宝石5.jpg""红宝石6.jpg""红宝石7.jpg"（配套：\素材\第4章\红宝石3.jpg、红宝石4.jpg、红宝石5.jpg、红宝石6.jpg、红宝石7.jpg）。完成后的部分效果如图4-61所示。

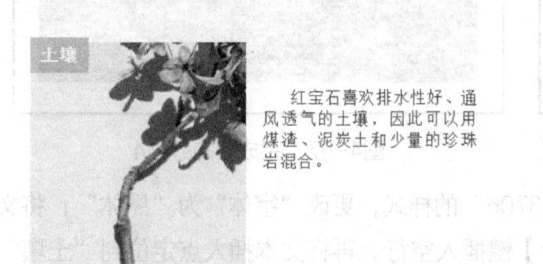

图4-60　完成后的效果6

图4-61　完成后的效果7

⑭ 选择剩余文本内容，应用编号为 "103691" 的样式，删除 "活动对象" 相关文本，更改 "繁殖" "注意事项" 文本的 "字体" 为 "黑体"，"字号" 为 "20px"，为两段段落文本设置与 "土壤" 相关段落文本相同的格式，完成后的效果如图4-62所示。

⑮ 将文本插入点定位到最后一行，插入编号为 "103685" 的样式，删除文本内容，并依次更改图片为 "红宝石8.jpg" "红宝石9.jpg" "红宝石10.jpg" 图片文件（配套：\素材\第4章\红宝石8.jpg、红宝石9.jpg、红宝石10.jpg），完成后的效果如图4-63所示。

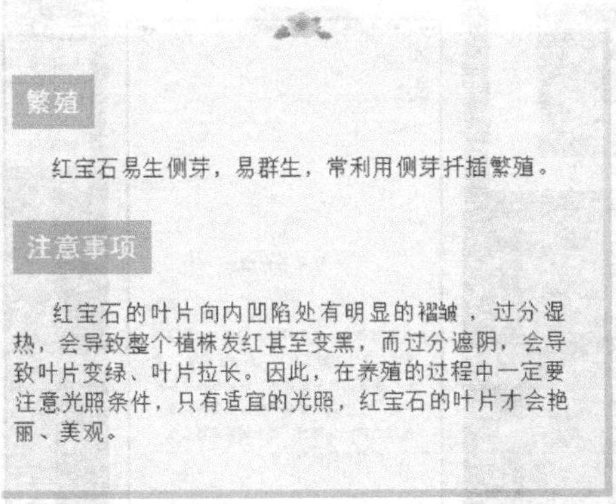

图4-62　完成后的效果8

图4-63　完成后的效果9

⑯ 按两次【Enter】键，单击上方工具栏中的 "单图上传" 按钮，打开 "打开" 对话框，选择 "红宝石11.jpg" 图片文件（配套：\素材\第4章\红宝石11.jpg），插入该图片，如图4-64所示。

⑰ 单击 "红宝石11.jpg" 图片，选择右侧浮动工具栏的 "编辑美化" 选项，打开 "编辑图片" 对话框，单击左侧 "裁切" 按钮，打开 "裁切" 界面，在右侧选择裁切范围，单击 按钮，确定裁切，单击 按钮，如图4-65所示，完成图片的编辑。

图4-64　插入图片后的效果

图4-65　编辑图片

⑱ 将文本插入点定位到 "红宝石9.jpg" 图片前，然后调整 "红宝石8.jpg" 图片与 "红宝石9.jpg" 图片之间的距离。将文本插入点定位到最后一行，插入编号为 "103684" 的样式，更改文本内容为 "关注我们 了解多肉知识"，并更改 "字体" 为 "黑体"，完成后的效果如

图4-66所示。

⑲ 单击页面右侧的 手机预览 按钮，可打开图4-67所示的预览界面。预览全文，可发现"多肉知识"文本与下方样式之间、"繁殖"文本所在样式与下方样式之间距离较近，结尾样式距页面底端较近，因此，单击 关闭× 按钮，关闭预览界面。依次将文本插入点定位到相应样式中，选择右侧浮动工具栏的"前空行"选项或"后空行"选项，增加空行，调整间距。

图4-66　完成后的效果10

图4-67　预览界面

⑳ 单击页面右侧的 保存同步 按钮，打开"保存图文"对话框，在"图文标题"和"图文摘要"文本框中输入相关文本，单击 上传封面图 按钮，上传"红宝石封面图.jpg"图片文件（配套：\素材\第4章\红宝石封面图.jpg），打开"裁剪图片"对话框，单击 保存上传 按钮，单击选中"开启留言"复选框，单击 保存文章 按钮，如图4-68所示，保存该图文内容。

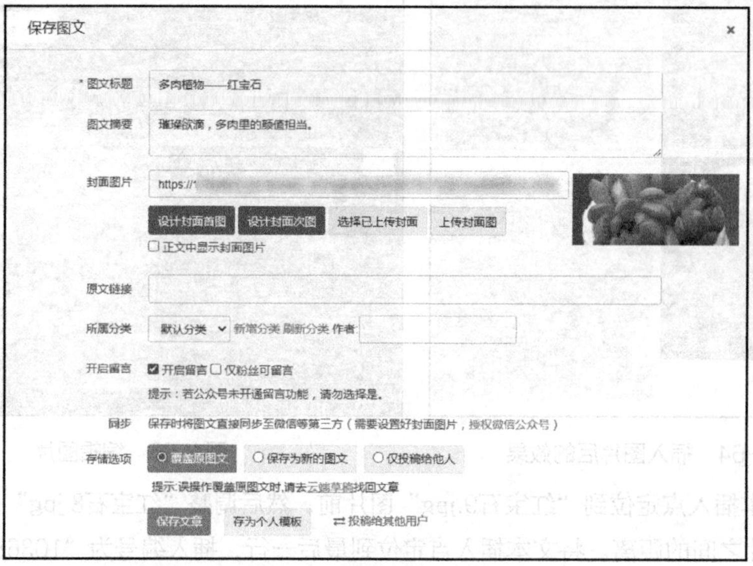

图4-68　保存图文内容

㉑ 单击页面右侧的 生成长图 按钮，打开"生成长图/PDF"对话框，保持默认设置，单击
导出 按钮，如图4-69所示，生成长图（配套：\效果\第4章\红宝石介绍.jpg），打开"新建
下载任务"对话框，设置文件名和文件存储位置，单击 下载 按钮，下载长图。

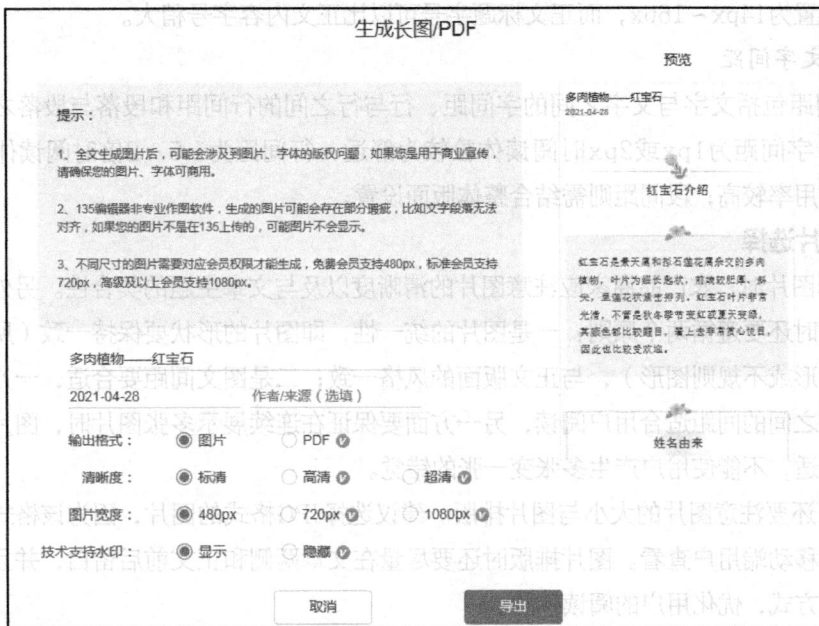

图4-69　生成长图

4.3.3　图文排版的注意事项

优秀的图文版式能够优化用户的阅读体验，帮助用户理解图文内容；而过度排版会导致用户将更多的注意力转移到排版上，不利于用户阅读图文内容，甚至一些花哨的排版还会引起用户的反感。因此，在排版图文内容时应注意文字排版和图片选择两方面的问题。

1. 文字排版

文字是图文内容中用户接收信息的主要渠道，因此，文字排版十分重要。这就要求排版时应选择合适的文字颜色、文字字号和文字间距。

（1）文字颜色

适宜的文字颜色能够使用户在阅读时保持良好的心情。排版时可结合营销账号的整体风格、文章的情感色彩设置文字颜色，或直接从色号为#7f7f7f、#595959、#3f3f3f的常见颜色中选择任意一种。这3种常见颜色与白色的对比效果比纯黑色（#000000）与白色的对比效果更加和谐，不容易对眼睛造成刺激，可以给用户带来更好的阅读体验。

一些比较重要的关键性文字，可以采用暖色系的颜色（如橙色、红色等）突出显示，但切忌使用亮黄色、荧光绿等刺激性太强的颜色。同时，一篇文章应尽量保持简单、清新的文字风格，避免出现多种文字颜色。

（2）文字字号

在移动互联网时代，用户接收信息的渠道不再仅限于计算机，手机、平板电脑等便携性

强、能够随时上网的移动设备成了用户喜爱且常用的阅读设备。当然，不论是利用计算机还是移动设备阅读，文字字号的大小都相当重要。若文字太小，用户很可能无法看清文字内容；若文字太大，那么在有限的空间中就无法表现更多内容，造成资源的浪费。一般来说，正文内容字号可以设置为14px～16px，而正文标题字号可以比正文内容字号稍大。

（3）文字间距

文字间距包括文字与文字之间的字间距、行与行之间的行间距和段落与段落之间的段间距。其中，字间距为1px或2px时阅读体验较为舒适；行间距为1.5～2倍时阅读体验较为舒适、空间利用率较高；段间距则需结合整体版面设置。

2. 图片选择

在选择图片时，农产品商家应注意图片的清晰度以及与文章主题的契合性。另外，将图片放在正文中时还要遵循两个原则：一是图片的统一性，即图片的形状要保持一致（所有图片都为矩形、圆形或不规则图形），与正文版面的风格一致；二是图间距要合适，一方面要保证文字与图片之间的间距适合用户阅读，另一方面要保证在连续展示多张图片时，图片与图片之间的间距合适，不能使用户产生多张变一张的错觉。

同时，还要注意图片的大小与图片排版。建议选择JPG格式的图片，因为该格式的文件较小，更便于移动端用户查看。图片排版时还要尽量在文章两侧和正文前后留白，并且选择居中对齐的对齐方式，优化用户的阅读体验。

4.4 视频收集和处理技能

随着技术的发展，越来越多的平台支持发布视频，视频也成了电商营销中常用的表现形式，可用于介绍产品、宣传活动等。在开展农产品营销时，农产品商家可以借助视频直接展示农产品的生长环境、采摘过程等，帮助用户了解农产品，增强用户对农产品的信任，提高农产品销量。

4.4.1 视频来源

实地拍摄农产品视频时，农产品商家可以根据农产品营销的需要，拍摄相关视频画面，用于宣传、展示农产品。而除了直接拍摄外，农产品商家还可以从素材网站中下载相关视频素材、模板，通过剪辑、调色、音频处理等，制作成符合营销需求的农产品视频。

1. 视频拍摄

农产品视频的主体内容以农产品介绍为主，因此，在拍摄农产品视频时，需要集中展现农产品品相、特点、细节等方面，方便用户了解农产品，提高农产品对用户的吸引力。农产品视频的拍摄与制作将在5.2节详细介绍，此处不做详细讲解。

2. 视频下载

在视频素材网站中，农产品商家不仅可以下载相关视频素材，还能下载视频模板。农产品商家可以选择合适的视频素材网站，在网站中输入农产品关键词，如胡萝卜、鲈鱼等，搜索相关视频素材，也可以根据视频模板制作农产品营销视频。

（1）知鱼素材

知鱼素材是国内一家收集无版权素材的网站，为用户提供了视频、图片、影视模板、音乐、音效、设计、办公演示等素材。在知鱼素材网站中的素材下载界面中选择"共享协议"，就可以筛选能够直接免费商用的视频素材，而"共享协议-署名"类的素材，则需要在视频中备注创作者的相关信息才可以使用。

（2）爱给网

爱给网是国内领先的数字娱乐创作者服务平台，为用户提供了高品质、多品类、优秀的音效、配乐、视频、教程、模型、模板等素材。农产品商家在搜索视频素材时，可以选择Adobe After Effects、会声会影、Adobe Premiere、EDIUS软件的模板，以及不同类别的样片。

（3）Pexels

Pexels是一个提供了海量共享素材的网站，每周会定量更新，并且每条素材均会显示详细信息，包括相机型号、光圈、焦距、分辨率等，是一个高品质的视频素材网站。

（4）Videvo

Videvo是一个提供免费的视频录像、动态动画视频、音乐和声效素材的网站。该网站中的视频可以用于任何商业项目，但带有Creative Commons 3.0许可证的视频片段归原作者所有。Videvo网站中提供了包括生活画面、自然风景片段等在内的视频素材。

4.4.2 视频处理工具

拍摄的视频素材往往不能直接发布到互联网上，因为并不是所有的视频素材画面都符合营销主题，并且视频还可能存在收音不佳、杂音较多、画面亮度较暗等一系列问题。因此，农产品商家需要根据营销的实际需求，使用视频处理工具编辑、处理视频。

1. Premiere

Premiere是Adobe公司开发并推出的一款常用的视频编辑软件，其编辑画面质量较高，兼容性较好，并且能与Adobe公司推出的其他软件相互协作，是视频编辑爱好者和专业人士常用的视频编辑工具。

Premiere提供了采集、剪辑、调色、美化、添加字幕、DVD刻录等功能，能够满足用户制作高质量视频的要求，但该软件对计算机配置要求较高。农产品商家可以根据营销需要剪辑视频素材，并将其拼接成完整的农产品营销视频。

2. 会声会影

会声会影是一款功能强大的视频编辑软件，不仅能够满足家庭或个人的视频剪辑需求，还能满足专业级的影片剪辑需求，适合大部分用户使用。其大部分模块功能都自带片头、字幕、过渡效果等，但会声会影对计算机的性能有一定要求。

会声会影的工作界面除菜单栏、预览区外，还包括捕获面板、编辑面板和共享面板。其中，菜单栏在编辑视频时使用频率较低；预览区则用于视频的预览和简单设置；捕获面板用于捕获、导入视频内容；编辑面板分为素材库面板和时间线面板，主要用于编辑视频素材；共享面板用于选择视频输出格式，并导出编辑完成的视频文件。

3. 爱剪辑

爱剪辑具有操作简单、功能强大、速度快、画质好、稳定性高、特效多等特点，拥有去水印、添加特效、添加字幕、添加素材、添加转场动画、叠加贴图等功能。

此外，爱剪辑还支持多种音视频格式，其界面设计遵循了多数用户的使用习惯与功能需求，直观易懂，操作人性化，不要求用户拥有视频剪辑基础，因此爱剪辑是十分适合新手使用的视频剪辑软件。并且，爱剪辑对计算机的要求较低，即使是配置较低的计算机，在使用过程中也较少出现卡顿现象，有效提升了用户的使用体验。

4. 剪映

剪映是一款全能的视频剪辑App，具备视频拍摄和剪辑功能，自带多种视频特效和模板，让用户能够轻松完成手机拍摄、剪辑和发布短视频等相关操作。剪映集合了同类App的很多优点，包括模板众多且更新迅速，音乐音效丰富，支持提取视频的背景音乐，支持调节高光、锐化、亮度、对比度和饱和度等，具备美颜、滤镜和贴纸等辅助特效功能，支持添加和自动识别字幕，以及关闭App水印等。

5. 巧影

巧影是一款功能齐备的专业级视频剪辑App，其很多功能与PC端的视频剪辑软件类似。巧影的剪辑、特效和背景抠像功能非常强大，而且操作简单、极易上手，用户可通过手机制作出较为专业的视频效果。

为了更好地处理视频，巧影的操作界面都设置为了横屏模式。巧影除了拥有短视频剪辑的基本功能外，还基本覆盖了短视频剪辑的高级功能，例如，拥有很多短视频剪辑App所不具备的关键帧编辑、视频素材的画中画剪辑，以及多图层（包括图片、效果、字体、手写和视频等多种图层）剪辑等，甚至还拥有一些PC端视频剪辑软件特有的功能，如色键功能（可以轻松实现在视频中抠像换背景，创作混л视频）。

巧影分为免费版和付费版。用户付费后，可以移除水印，解锁多种高级功能，并获得下载巧影素材商店中全部高级版素材资源的权限。

6. 必剪

必剪是哔哩哔哩发布的一款视频编辑App，用户可以在必剪中体验高清录屏、语音转字幕、画中画等相关功能。此外，必剪还提供了许多音乐、特效、转场、画框等素材，并且必剪与哔哩哔哩账号互通，可向哔哩哔哩免流量投稿。

此外，必剪还提供了许多视频模板和视频教程，用户可以根据实际需要，浏览相关教程，并借助视频模板剪辑视频。但这种方法不适合用于剪辑时长较长的视频。

4.4.3 视频处理方法

要在拍摄的大量视频素材的基础上，创作一个完整的、满足营销需求的视频，需要经过分割、删除、组合、拼接等剪辑操作。此外，农产品商家还可以对视频调色，处理视频中的音频，为视频添加字幕，制作封面和结尾等，以优化视频的整体效果，增强视频的吸引力。

1. 剪辑

剪辑就是将多个视频画面连接到一起，在连接过程中，需要利用一些剪辑手法改变视频画面的视角，推动视频内容的发展，增强视频的吸引力。

- **标准剪辑**：标准剪辑是常用的剪辑手法，只需直接将视频素材按照时间顺序拼接组合。标准剪辑适合没有剧情，且只是按照时间顺序拍摄的视频。
- **J Cut**：J Cut是一种声音先入的剪辑手法，即下一视频画面中的音效在画面出现前响起，适合用于给视频画面引入新元素。
- **L Cut**：L Cut是指上一视频画面的音效一直延续到下一视频画面中的剪辑手法。
- **匹配剪辑**：匹配剪辑是指连接的两个视频画面通常动作一致或构图一致的剪辑手法。匹配剪辑常用于视频转场，借助影像的跳跃动感，增强视觉效果。
- **跳跃剪辑**：跳跃剪辑是指两个视频画面中场景不变，但其他事物发生变化的剪辑手法，通常用来表现时间的流逝。例如，李子柒的"萝卜的一生"等系列视频，就多采用跳跃剪辑，展示植物的生长。
- **动作剪辑**：动作剪辑是指视频画面在人物角色或拍摄主体仍在运动时切换的剪辑手法。需要注意的是，动作剪辑中的剪辑点不一定在动作完成之后，剪辑时可以根据运动方向设置剪辑点。
- **交叉剪辑**：交叉剪辑是指在不同的两个场景中来回切换的剪辑手法。交叉剪辑能够建立角色之间的交互关系，提升视频的节奏感，增强内容的张力并制造悬念，使用户对短视频产生兴趣。
- **蒙太奇**：蒙太奇是指在描述一个主题时，将一连串相关或不相关的视频画面组接在一起，以产生暗喻的效果。例如，为表现某辣椒产品的味道，可在品尝辣椒的画面后接上火山喷发的画面。

2. 转场

视频由若干个镜头序列组合而成，每个镜头序列都具有相对独立和完整的内容。而在不同的镜头序列和场景之间的过渡或衔接就是转场，转场能保证整支视频的节奏感和叙事的流畅性，一般可分为技巧转场和无技巧转场两种。

（1）技巧转场

技巧转场是指用一些光学技巧达成时间的流逝或地点的变换。在视频处理中比较常用的转场技巧有淡入/淡出、叠和划。

- **淡入/淡出**：淡入/淡出又称渐显/渐隐，淡入是指下一个视频画面的光度由零度逐渐增至正常的过程，类似于舞台剧的"幕启"；淡出则相反，是指画面的光度由正常逐渐变暗直到为零度的过程，类似于舞台剧的"幕落"。
- **叠**：叠又称化，是指两个视频画面层叠在一起，前一个画面没有完全消失，后一个画面没有完全显现，两个画面有部分留存在屏幕上。
- **划**：划是指用线条或圆、三角形等几何图形来改变视频画面的转场方式，如圆划像、正方形划像、交叉划像和菱形划像等。

（2）无技巧转场

技巧转场通常带有比较强的主观色彩，容易割裂视频的内容和情节，所以在视频处理中较少使用。无技巧转场通常以前后视频画面在内容或意义上的相似性为依据转换场景，主要有以下7种类型。

● **利用动作的相似性转场**：利用动作的相似性转场是以人物或物体相同或相似的运动为基础的画面转换。例如，在剪辑农产品运输过程时，可以通过农产品装车的动作转场。

● **利用声音的相似性转场**：利用声音的相似性转场是指借助前后画面中对白、音响、音乐等声音元素的相同或相似性组接画面。

● **利用具体内容的相似性转场**：利用具体内容的相似性转场是指以画面中物体的相似性为基础组接画面。例如，人物看着手机里的枞果干产品，然后下一画面，人物面前就出现了该枞果干产品。

● **利用心理内容的相似性转场**：利用心理内容的相似性转场是指前后画面组接的依据是由用户的联想而产生的相似性的转场方法。例如，人物抱怨天气较热，想吃西瓜，下一画面人物就出现在了西瓜地。

● **空镜头转场**：空镜头是指一些没有人物的镜头，空镜头转场是指使用空镜头作为两个场景之间的过渡镜头。

● **特写转场**：特写转场是指上一画面结束后，使用特写展示下一画面。特写转场用于强调场面的转换，视觉效果更加自然、熨帖、不跳跃。

● **遮挡镜头转场**：遮挡镜头转场是指在上一个镜头结尾时，拉近摄像设备与拍摄对象的距离，使视频画面黑屏，实现场景或段落的转换，能带来强烈的视觉冲击和视觉悬念。

案 例

华农兄弟销售赣南脐橙

2020年11月，在赣南脐橙统一采摘日期前，华农兄弟在互联网的多个平台上，以"看兄弟收藏的陨石"为名，向广大用户展示了兄弟种植的脐橙。

该视频运用了多种视频拍摄手法，标准剪辑、动作剪辑等剪辑手法，以及无技巧转场的方法，展示了赣南脐橙的生长环境，讲解了赣南脐橙统一采摘的原因，并通过现场试吃，吸引用户的注意。

视频开头采用了固定镜头，介绍了拍摄本次视频的起因——去看兄弟收藏的陨石，然后使用摇镜头，介绍了旁边的脐橙果园。接着画面直接转到兄弟家的院子里，通过推镜头、固定镜头、特写镜头等，展示了兄弟的陨石。

在介绍完陨石后，华农提醒兄弟收好陨石，顺势转到"看脐橙"这个话题，通过摇镜头将画面转向脐橙园，并借助推镜头，展示脐橙园的部分景色。然后直接无技巧转场到华农摘果的画面，再借助轻微摇镜头，使画面主体变为人物，由人物来简单介绍脐橙。

在华农掰开脐橙后，借助特写转场，直接展示了脐橙掰开后的果实样子，体现了脐橙的皮薄，借助华农尝脐橙的原音，体现了脐橙的汁水丰富，更容易勾起用户购买脐橙的欲望。再通过摇镜头，展示了挂果的脐橙树，告知用户今年的脐橙都是标准果，再次促使用户购买脐橙。

紧接着，视频借助无人机的俯瞰视角，展示了当地的脐橙产业。再次借助特写转场，拍摄了缺乏阳光照射的脐橙，再利用心理内容的相似性转场，让用户看到阳光照射充足的脐橙，并利用特写镜头展示了这些脐橙。

思考：（1）华农兄弟的视频使用了哪些拍摄手法？（2）华农兄弟的视频使用了哪些剪辑方法，分别有什么作用？

3. 调色

当视频画面的亮度不符合营销需求时，就需要对视频调色，使视频画面的色调符合需求。一般来说，常规的基础调色，如白平衡、色调和曲线就能满足大部分视频的调色需求。

（1）白平衡

白平衡是描述显示器中红、绿、蓝三基色混合生成的白色精确度的一项指标。使用相机拍摄视频时，通常可以设定自动白平衡，调色时则可以通过调整色温设置白平衡。色温是表现光线温度的参数，其测量单位是开尔文（K），通常冷光的色温高、偏蓝，暖光的色温低，偏红。一般来说，蜡烛的色温为1800K，白炽灯的色温为2800K，白色荧光灯的色温为4000K，正午太阳光的色温为5200K~5500K，阴天光线的色温为6000K~7000K。

（2）色调

色调是指视频画面的相对明暗程度，是地物反射、辐射能量强弱在视频画面上的表现，拍摄对象的属性、形状、分布范围和组合规律都能通过色调差异反映在视频画面中。视频的色调不同，代表的含义也有所不同。一般来说，农产品营销视频适宜使用浅色调、纯色调，运用鲜亮的色调，以营造明快、阳光、热情、健康、生动的氛围。当然，若是较为正式的视频，也可以使用深色调，增强视频庄重的氛围。

（3）曲线

曲线主要是调节视频画面的颜色通道，包括RGB曲线和色相与饱和度曲线两种。当视频画面中某种颜色太淡或太强时，就可以利用颜色曲线调节。

4. 音频处理

视频素材中的音频可能存在音画不同步、噪声过多、声音较小等问题，因此，需要处理视频素材的音频。

（1）噪声处理

视频中的噪声会严重影响用户的听觉感受，所以，在剪辑视频时应消除视频素材中的噪声。一般来说，可以使用视频剪辑软件或App中自带的降噪功能，或专业的音频处理软件。

例如，Premiere自带的一些音频效果可用于消除噪声，如降噪、消除齿音和消除嗡嗡声等，直接将这些音频效果应用到视频素材中的音频上，可以在一定程度上消除视频中的噪声。

而有些噪声会与正常的声音混在一起，无法通过视频剪辑软件自带的降噪功能消除，这时就需要使用专业的音频处理软件，如Audition等。

（2）添加音效

音效是一种由声音制造出来的效果，能增加一些场景的真实感、烘托气氛等。在不同视频的场景中添加不同的音效会更加突出视频要表达的效果。

大多数视频剪辑软件或App中自带一些音效，可以在剪辑视频时直接下载使用。很多专业的素材网站也可以下载各种音效，如站长素材、耳聆网和爱给网等。这些网站中的音效资源非常丰富，且分类明确，可以准确查找到需要的音效，甚至还可以选择先试听后下载。

（3）添加背景音乐

背景音乐通常根据视频的内容主题、整体节奏选择，以契合视频画面氛围与节奏，提高用户观看视频的舒适度。具体来说，选择背景音乐有以下3个原则。

● **适合视频的情绪氛围**：选择视频的背景音乐需要根据内容主题确定主要的情绪基调。因为音乐有独特的情绪和节奏，选择与视频内容情绪吻合度较高的背景音乐能增强视频画面的感染力，让用户产生更多的代入感。

● **与视频画面产生互动**：背景音乐和视频画面的节奏匹配度越高，视频就越具有观赏性。所以，选择背景音乐时应注意音乐节奏，使背景音乐与视频画面相匹配。

● **选择合适的形式**：视频中的主角是画面，背景音乐只是辅助。因此，选择的背景音乐应能让用户在欣赏视频画面时感觉不到其存在。在很多情况下，使用纯音乐作为背景音乐较适合，除非画面需要背景音乐的歌词来增强用户的代入感。

5. 字幕制作

字幕能帮助用户理解视频内容，是视频的重要组成部分。在制作字幕时，只需在对应的视频画面中输入对应文本即可。很多视频剪辑App具备自动识别并添加字幕的功能。

在制作字幕的过程中。需要保证字幕的准确性，避免出现错别字误导用户，造成负面影响。添加字幕的位置也需要谨慎考虑，一般来说，应避开视频标题、水印等出现的位置，以免相互遮挡。竖屏视频可将字幕设置在画面四分之一处，如图4-70所示；横屏视频可以将字幕设置在画面上方或下方，如图4-71所示。

图4-70 竖屏视频字幕　　　　　　　　　图4-71 横屏视频字幕

当采用纯色字幕时，可以通过描边突出字幕，避免字幕与视频画面重合，影响观看。

6. 封面和结尾制作

封面是用户第一眼看到的内容，关系着用户是否愿意观看视频，而结尾则关系着用户对视频的总体印象。因此，视频的封面和结尾也十分重要，封面需要具有醒目、可识别的特点，结尾需要能引人注意。

（1）视频封面

视频封面通常有视频和图片两种方式，要求时长（针对视频）在3秒以内；画面清晰完整，且没有压缩变形的情况；画面重点突出；画面和文字相符合，不偏离主题；文字清晰，字体规范，不能遮挡视频画面的主体。

在制作封面时，应尽量使用原创内容，可以直接选择视频的某一帧画面，且封面应少加广告和水印，避免平台限制或引起用户反感；视频封面的尺寸一般应与视频画面一致，即视频为9∶16的比例，封面也应为9∶16的比例。

此外，视频封面中用于补充说明的文字也需要设计，包括字体、字号和颜色等，且这些文字还应避免和标题重叠。

（2）视频结尾

视频结尾通常有3种形式：一是没有片尾，视频播放结束后便立即重新播放；二是使用普通片尾，即一张请求用户点赞、收藏、关注的圆形图片；三是使用影视片尾，即类似于影视剧的滚动字幕。

4.5 本章实训

4.5.1 写作"丹东草莓"的详情页文案

小陈是土生土长的丹东人，家里经营了一个草莓园，但由于家人电商意识薄弱，草莓园产出的草莓一直以批发销售为主。小陈在大学时接触了电商，并自学了如何经营网络店铺。小陈大学毕业回家后，劝说家人在互联网上销售自家的草莓，并在家人的支持下，开设了淘宝店铺，取名为"陈氏果园直销"。

近来，草莓园内的草莓陆续开始成熟，小陈也开始着手制作草莓的详情页文案，以向用户介绍自家产的丹东草莓，吸引用户购买自家淘宝店铺的草莓农产品。

1. 实训要求

① 掌握详情页文案的框架。

② 掌握详情页文案的写作方法。

2. 实训准备

在写作丹东草莓的详情页文案前，需要收集、整理相关文字资料及图片资料。

● **文字资料**：文字资料包括草莓种植方法、生长环境、卖点、发货途径、检测报告、退换货须知、保存方法等。

● **图片资料**：图片资料包括草莓的生长环境、细节图、打包图、场景图等。

3. 实训步骤

本实训中，收集好资料后就需要确定详情页文案的框架，并结合写作技巧，丰富详情页文案。操作思路如下。

① 确定详情页文案框架。详情页文案可以直接借助丹东草莓实拍图，以及相关活动等，

激发用户对丹东草莓的兴趣；然后分类展示丹东草莓的卖点，包括使用价值——口感、味道等，外在表现——个大、色泽鲜亮等；并结合草莓的实拍图片，展示丹东草莓的品相、性价比，也可以直接使用文字讲述丹东草莓的品种特点；接下来可以展示用户评价截图、包装图、检测报告、退换货政策等，打消用户的疑虑；最后可以通过强调草莓的成熟期短、草莓园人手不足等，营造购物紧迫感。

② 丰富并优化详情页文案。根据已确定的详情页文案框架，结合收集的相关资料、详情页文案的写作技巧等，丰富丹东草莓的详情页文案。最后再调整详情页文案的版式，效果可参考图4-72所示的详情页文案。

图4-72　详情页文案

4.5.2 拍摄并处理"毛桃"产品图片

小毛和朋友在成都市双流区某地承包了一片土地,种植了包括桃、李、杏等在内的果树,并开了一家集休闲娱乐、宴席承包于一体的农家乐。小毛和朋友经常在朋友圈发布与农家乐有关的消息。

近日,农家乐内种植的毛桃结果了,小毛有意拍摄几张毛桃挂果的照片,发布到朋友圈,以宣传农家乐,为农家乐带来更多客户。

1. 实训要求

① 掌握图片拍摄技巧。

② 了解图片拍摄步骤。

③ 掌握图片处理方法。

2. 实训准备

在拍摄毛桃农产品的图片前,应选择合适的拍摄设备。拍摄完毕后,还需选择合适的图片处理工具。

● **选择拍摄设备**:本实训中毛桃图片主要是用于微信朋友圈发布,以吸引用户注意,因此,直接使用手机拍摄即可。

● **选择图片处理工具**:图片处理工具有很多,本实训中可以直接选择图片处理App,如美图秀秀。

3. 实训步骤

选择好拍摄设备后,小毛就可以直接使用手机拍摄毛桃农产品,然后使用美图秀秀处理图片。操作思路如下。

高清大图

毛桃图片

① 拍摄农产品。本实训中,可直接拍摄毛桃的实际生长环境,实地拍摄已挂果的毛桃。在拍摄过程中,需要调整拍摄距离、选择合适的拍摄角度,并调整拍摄焦距。

② 处理农产品图片。使用美图秀秀调整图片的亮度、对比度、高光、饱和度等,优化图片效果。例如,图4-73所示为拍摄的毛桃图片,图4-74所示为处理后的毛桃图片。

图4-73 拍摄的毛桃图片

图4-74 处理后的毛桃图片

4.6 本章小结

文案写作技能
- 文案的概念及分类
  - 概念
  - 分类
- 主图文案的写作
  - 使用数字
  - 直击痛点
  - 采用逆向思维
- 详情页文案的写作 — 框架、写作技巧
- 营销推广文案的写作
  - 宣传文案
  - 促销文案

农产品电商营销与运营技能要求

图片收集和处理技能
- 图片收集方法
  - 实地拍摄
  - 图片搜索
- 图片处理工具
  - Photoshop
  - 美图秀秀
  - 天天P图
  - PicsArt美易
- 图片处理方法
  - 使用Photoshop处理图片
  - 使用美图秀秀处理图片

图文排版技能
- 图文排版的工具
  - 135编辑器
  - 秀米编辑器
  - i排版编辑器
  - 96编辑器
  - 易点编辑器
- 图文排版的基础操作
- 图文排版的注意事项
  - 文字排版
  - 图片选择

视频收集和处理技能
- 视频来源
  - 视频拍摄
  - 视频下载
- 视频处理工具
  - Premiere、会声会影、爱剪辑
  - 剪映、巧影、必剪
- 视频处理方法
  - 剪辑
  - 转场
  - 调色
  - 音频处理
  - 字幕制作
  - 封面和结尾制作

🎓 真实案例推荐阅读

1. 千禾——怎么在超市里选到好酱油，一个标准告诉你
2. 李子柒的文案、图片、视频处理技能

拓展阅读

真实案例推荐阅读

第5章　农产品短视频营销与运营

学习目标

◆ 了解短视频营销的特点和平台。

◆ 掌握农产品短视频的拍摄与制作方法。

◆ 熟悉农产品短视频营销的策略。

◆ 掌握短视频投放效果跟踪与优化的方法。

秋月夫妇的短视频营销

川香秋月是秋月夫妇运营的短视频账号，运营该账号是秋月夫妇的第三次创业。在此之前，秋月夫妇曾创业做分销，自建工厂生产、销售四川特色小吃，但创业效果均不理想。

2020年，秋月在浏览抖音时，想到了自己地理条件优越、自然风光美丽的老家，产生了自己拍摄短视频的想法。于是，秋月开始翻修老院子、购入相机、学习拍摄和剪辑短视频。初期，川香秋月的短视频反响并不好，但她仍旧坚持拍摄，最终在一条关于"不知道青菜怎么烧好吃"的新闻中找到了自己的短视频定位——田园生活、美食制作。

通过拍摄平凡、朴实的田园生活，川香秋月迅速"涨粉"近50万，登上了抖音热门，并被推荐到抖音首页。川香秋月的粉丝在看到秋月制作的美食后，纷纷表示想要购买，于是，秋月夫妇将"川香秋月"打造成了品牌，向粉丝推荐自己认可的产品，并开设了同名淘宝店铺，销售四川特色美食，通过将这些特产融入短视频内容中，为特产引流。

至2021年5月，川香秋月淘宝店铺已经陆续上线了香辣红油豆腐乳、麻辣萝卜干、藤椒红油豆瓣酱等四川特色产品，如图5-1所示。川香秋月在抖音的粉丝量也超过了900万。

图5-1　川香秋月淘宝店铺中的部分产品

5.1　短视频营销的特点和平台

近年来，手机等移动设备的迅速发展，催生出了很多新的行业，短视频就在这样的背景下发展了起来。短视频平台的不断涌现，短视频用户数量的飞速增长，使得短视频的营销价值逐渐突显，各大农产品商家纷纷将短视频营销纳入产业布局，传统农业也在各大短视频平台的扶持和国家政策的支持下，实现了与短视频行业的融合，走出了一条新的营销通路。

5.1.1　短视频营销的概念和特点

所谓短视频，普遍是指基于互联网在PC端和移动端进行传播的，播放时长在5分钟以下的视频内容。短视频可以单独成片，也可以是系列作品，多在社交媒体平台上发布，因其时长较短，可供用户利用碎片化时间进行观看，因此用户数量十分庞大，还催生出了众多与短视频相关的行业，如短视频营销。

1. 短视频营销的概念

在短视频发展的早期，短视频对人们工作、生活的影响并不明显，那时候的短视频多发布在PC端的视频网站上，还未形成较大的行业规模。但在4G、5G技术普及以后，以抖音、快手为代表的短视频平台不断涌现，短视频的内容形式得到了极大的丰富。短视频低成本、轻量化、碎片化、即时性、社交性、细分性等特点，也使得短视频的传播效果不断提升。

短视频营销是随着互联网以及短视频的发展而产生的一种新兴的营销模式，通常是以短视频平台为核心，以短视频的内容、创意等为导向，通过对短视频内容进行精心策划实现品牌塑造、商品营销等目的的一种营销形式。

在品牌塑造方面，农产品商家可以借助短视频这种广为传播的媒介形式开展高效的营销活动，形成强大的内容营销矩阵，将品牌内容不断在用户心中进行强化。例如，很多农产品商家就在抖音等平台通过短视频内容创作，来展现特色农村生活、推广现代农业技术、宣传特色农产品等，不仅打造出了具有鲜明特色的个人品牌，也营造了一种良好的短视频营销生态。例如，"田野里的七月"就通过发布展现农村特色生活、特色美食的视频打造出了个人品牌，如图5-2所示。

除了品牌塑造以外，短视频营销对商品销售也具有重大的促进作用。随着短视频相关产业的不断细分和成熟，短视频的作用开始逐渐从娱乐、社交互动向电商购物过渡。个人和企业纷纷基于不同的需求和动机重新认识、理解并运用短视频营销，将短视频与购物消费结合起来，利用短视频销售商品。而在"三农"领域，短视频也与农产品电商实现了深度融合，通过短视频营销，众多农产品商家可以持续有效地推动农产品上行，促进农产品的销售，甚至带动当地农村的经济发展。例如，"田野里的七月"通过短视频展现家乡美食、风貌、人情，展现农村生活、生产、生态和文化，短短一年多的时间，就积累了两百多万个粉丝。在完成粉丝的积累后，"田野里的七月"又积极促成流量的转化，在短视频中宣传和销售家乡的农产品，每月销售额达到上百万元。此外，"田野里的七月"还帮助村里建立了黏豆包小型加工厂，为当地20多名妇女提供了就业机会，为家乡的特色农产品销售和经济的发展做出了很大的贡献。图5-3所示为"田野里的七月"在抖音中推广的农产品。

图5-2 "田野里的七月"的短视频

图5-3 利用短视频推广农产品

🎓 **行业视点**

从2014年开始，各大电商平台纷纷开始实施农产品电商战略，将农产品上行作为平台的重点攻坚项目。2019年，国家邮政局、国家发展和改革委员会、财政部、农业农村部、商务部、文化和旅游部、中华全国供销合作总社联合发布《关于推进邮政业服务乡村振兴的意见》，明确指出到2022年，要实现建制村电商寄递配送全覆盖，深度融入现代农业体系和乡村产业发展，打造一批服务现代农业示范项目，有效促进农民持续增收和巩固脱贫成果。国家政策的引导和支持已为农产品上行扫除了很多障碍，但不可否认的是，当前的农产品电商仍然面临着人才、收益等方面的问题，这需要从业者们坚守初心、踏实肯干，创造新模式，挖掘新商机，为农产品电商行业持续贡献力量。

2. 短视频营销的特点

短视频借助传统互联网和移动互联网传播音视频内容。短视频的拍摄和制作相对来说比较简单，用户使用手机等移动设备就可以实现随手拍、随时拍，且现在主流的短视频App几乎都内嵌了特效、拍摄模板、快速剪辑等拍摄和剪辑工具，大大方便了短视频的制作，降低了短视频制作的门槛。由于短视频主要基于互联网进行传播，可以在各大社交平台分享，且时长较短，便于用户观看，所以在营销过程中呈现出了传播度高、互动性强、社交属性强、营销数据可视化、用户精准等特点。

（1）传播度高

在当今的信息时代，人们通过互联网接收的信息越来越碎片化，人们更乐于在工作、学习之余，利用碎片化的时间在海量的互联网信息中筛选自己喜欢的内容，而短视频作为一种时长较短的视频形式，内容信息碎片化的特征十分明显，在传播的过程中也呈现出块状、分散的特征。这个特征与用户接收内容信息的特点相符，满足用户当下的阅读需求。因此，短视频不仅受到用户的欢迎，也方便用户传播。一则优秀的短视频在经过初期的发酵后，往往可以在非常短的时间内实现非常高效的传播，甚至传播到微信、微博等社交平台，形成病毒式的传播效应，具有十分明显的营销效果。

（2）互动性强

短视频是一种新兴的新媒体形式，新媒体本身就具有高效的互动性，可以实现用户与用户、农产品商家与用户之间的多向互动。短视频也很好地利用了这一点，在短视频营销的过程中，农产品商家可以有效、及时地获得用户的反馈，有针对性地对短视频的内容、创意等进行调整和优化，一方面提升短视频的营销效果，另一方面也可以开发和培养更多的粉丝，促成后续的转化。

（3）社交属性强

心理学研究者在考察个体社交网络动机时发现，个体使用社交网络的动机主要包括自我展示以及获取归属感两大方面。社交网络为用户提供了表达的空间，用户可以借此机会通过语言或个性展示来展现积极的形象，同时可以通过在社交网络上结识志同道合的朋友而找到归属感。短视频作为一种具有社交性质的内容形式，为用户满足上述动机提供了可能，越来越多的用户将短视频作为重要的社交方式，而这就为短视频营销提供了可能，短视频用户数量越多，用户对短视频的认可度越高，短视频营销的效果就越好。

（4）营销数据可视化

营销数据可视化是短视频营销非常明显的一个特点，农产品商家在发布短视频后，可以明确地了解短视频的播放量、点赞量、评论量，以及粉丝量增长情况。如果通过短视频推广农产品，就能从后台明确了解农产品的销售情况。直观、明确的营销数据便于农产品商家根据短视频的数据情况及时调整和优化视频内容，从而达到理想的营销效果。

（5）用户精准

随着短视频行业的不断发展，短视频内容的垂直化倾向愈发明显。当面对用户进行个性化地"一对一"传播信息时，用户对于信息价值的需求会越来越高，并且对于感兴趣的领域的内容深度要求也会更高，因此，深度聚焦并且满足特定群体需求的垂直化内容越来越受到用户的欢迎。为了迎合并满足用户的需求，农产品商家往往会选择一个行业细分领域进行深耕，从而吸引到更多对该领域有需求、有兴趣的精准用户人群，而用户人群越精准，短视频的营销效果也就会越好。

5.1.2 农产品短视频营销的主流平台

2016年以来，在我国大力推进互联网普及，以及大数据技术、算法技术、网络通信技术快速发展等因素的推动下，短视频App的数量呈现爆发式增长态势。抖音、快手，以及淘宝等平台的短视频快速发展，逐渐形成具有一定规模的短视频产业链，并发展出了"短视频+电商"的全新模式。各大短视频平台和电商平台在进行"短视频+电商"产业布局的同时，也积极推行各项助农举措，为农产品电商的发展提供了较大的便利。目前与农产品电商联系紧密的短视频平台主要包括抖音、快手和淘宝等。

1. 抖音

抖音是北京字节跳动科技有限公司（以下简称"字节跳动"）旗下的一款短视频App，是国内主流的短视频平台之一。《2020抖音数据报告》显示，2020年抖音国内日活跃用户数突破6亿人。作为目前短视频领域的知名平台，抖音在用户数量、相关平台服务，以及平台补贴等方面都有一定的优势，成为众多农产品商家进行短视频制作和发布的首选平台之一。抖音依托智能推荐算法，平衡了流量、内容、用户、商品之间的关系，提高了商业变现和内容生产能力。2020年8月，抖音宣布推出"新农人计划"，投入总计12亿元流量资源扶持平台"三农"内容创作，助力"三农"内容创作者快速变现，同时针对来自国家级贫困县的内容创作者给予优先培训、流量加成等制度倾斜。

在各种利好制度的扶持下，农产品商家可以入驻抖音，创作短视频内容，进行农产品的营销。入驻抖音的方法比较简单，下载抖音App并注册成为会员后，即可进行短视频的发布。在粉丝数量、视频发布数量等达到一定要求后，农产品商家就可以开通商品分享功能，如图5-4所示，在短视频中分享商品链接，或开通小店，直接上架农产品进行销售。图5-5所示为在抖音中添加农产品链接的效果。

2. 快手

快手是北京快手科技有限公司旗下的短视频App，也是目前短视频行业的领头羊之一。快手是一个好物、生活、趣事的分享平台，短视频内容十分多元化，依托算法打通了平台内推荐和用户关注的协同关系，内容更新速度十分快。与抖音相比，快手的目标用户以三、四线城市和农村地区的用户为主。2018年9月，快手宣布将在未来3年的时间内投入价值5亿元的流量资源助力500多个国家级贫困县优质特产的推广和销售，助力贫困县的农户脱贫。2019年9月，快手宣布推出快手教育生态合伙人之"三农快成长计划"，开放百亿元流量，助力乡村振兴。

入驻快手的方法也比较简单，下载快手App并注册会员，即可发布视频。此外，如果想在快手中销售农产品，可以开通"我的小店"，如图5-6所示。图5-7所示为在快手短视频中添加农产品链接的效果。

图5-4　抖音商品分享功能申请

图5-5　在抖音中添加农产品链接的效果

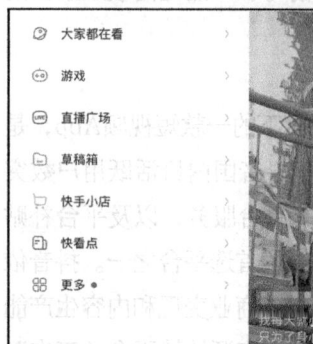

图5-6　开通快手小店

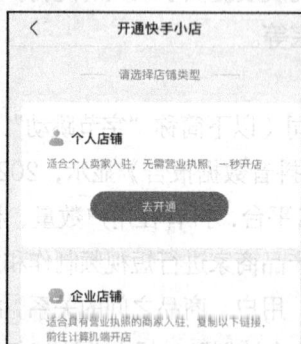

图5-7　在快手短视频中添加农产品链接的效果

3. 淘宝

淘宝是阿里巴巴旗下的网购零售平台，作为国内主流的电商平台之一，淘宝一直将短视频作为平台的主要发展方向之一。淘宝短视频不仅能够为用户提供优质的短视频内容，还可以帮助农产品商家通过短视频更好地变现。为了促进农村电商的发展和产业布局，淘宝对"三农"领域的内容创作者也会给予一定的扶持和补助，这也为农产品电商的营销和运营提供了便利。

农产品商家满足要求就可以申请入驻淘宝短视频，通过拍摄短视频对农产品进行营销，也可在短视频中添加农产品链接，方便用户直接点击购买。图5-8所示为在淘宝短视频中添加农产品链接的效果。

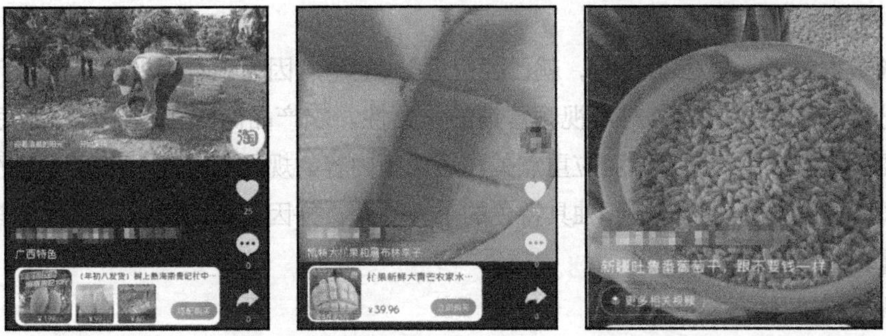

图5-8　在淘宝短视频中添加农产品链接的效果

5.1.3　农产品短视频营销的方法及创意

短视频营销往往是基于视频内容开展的营销活动，特别是农产品的短视频营销，其视频内容以用户为中心，将与农产品相关的信息真实、客观地展示给用户，以便用户进行选择。当然，展示和营销农产品时，也需要使用相应的营销方法进行精巧的创意设计，才能更有效地吸引用户观看短视频，甚至下单购买。

1. 农产品短视频营销的方法

近年来，我国大力推进绿色农业、特色农业、现代农业的发展，特色农产品营销的相关行业在这样的背景下逐渐发展完善和成熟。"短视频+农产品"作为通过粉丝经济进行流量变现的重要营销形式，也逐渐形成了成熟的营销体系。总的来说，现如今的农产品短视频营销离不开平台、内容、电商3个方面。

（1）选择合适的短视频平台

2016年，短视频营销进入迅速发展阶段，短视频行业规模不断扩大，各种类型的短视频App如雨后春笋不断涌现，各大短视频平台基于不同的定位迅速发展，吸引了大量不同地域、不同阶层、不同喜好的用户人群。农产品商家首先应了解各个短视频平台的用户特点和需求喜好，了解各个短视频平台的优势和劣势，选择适合自己的短视频平台，才能精准地找到目标用户群，精准开展短视频营销活动。表5-1所示为抖音、快手两个主流短视频平台的用户群体和短视频内容特征的对比。

表5-1　抖音、快手用户群体和内容特征的对比

对比项目	抖音	快手
目标用户	一、二线城市用户	三、四线城市用户
用户群体	女性占比稍高，对音乐、娱乐等关注度高	男女占比较均衡，以自我展现为主
内容特征	短视频内容更注重设计感，主要展示城市品质生活	短视频内容主要反映社会普通民众的日常生活，展现农村真实生活

📖 **知识补充**

近几年，为了实现多元化发展，抖音逐步实施"市场下沉"策略，积极获取二、三线城市的用户。同时，在大力推进助农举措的大背景下，抖音吸引了众多农产品商家，这些农产品商家依靠抖音的流量扶持和会员基础实施短视频营销策略，取得了不错的成果。

（2）用优质内容引流

据有关数据显示，早在2019年，就已经有近6成的用户因为观看短视频内容而产生消费行为，这充分说明了优质的内容对短视频营销的重要性。农产品商家在进行农产品短视频营销时，不仅要关注农产品的销量，更应重点关注短视频内容的规划和打造。例如，李子柒就通过具有个人风格的短视频内容塑造起独具特色的个人品牌，并因此带动相关农产品的销售，实现最终的流量转化。

① 选择内容题材

与娱乐生活、运动美妆等短视频内容不同，农产品短视频的内容主要聚焦农业、农村和农户，因此其内容大多围绕这几个方面进行策划。总的来说，农产品短视频的内容题材主要体现在以下几个方面。

● **展现新农村新风貌**：在乡村振兴的大背景下，农村的风貌正在发生翻天覆地的变化。在进行农产品短视频营销时，可以新农村、新风貌为亮点，展示新农村的好山好水、好瓜好果，展示农村的人民生活和农家趣事，以此吸引用户的关注。图5-9所示为展现农村风光的短视频。

● **展现农村生活和乡情**：不同的农村地区往往有不同的生活习俗和自然风光，而这些也是优秀的农产品短视频营销的内容素材。为了更好地表现农村乡情，制作短视频时可以尽量采用简洁化、场景化的构图，拍摄真实的农村生活，表现真实的情感，让用户与短视频展现的生活常态等产生共鸣，提升用户的情景代入感和主观体验。图5-10所示为展现农村乡情的短视频。

● **展现农产品产地和农产品**：短视频营销最大的特点之一就是生动直观。农产品商家可以通过短视频直观地展现农产品产地的真实情况，农产品的生长、丰收的情景，农产品本身，以及农产品运输物流等，以突出表现农产品的新鲜、美味等优势。图5-11所示为展现农产品的短视频。

图5-9　展现乡村风光　　　　图5-10　展现农村乡情　　　　图5-11　展现农产品

② 运用内容营销技巧

短视频的内容营销虽然不是直接的广告推销，但也需要在展示内容的过程中应用一些营销技巧，才能有效转化引入的流量。常见的内容营销技巧如设定人物、场景化展示、意向引导、消费示范等。

● **设定人物**：设定人物即设置一个统一的有辨识度、有亲和力、专业的人物形象，如回乡创业者或淳朴的本地人等。人物是短视频的灵魂。很多时候，用户喜欢的正是短视频中的人物。在完成人物的设置后，就可以结合人物特点来展现日常种养、采摘、加工等劳作场景，既表现出人物自己独特的人格魅力，在用户心目中树立起独有的人物形象，还有利于品牌的树立和打造。例如，抖音账号"云南小花"设定的人物就是帮助家乡推广农产品和美食的活泼、开朗的女孩。

● **场景化展示**：场景化展示即设计真实的场景来展示内容，能够在潜移默化中有效提升用户的参与感，让用户通过短视频获得实时、实地的体验，提高用户对视频的感知度。例如，在制作水果推广短视频时实地拍摄果园、采摘现场、发货场景等，在销售野山菌时展现野山菌的采摘、烹煮和食用等场景。

● **意向引导**：意向引导即通过语言、神态、行为等对用户的意向进行引导，并通过这种引导让用户认可视频内容，认可农产品。例如，有些农产品商家会通过"自家种的""现摘现发""我们这里的人都喜欢吃"等语言，满足、高兴、惊讶等神态，或邀请朋友、客户一起享用等行为对用户进行意向引导。图5-12所示为通过分果的行为、试吃的表情进行意向引导。

● **消费示范**：消费示范实际上就是指试吃与试用。试吃、试用农产品，可以直观地向用户展示农产品的真实情况，增加用户对农产品的信任感。图5-13所示为近距离展示水果的试吃情况，在试吃过程中描述水果的味道和口感，激发用户的购买欲望。

图5-12　意向引导　　　　　　　　　　　　图5-13　试吃

注意，农产品短视频的内容策划与营销并不是分开的，在实际的短视频营销过程中，二者是相互配合的。例如，短视频内容既包括农村生活和乡情的展现，又包括农产品产地和农产品的展现，既应用了场景化展示技巧，又应用了意向引导和消费示范等技巧，而具体如何结合使用，农产品商家可根据实际情况而定。

知识补充

在策划农产品营销的短视频内容时，需注意控制短视频的时长。特别是发布于抖音、快手等平台的短视频，应选择必要的内容进行展示，保证内容简洁。

（3）结合电商

农产品短视频营销的最终目的是农产品的销售和流量变现，而要实现这一目标，就需要将短视频营销与电商结合起来，创建便利的购物渠道，将短视频带来的流量引导至电商购物页面，实现流量的实际转化。因此，农产品商家可根据实际情况在抖音、快手等平台开通店铺，或在短视频中分享农产品链接，方便用户直接购买。此外，农产品商家也可以将短视频与直播结合起来，将短视频带来的流量引导至直播间，通过直播间的互动对用户进行进一步的引导，从而实现流量的高效变现。

2. 农产品短视频营销的创意

要想提升农产品短视频营销的效果，就需要为短视频应用巧妙的创意，通过创意吸引用户的关注，在用户心中树立一个鲜明的品牌形象，从而加深用户对品牌的印象。总的来说，农产品商家可以从定位、内容价值、拍摄与制作等方面来寻找农产品短视频营销的创意。

（1）从定位方面找创意

农产品商家在进行短视频营销时，需要先进行定位。定位包括角色定位和内容定位两个方面。角色定位是打造具有特色的人物，内容定位则是定位短视频的内容领域。以李子柒为例，李子柒被网友称作"田园仙女"，她经常穿着具有我国古代传统特色的服饰，拍摄蚕丝、刺绣、竹艺、木工、造纸、饮食等充满传统古典韵味的手工艺和特色美食，因此她的人物设定和短视频内容都具有十分鲜明的特点，定位明确，具有创意。

农产品商家要想从定位上找创意，也应该抓住人物设定和内容这两个点。在人物设定上，性别、年龄、能力、性情、品格、身份、经历、装扮、状态、习惯、语言等元素可以用于打造人物，例如，独具特色的语言风格、丰富的专业能力、与众不同的装扮风格等。在内容上，可以从内容的展示形式、展示风格和情感表达等方面来开发创意，例如，可以农产品的生产、种植、包装过程为内容，以农产品的生态环境、人文历史为内容，以温和、底蕴深为视频风格基调，也可以轻松、幽默、真实为视频风格基调。

图5-14所示为李子柒的短视频。该短视频以我国古代民间传统习俗"曲水流觞"为主题，短视频的场景、背景音乐、构图等十分温和唯美，透出宁静、古朴、悠然的韵味，给人以美好的视觉享受。图5-15所示为巧妇9妹的短视频。短视频取景都来自原生态的、真实的乡村生活，短视频主角9妹以一个朴素的农妇形象入镜，讲述农家酸菜的制作方法，与李子柒的短视频对比，不管是人物设定、内容、拍摄手法，还是视频风格，巧妇9妹的短视频都截然不同。

图5-14 李子柒的短视频

图5-15 巧妇9妹的短视频

（2）从内容价值方面找创意

短视频营销是基于内容的营销，内容越有价值，短视频的营销效果才会越好，因此，农产品商家在创作短视频内容时，需要让用户通过观看短视频而获得价值。目前来说，"三农"领域短视频的内容价值主要体现在农产品科普、美食教程、农业教育等方面。农产品科普即科普与农产品相关的小知识，例如水果的运输、水果的搭配食用、水果的营养价值等；美食教程即利用农产品制作相关食物的方法，例如腌制泡菜、制作春卷等；农业教育即展示生产基地、育苗工艺、果园和菜园管理等。

要想从内容价值中挖掘创意，需要结合农产品商家本身的优势，当农产品商家在某个领域拥有独特资源时，就可以基于该领域资源来挖掘内容价值上的创意。例如，农产品商家拥有先进的农业技术信息资源，就可以展示先进的农业技术，为用户提供价值。图5-16和图5-17所示均为分享农业种植技巧的短视频，但前者从作物种植的角度切入，后者则从科学施肥的角度来创作短视频，这正是基于不同内容价值挖掘内容创意的体现。

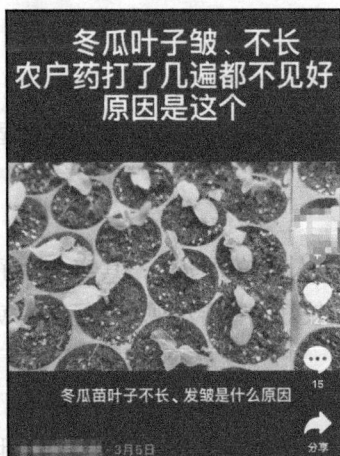

图5-16 分享作物种植技巧

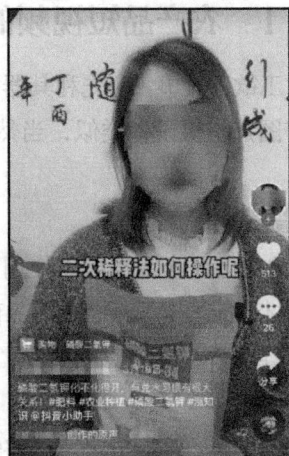

图5-17 分享科学施肥技巧

（3）从拍摄与制作方面找创意

从拍摄与制作方面找创意主要是指从前期拍摄、后期制作等方面来挖掘创意。在拍摄短视频时，首先应保证持机平稳、画面清晰、构图平衡、取景准确、运镜速度均匀。此外，还需要从拍摄方向、拍摄角度、拍摄距离、运镜方式等拍摄方面，和剪辑方式、转场效果、节奏设定、背景音乐风格选择等制作方面挖掘创意，使短视频的呈现效果与其他同类短视频形成差异，从而打造出自己的短视频拍摄风格和特色。例如，有的短视频以第一人称视角进行拍摄，有的短视频以第三人称视角进行拍摄；有的短视频构图精致唯美，注重留白，有的短视频构图则充实饱满，视觉上更加紧凑。例如，图5-18所示的短视频都是美食制作类短视频，但风格各有特色，前者相对清新，后者则更加写实。此外，运用专业的短视频拍摄技术，从拍摄技巧方面与其他短视频区别开来，也是短视频创意的一种体现。

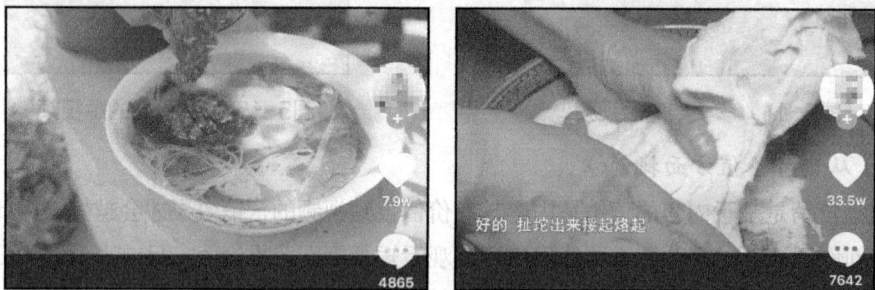

图5-18　短视频拍摄风格上的差异

5.2　农产品短视频拍摄与制作

随着5G时代的到来，电商销售模式逐渐从以图片展示为主转变为大量结合短视频展示，这种趋势促使越来越多的农产品商家加入短视频营销与运营队伍，而这也促使"短视频+电商"领域对短视频质量提出了更高要求。因此，要进行农产品短视频营销与运营，就应该具备短视频拍摄和制作的能力，能够熟练运用各种拍摄器材、软件等拍摄并制作精美的短视频。

5.2.1　农产品短视频的拍摄设备

所谓"工欲善其事，必先利其器"，要拍摄短视频，首先需要配置一些拍摄设备。短视频拍摄设备与图片拍摄设备类似，当然，为了保证拍摄质量，也可以另外配置一些合适的稳定设备。

1. 拍摄器材

在第4章中已经介绍了可以使用手机、单反相机和无人机拍摄图片，其实，除了拍摄图片，这些器材还能拍摄视频。农产品商家若需要拍摄质量较好的宣传短视频，还可以使用专业的摄像机。

（1）手机

使用手机拍摄短视频，可直接将短视频发布到短视频平台中，十分方便。当然，也可以通过手机中的短视频App拍摄短视频，并为其设置滤镜和道具等，提升短视频画面的最终效果。

图5-19所示为使用手机拍摄的短视频,在完成短视频的拍摄后,即可运用手机上的相关应用为短视频添加后期效果。

虽然现在的手机几乎都具备拍摄短视频的功能,但相对于单反相机和摄像机等专业的拍摄设备,手机的拍摄功能还不够专业。例如,使用手机拍摄短视频容易抖动,导致成像效果不好;或噪点过多导致短视频画面看起来模糊;或难以拍摄出大场面、大建筑和细微景物等有质感的画面,影响短视频的最终效果。总的来说,手机拍摄不适合追求拍摄技术、短视频质量的农产品商家。但手机拍摄门槛相对较低,因此适合刚进入短视频营销领域的农产品商家。

（2）单反相机

农产品商家如果运营资金较为充足,且有专业的短视频拍摄知识,可以考虑选用专业的单反相机作为短视频的拍摄设备。与手机相比,单反相机的画质、拍摄效果、像素、画面动态范围、清晰度、镜头效果等都更好,并且随着用户对短视频质量要求的不断提高,使用单反相机拍摄短视频也会成为一种潮流。图5-20所示为使用单反相机拍摄的短视频。

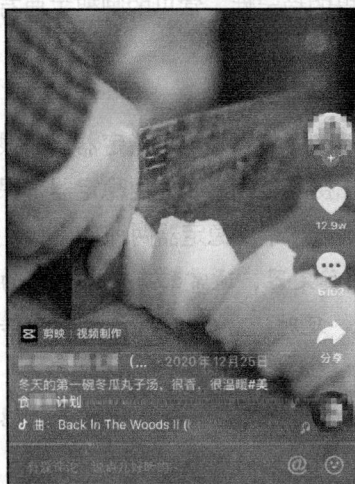

图5-19 使用手机拍摄的短视频

图5-20 使用单反相机拍摄的短视频

（3）无人机

无人机摄影已经是一种比较成熟的拍摄手法,在很多影视剧中,涉及航拍、全景、俯瞰视角等画面时,往往会使用无人机作为拍摄设备。目前,无人机拍摄也被广泛应用于农产品短视频拍摄中,如图5-21所示。无人机由机体和遥控器两部分组成,机体中带有摄像头或高性能摄像机,可以完成短视频拍摄任务;遥控器则主要负责控制机体飞行和摄像,并且可以连接手机,实时监控并保存拍摄的短视频。

无人机拍摄视频具有高清晰、大比例尺、小面积等优点,且无人机的起飞、降落受场地限制较小(除某些禁飞区域),在操场、公路或其他较开阔的地面均可起降,其稳定性、安全性较好,实现转场等非常容易。但无人机拍摄也有其劣势,例如,成本较高,且存在一定的安全隐患等。

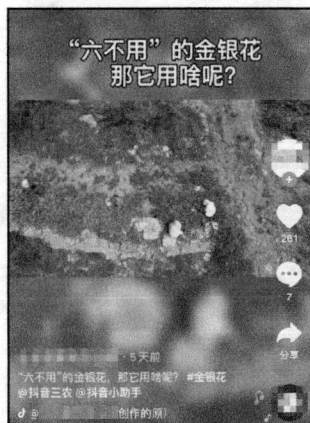

图5-21 无人机拍摄的短视频

（4）摄像机

摄像机是专业的视频拍摄设备，一般而言，短视频时长短，制作周期短，制作成本低，不适合使用专业且操作复杂、成本高的摄像机进行拍摄。通常只有一些农产品商家制作宣传推广类的短视频时才会使用摄像机。摄像机的类型较多，但拍摄短视频时用到的摄像机主要有业务级摄像机和家用数码摄像机两种。其中，业务级摄像机多用于新闻采访、活动纪录等；家用数码摄像机体积小、重量轻，便于携带，操作简单，价格相对业务级摄像机更加便宜，因此也受到一些农产品商家的青睐。

2. 稳定设备

在进行短视频拍摄时，为了避免画面抖动，保证画面质量，可以借助一些稳定设备，尤其是使用手机拍摄视频时，往往需要利用脚架、稳定器等设备保证持机稳定。一般来说，短视频拍摄中常用的稳定设备包括脚架和稳定器两种。

（1）脚架

脚架是一种用来稳定拍摄设备的支撑架，可以保证拍摄的稳定性。常见的脚架主要有独脚架和三脚架两种。图5-22所示为常见的三脚架。

（2）稳定器

短视频被大众接受和喜欢之后，稳定器也逐渐被大众熟知，特别是电子稳定器。在很多短视频的移动镜头拍摄中，例如前后移动、上下移动和旋转拍摄等，都需要使用稳定器来保证镜头画面的稳定。短视频拍摄中常见的稳定器主要有手机稳定器和单反稳定器两种。

● 手机稳定器。手机稳定器是辅助手机拍摄短视频的稳定器，通常配有一定长度的延长杆，能扩大取景范围，而且可以通过手柄实现自拍、竖拍、延时、智能追踪、360度旋转等多种功能，能大大提高短视频拍摄的效率。图5-23所示为手机稳定器。

● 单反稳定器。单反稳定器是辅助单反相机拍摄短视频的稳定器，其体积比手机稳定器稍大，且功能更加齐全。使用手机拍摄短视频时，也可以使用单反稳定器。

稳定器的承载能力是选择稳定器的重要考虑因素。相对来说，手机稳定器的承载能力不如单反稳定器，但对很多农产品商家来说，手机稳定器也是不错的选择，因为其本身所支持的各种拍摄功能已经较为齐全，而且简单实用。

图5-22 三脚架

图5-23 手机稳定器

5.2.2 使用剪映App拍摄农产品短视频

随着短视频的普及和硬件设备的快速迭代，手机已经成为轻便、高效的短视频拍摄器材。虽然手机的拍摄效果无法与专业摄影设备相比，但在掌握一定的拍摄技巧后，通过手机也能拍摄出高质量的短视频。为了提高短视频拍摄效率，降低拍摄成本，目前，很多农产品商家会选择专门的短视频拍摄App来拍摄短视频。

以剪映App为例。剪映App是抖音官方推出的一款免费手机短视频编辑工具，具备多种剪辑功能以及丰富的曲库资源，支持变速、多样滤镜效果。下面介绍使用剪映App拍摄农产品短视频的方法。

① 下载并打开剪映App，在剪映App的主界面点击"拍摄"按钮 ⊙ ，如图5-24所示。

② 进入短视频拍摄界面，在该界面中可以点击"滤镜"按钮 ☒ 为短视频应用滤镜，如图5-25所示。

③ 完成滤镜的应用后，点击右下角的 ☑ 按钮，保存设置，返回短视频拍摄页面。点击 ◼ 按钮，开始短视频的拍摄，再次点击即可完成拍摄。重复点击，可拍摄多个短视频片段，以便后期进行剪辑，如图5-26所示。

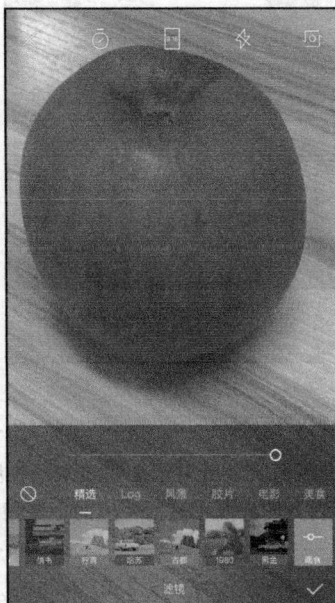

图5-24 开始拍摄 　　　图5-25 应用滤镜 　　　图5-26 拍摄多个短视频片段

5.2.3 使用剪映App制作农产品短视频

在使用剪映App完成短视频的拍摄后，可运用剪映App的短视频编辑功能即时对短视频片段进行分割剪辑，为短视频添加变速、背景音乐、封面等效果。

① 完成短视频片段的拍摄后，在拍摄界面右下角点击 ◼ 按钮，进入

短视频预览界面，预览每个短视频片段的拍摄效果，然后点击 导入剪辑 按钮，进入短视频编辑界面。

② 在短视频编辑界面下方点击"剪辑"按钮 ，进入短视频剪辑状态。将白色分割线拖动到短视频片段中需要分割的位置，点击下方的"分割"按钮 ，将短视频片段分割成两个部分，如图5-27所示。

③ 按照该方法，依次将短视频素材分割为多个片段，如图5-28所示。

④ 将分割线拖动到视频起始处，点击"关闭原声"按钮，关闭短视频原声效果，此时，该按钮将切换到"开启原声"状态，如图5-29所示。

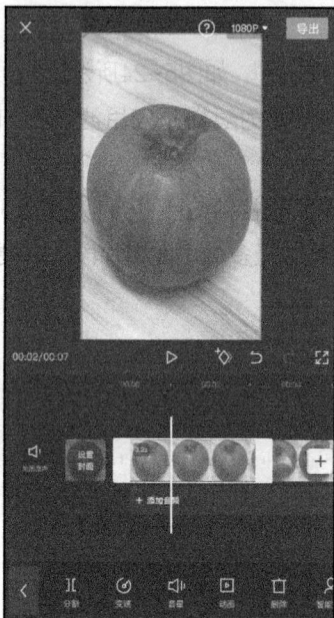

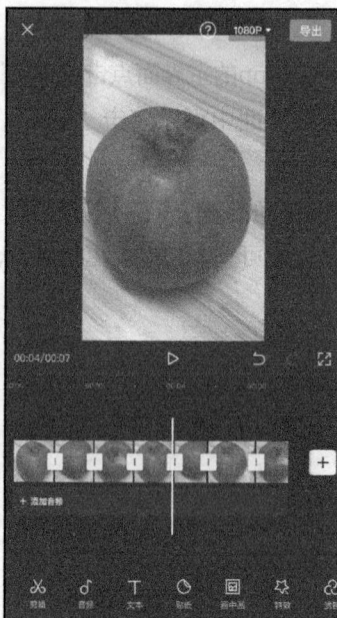

图5-27　分割视频　　图5-28　再次分割视频　　图5-29　关闭原声

知识补充

除了变速等剪辑效果外，农产品商家还可以根据需要为短视频应用画中画、特效、滤镜等效果，点击界面下方的相关按钮，在打开的界面中进行相应的选择和设置即可。

⑤ 在界面下方再次点击"剪辑"按钮 ，进入剪辑状态。点击"变速"按钮 ，打开下方的"变速"效果面板，在视频轨道中选择第一个短视频片段，为其应用蒙太奇变速效果。依次选择其他短视频片段，为其应用蒙太奇、英雄时刻、子弹时间等变速效果，如图5-30所示。

⑥ 变速效果应用完成后，点击右下角的 按钮，保存设置。返回视频编辑界面，在界面下方点击"音乐"按钮 。打开"添加音乐"界面，在该界面中可选择合适的音乐类型，如图5-31所示。选择"Vlog"选项，进入"Vlog"界面，在该界面中可以选择具体的某一首音乐，如图5-32所示。

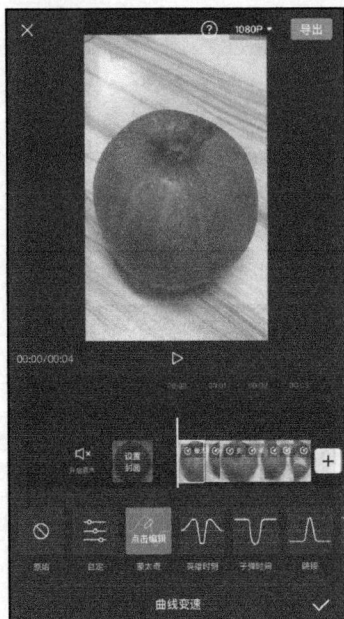

图5-30　应用变速效果　　　　图5-31　选择音乐类型　　　　图5-32　选择背景音乐

知识补充

　　　　背景音乐的选择应根据短视频的内容和风格而定。如果是实地拍摄的农产品、产地、农村风光等短视频，一般可以保留短视频原声，或应用一些舒缓的轻音乐、白噪声等自然声音，同时注意调低背景音乐的音量。除了使用剪映App内设的背景音乐外，农产品商家也可以自行收集适合的背景音乐，通过"添加音乐"界面的"导入音乐"功能将本地音乐导入短视频中。

　　⑦ 将背景音乐导入音频轨道后，根据短视频的时长对音频进行分割，保证音频与短视频的长度一致。点击音频轨道上的背景音乐，将分割线拖动到需要分割的位置，点击界面下方的"分割"按钮，即可完成音频的分割，如图5-33所示。分割完成后，点击多余的音频，再点击下方的"删除"按钮，将多余的音频删除。

　　⑧ 点击"设置封面"按钮，进入封面设置界面。在该界面中拖动视频轨道中的视频，选择一帧短视频画面作为封面，如图5-34所示。

　　⑨ 点击封面模板按钮，在打开的界面中选择一个合适的封面模板，模板中已经应用了文字效果。也可以点击添加文字按钮，打开"添加文字"界面，在该界面中选择"键盘"选项可以输入文字，选择"样式"选项可以设置文字的字体、颜色等，选择"花字"选项可以设置文字的整体效果，选择"气泡"选项可以为文字添加气泡效果，如图5-35所示。设置完成后，点击按钮，保存设置。

　　⑩ 文字添加完成后，再次预览视频整体效果，然后点击右上角的导出按钮，导出短视频，如图5-36所示。

　　⑪ 导出完成后，在打开的界面中可以直接将短视频分享到抖音或西瓜视频上，如图5-37所示。点击下方的"完成"按钮，即可完成短视频的编辑。

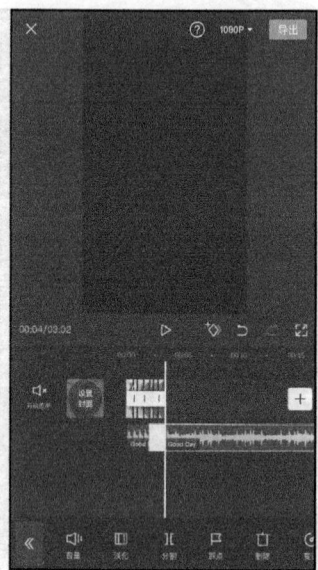

图5-33 分割音频

图5-34 选择封面

图5-35 添加封面文字

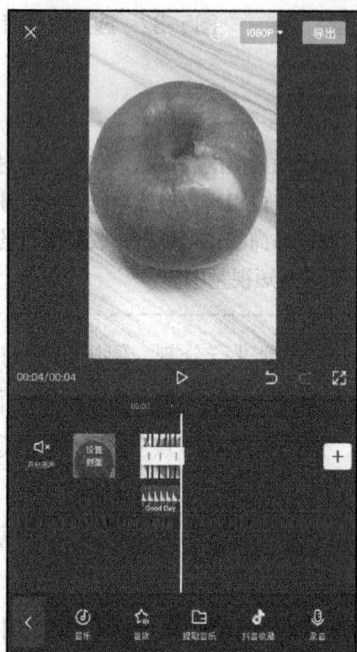

图5-36 导出短视频

图5-37 分享短视频

5.3 农产品短视频营销的策略

近年来，众多农产品商家借助主流的短视频营销平台进行短视频营销，取得了不错的效果，这种"短视频+电商"的模式为农产品的销售打开了更大的市场，为农产品的标准化、品牌化发展带来了机遇。但是，农产品短视频营销蓬勃发展的同时也出现了内容同质化的现象。在这样的背景下，农产品商家就应掌握短视频营销的策略，以提升短视频的营销效果。

5.3.1　掌握短视频发布时机

为了更准确地抓住用户的需求，尽可能在正确的时间将短视频推送到目标用户的面前，增加短视频的曝光度和播放量，农产品商家应了解和分析目标用户观看短视频的特点和规律，在正确的时间，以正确的频率发布短视频。

1．发布的时间

一般而言，电视剧往往会选择在一个固定的时间点准时上线新剧集，例如20点整，这样可以引导观众准时收看电视剧。短视频内容的发布也一样，农产品商家应该选择在一个固定的时间点发布短视频，例如每天中午12点整，或周一、周三、周五、周六的17点整等，这样有利于培养用户的观看习惯。一般来说，也可以选择在用户观看短视频的热门时间段发布短视频，例如中午和晚上的休息时间，也就是11：00—13：00、17：00—19：00或20：00—22：00。

2．发布的频率

选择一个固定的发布频率也有利于培养用户的观看习惯。为了保持短视频账号在用户面前的曝光度，加深用户对短视频账号的印象，使用户对短视频账号形成稳定的印象，建议将短视频的发布频率调整为一周多次。如果发布短视频的间隔时间过长，用户往往会转而关注其他感兴趣的短视频内容。同时，短视频的发布也应该有一个固定的时间间隔和频率，以培养用户的观看习惯，也便于农产品商家掌握拍摄节奏。

5.3.2　设置短视频标题文案

短视频的标题文案是整个短视频内容的摘要，是短视频创意和亮点的体现。好的短视频标题有助于增加用户的停留时长，提高短视频的点击率。如果标题设置得独具特色、颇有创意，也能有效增加短视频账号的粉丝数量。

一般而言，用户的精力有限，短视频的标题应简洁。同时，受各个短视频平台流量推荐机制的影响，短视频标题中的词语精准度越高，获得精准推荐的机会越多，因此在设置短视频标题文案时，要兼顾技巧、专业、热门标签等。

1．标题文案设置技巧

短视频的标题文案通常言简意赅，字数不多，且比较口语化。一般来说，设置短视频标题文案时可以运用提问题、制造反差、自嘲和情感认同等技巧。

● **提问题**：例如，"这是你吃小米辣的样子吗？""你吃过比手指还粗的粉条吗？"等，这类型的标题能直截了当地向用户传达短视频的核心内容，让用户快速决定是否继续浏览。

● **制造反差**：制造反差就是通过前后不一致的内容，给用户带来意外感。例如，"××说他能一口吃20个（克）苹果"，通过"个"与"克"制造剧情和标题内容的反差。

● **自嘲**：自嘲式标题文案的作用是让短视频中的人物显得更加真实和富有亲和力，以不刻意的方式赢得用户的好感，打破用户与账号之间的隔阂，建立一种更密切的联系。例如，"徒手取蜜，谢谢蜜蜂不蜇长得不好看的"。

● **情感认同**：情感认同类的标题文案适用于以情感为主题的短视频内容，这类标题文案能快速引起用户的共鸣。例如，"最淳朴的感情是乡情"。

2. 标题文案与专业领域相匹配

为了提高短视频的展现量，农产品商家应该熟知各个短视频平台的规则，保证标题内容合法合规，避免短视频因标题被限流、停止推荐，甚至被封禁账号。同时，为了方便短视频平台抓取短视频的标题关键词进行推荐，农产品商家在为短视频创作标题时，应避免使用太过于专业、冷门或生僻的字词，以免造成用户阅读障碍，妨碍短视频平台的识别、审核和推荐。图5-38所示的短视频标题文案简洁、直白，对短视频内容进行了概括，十分方便短视频平台精准提炼关键词，将其归类到“农业种植”领域，从而推荐给对“农业种植”感兴趣的目标用户。

拓展阅读

抖音审核机制与推荐规则

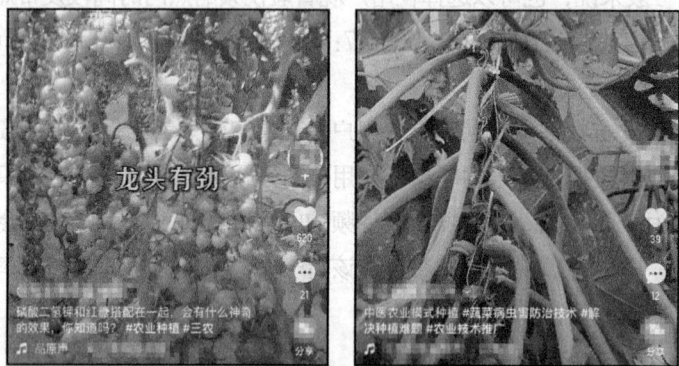

图5-38　标题文案与专业领域相匹配

3. 运用热门标签

在设置短视频标题时，农产品商家也可以在标题中添加合适的热门标签，增加短视频内容的曝光机会。热门标签是短视频的重要流量入口，善用标签可以为短视频聚集更多流量。在现在的主流短视频平台中，平台官方发布的活动往往也会通过标签来聚集流量。除了使用已有的热门话题吸引流量外，也可以通过主动添加话题的方式在标题中设置适当的标签，以有助于短视频平台识别短视频的内容类型并对其进行精准推荐，增加短视频的曝光机会。图5-39所示的短视频标题文案中，“#新农人计划2021#”是抖音官方发起的活动标签，“#一口绿豆冰爽入夏#”“#端午乡情#”“#花式过端午#”则是农产品商家根据近期热门话题和短视频的主要内容主动添加的话题标签。

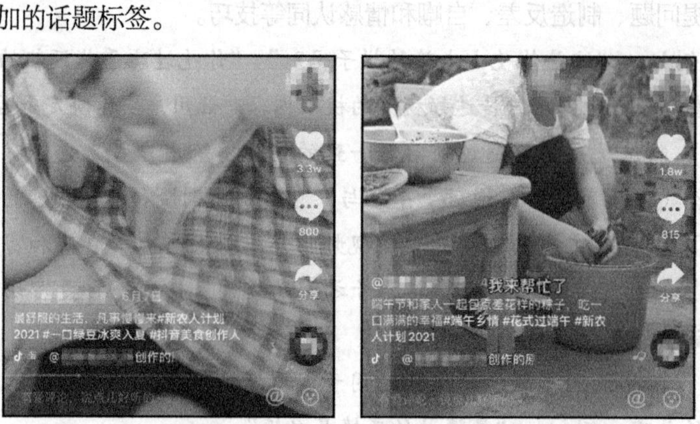

图5-39　短视频标题中的标签

5.3.3　联合多个短视频平台发布

为了对短视频平台的目标用户实现全面覆盖，现在很多农产品商家会选择在多平台发布短视频，同步进行营销推广。例如，蜀中桃子姐就分别在抖音、快手和淘宝等平台发布短视频，如图5-40所示。

图5-40　多平台发布短视频

当然，多平台发布农产品短视频对农产品商家的要求比较高，首先，农产品商家要具备足够的时间和精力，能够有规律地进行短视频的拍摄、制作和发布，同时还要对短视频发布后的数据进行观察和分析，以便对短视频营销策略及时做出调整。此外，农产品商家还应当具备比较专业的水平，能够根据各个平台的数据特点有针对性地对短视频进行推广、维护，以满足不同平台用户的实际需求，避免顾此失彼的情况。农产品商家可以在短视频营销初期先选择一个短视频平台，在该平台积累粉丝和名气，待形成一定的规模和影响力，且具备相应的资源和条件后，再实行全平台的联合运营，进一步扩大营销范围。

🎓 **行业视点**

> 在如今的短视频领域，农产品短视频营销已经十分规范，但个别农产品商家为了博眼球，仍旧会发布一些夸大事实、粗制滥造的短视频，这是不可取的。为了提高短视频的制作质量，向用户输出优质的农产品、优秀的乡村文化和现代化的农业生产等内容，农产品商家应当端正态度，提高自我要求标准，持续产出高质量的农产品短视频，助力行业实现规范化、专业化和品牌化发展。

👤 **案　例**

用短视频助力当地农副产品的销售

2020年11月，农民日报与字节跳动共同发起了中国首个移动互联网领域"三农"信息奖项——金稻穗奖，旨在表彰帮助农产品上行、推广农业技术、展现当代特色农村生活等方面成就突出的内容创作者。

事实上，在农产品电商迅猛发展的大背景下，各大短视频平台都在积极扶持农产品相关短视频，这些短视频依靠有趣的内容、来源于生活的真实内容展示、简洁直接的短视频标题、专业高质量的拍摄水平，吸引了众多粉丝，大力推进了当地农产品的销售。

心宝是一位服装设计专业毕业生，毕业后返乡创业成为一名新农人。她用短视频记录农村生活，展示农村之美，推广农村美景、美食与土特产，让农副产品走出大山，在自己创业的同时帮助当地农户增收，助力乡村振兴。

2019年3月，心宝和表哥杨博在一段时间的准备后，在抖音上注册账号"湘妹心宝（大号）"，并开始拍摄短视频。然而最初一个月，他们短视频的播放效果并不理想。为了提高短视频内容质量，他们报名参加了抖音头条学堂的"扶贫达人培训计划"，学习短视频的拍摄技巧、内容定位和垂直领域的选择，最终决定将短视频的内容定位为记录农村美好生活。图5-41所示为"湘妹心宝（大号）"记录的农村特色生活。

图5-41 记录农村特色生活

在刚开始拍摄短视频时，心宝拍摄了一条记录农村耕作的短视频，这则短视频一经发布，就获得了1700万次的播放量，让他们的短视频账号增加了30万粉丝。这个成绩给了心宝莫大的信心，她决定在展现农村美好生活这个题材上进行深度挖掘，并陆续拍摄了农耕、打柴、打水、种地、打农具等短视频，都获得了不错的播放效果。有一条她花费几个月时间拍摄的关于一碗米饭背后的故事的短视频，获得的点赞数超过了110万。

在通过短视频积累了一定影响力以后，心宝和表哥杨博又产生了尝试做电商的想法。他们在抖音开起了小店，销售当地的农副产品。心宝的家乡新化县白溪镇有一个十分有名的特产——腐乳，获得了地理标志商标，但由于外部条件限制，当地的腐乳主要是通过线下渠道进行销售，销量十分有限。心宝看到了农产品电商的发展趋势，决定和当地腐乳生产工厂合作，帮助其在抖音上推广腐乳，大大推动了白溪腐乳的销售。腐乳销量飞速增长，腐乳生产工厂扩建了厂房，开发了新的销售渠道，当地腐乳生产工厂得以扩大生产规模，这也为当地农户提供了更多就业机会。

心宝一直持续输出反映农村传统农耕技艺、家乡秀美山川、农家特色美食等内容的短视频，在2020年金稻穗奖评选活动中被评为"最具人气新锐创作者"。除了推广家乡特产之外，心宝还积极分享了自己的心路历程和创作经验，帮助更多农产品商家解决农产品营销问题，为乡村振兴贡献力量。

思考：（1）心宝的短视频为什么能够取得较好的效果？（2）心宝的短视频营销在当地乡村振兴中发挥了什么作用？

5.4 短视频投放效果跟踪与优化

在进行农产品短视频营销与运营的过程中，短视频主要起到引流的作用，短视频的播放量、评论量、转发量越多，短视频能够引入的流量就越多。因此，为了增强短视频的引流效果，提高农产品销量，很多农产品商家会使用短视频平台的推广工具对短视频进行推广，从而获取更多优质的流量。

5.4.1 分析短视频投放效果

短视频一经发布，就会产生播放量、点赞量、评论量、转发量等数据，这些数据就代表短视频的播放效果。在进行短视频营销的过程中，农产品商家也可以使用相应的短视频推广工具对短视频进行投放，将短视频推送到更多用户面前，提升短视频的播放效果，促成后期更多的流量转化。

1. 了解短视频推广工具与方法

目前，不同的短视频平台都推出了相应的短视频付费推广工具，例如抖音推出的"DOU+"、快手推出的"快手粉条"等。在不同的短视频平台进行短视频的投放需要使用不同的推广工具。

（1）DOU+

DOU+是抖音推出的一款短视频加热工具。使用DOU+后可将短视频推荐给更多对该短视频内容感兴趣的用户，并提高短视频的播放量与互动量。如果农产品商家在短视频中添加了农产品信息，通过DOU+推广就可以达到为农产品高效引流的目的。

拓展阅读

DOU+ 投放内容
要求和主要功能

使用DOU+推广短视频的方法比较简单，其操作如下。

① 打开抖音App，在界面右下角选择"我"选项，在打开的界面的右上角点击"菜单"按钮，在打开的列表中选择"钱包"选项。

② 打开"钱包"界面，在界面下方的"其他服务"栏中选择"DOU+上热门"选项，如图5-42所示。

③ 在打开的界面中点击需要推广的短视频下方的 上热门 按钮，如图5-43所示。在打开的页面中即可设置短视频的投放信息，包括推荐给多少人、提升哪一项等，如图5-44所示。该界面中提供了"速推版""定向版"两种投放模式。速推版可以智能推荐用户；定向版则可以进行相应的自定义设置，实现更精准的用户触达和推广。

图5-42 选择"DOU+上热门"选项

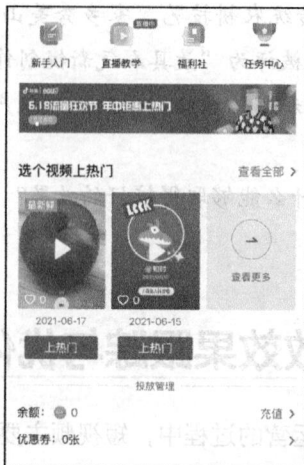

图5-43 点击"上热门"按钮

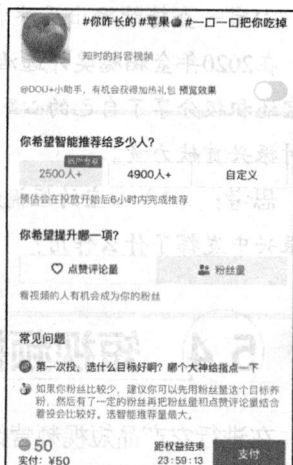

图5-44 设置投放信息

④ 设置完成后，点击 支付 按钮完成投放支付，即可完成DOU+的投放。在系统完成对短视频的推广后，农产品商家可以在"DOU+上热门"页面中查看推广订单的详情，了解投放的实际效果，查看短视频的播放量、点赞量、评论量、分享量、主页浏览量、粉丝量、购物车点击量等数据。

（2）快手粉条

快手粉条是快手推出的短视频付费推广工具。使用快手粉条可以有效增加短视频的播放量、评论数、点赞量等，也可以帮助短视频账号增加粉丝量。农产品商家在使用快手粉条推广短视频后，该短视频在快手的同城页、发现页、关注页等页面的曝光量也会增加，且精准触达用户群体。使用快手粉条进行短视频推广的方法如下。

① 打开快手App，在页面左上角点击"菜单"按钮 ，在打开的列表中选择"设置"选项，在打开的"设置"界面选择"快手粉条"选项，如图5-45所示。

② 在"快手粉条"界面选择要推广的短视频，点击 立即加热 按钮，如图5-46所示。在该页面中，可以选择将短视频推广给用户或粉丝，选择前者则短视频在同城页、发现页的曝光量将增加，选择后者则短视频会在粉丝的关注页置顶。

③ 在打开的界面中根据需求设置投放金额、期望增加的数据、投放时长、定向条件等，设置完成后点击 去支付 按钮，如图5-47所示。待审核通过后，即可进行短视频的推广。

2. 分析短视频投放数据

在使用推广工具对短视频进行推广后，农产品商家还应关注并分析短视频的投放数据。一般来说，短视频的推广主要会对播放量、点赞量、评论量和粉丝增加数等数据产生影响，如果短视频中添加了农产品的购买链接，则推广也会对农产品的转化率和销量产生影响。这些数据就是农产品商家分析短视频投放效果时需要重点关注的数据。

一般来说，为了了解投放效果，农产品商家可分别从投放前、投放后两个维度对投放数据进行比对分析。表5-2所示为某短视频投放前后的数据对比，通过数据对比就可以明确了解短视频投放的效果。

图5-45 选择"快手粉条"选项　　图5-46 点击"立即加热"按钮　　图5-47 投放设置

表5-2 某短视频投放前后的数据对比

投放前				
播放/次	点赞/次	评论/条	增加粉丝/个	销量/元
1816	8	4	1	100

投放后				
播放/次	点赞/次	评论/条	增加粉丝/个	销量/元
5829	565	26	32	450

由于抖音、快手等短视频平台的短视频推广都属于付费推广，推广短视频时会产生成本，所以在分析投放数据时，农产品商家还应该根据成本计算投放后的产出比，根据产出比等数据分析投放效果。如果投放效果不理想，则需要对投放策略进行优化，例如，根据投放数据分析得知互动数据越好，农产品的销量越高，则在投放时可以有针对性地对评论量、点赞量、转发量等互动数据进行优化；如果短视频账号是一个新账号，农产品商家需要快速"增粉"，扩大影响力，则可以在增加粉丝方面加大投放力度。

5.4.2 总结短视频投放经验

要想提升短视频的投放效果，农产品商家应该掌握相关投放技巧，总结投放经验，才能收获较理想的投放效果。盲目投放不仅难以达到推广目的，而且会增加推广成本。总的来说，农产品商家可以从以下几个方面来总结短视频投放经验。

（1）明确推广目的

在使用短视频推广工具进行推广前，农产品商家首先应明确推广目的，即明确本次推广是想提高粉丝量、点赞量、评论量，还是农产品的转化率和销量。一般来说，短视频营销初期，应以提高粉丝量为主要目的；有一定粉丝基础的农产品商家，可以提高互动量为主要目的，通过提高与粉丝的互动率来增强粉丝的黏性，培养粉丝的忠诚度，为后期的农产品销售做好准备；进入短视频营销成熟期后，则可以提高农产品转化率为主要目的，即全面推广短视频，直接在短视频中为农产品引流。当然，根据账号的实际情况，也可以交替提高粉丝量和点赞量、评论量，在吸引粉丝的同时增强粉丝的黏性。

（2）精选推广视频

根据不同的推广目的，应该选择不同的短视频。如果想吸引新的粉丝，可选择有特点、有新意的短视频，或选择真人出镜，提升粉丝对短视频人物的熟悉度；如果要提高粉丝的互动率，则需要选择符合现有粉丝兴趣的短视频，通过在短视频里增加互动点来激发粉丝的参与热情；如果要提高农产品转化率，则应选择可以体现农产品卖点的短视频，或者将农产品信息自然地融入短视频中，让粉丝主动关注并购买。

（3）审核推广短视频

要想短视频的推广效果好，农产品商家还应该保证所推广的短视频符合平台的审核规范，即短视频中不能含有违法违规、引人不适的内容；同时，农产品商家应该坚持原创，不能使用其他用户的短视频创意；另外，短视频作为一种典型的内容营销方式，其营销效果往往是润物细无声的，因此不宜过度营销，不建议在短视频中长时间展示农产品及品牌等。

（4）做好推广计划

短视频的推广是一个持续的过程，特别是在短视频账号的影响力不足时，农产品商家往往需要长时间对短视频账号进行运营，这就要求农产品商家做好相应的投放计划，包括选择合适的推广时长、做好推广资金预算等。在推广初期，可以少量投放、分阶段投放。建议在上一次的投放数据开始下滑时，开始下一次的投放，保证两次投放无缝衔接，避免时间和流量的浪费。具体的投放节奏需要农产品商家根据自己的推广目的、投放要求等不断地调整，待投放效果稳定后再加大投放力度。

（5）分析推广数据

在使用推广工具推广短视频的过程中以及短视频推广结束后，农产品商家都应该注重推广数据的分析，如分析短视频的评论量、点赞量、新增粉丝数、购物车点击量等，了解推广效果，继而有针对性地优化推广策略。

5.5 本章实训

5.5.1 确定短视频定位并拍摄短视频

近几年，在移动互联网、移动智能设备快速发展，以及"互联网+农业"等相关政策的大力支持下，众多依托于互联网销售农产品的模式不断得到开发与推广，短视频作为互联网上具有巨大潜力的营销工具之一，也实现了与农产品电商的深度融合。作为电商专业的一名大学毕业生，小文敏锐地发现了"短视频+农产品"模式下的商机。小文的家乡因盛产水蜜桃而闻名，但由于缺乏宣传，这个十分受本地人欢迎的水果始终没有走出当地。小文决定运用自己所学的知识，为家乡水蜜桃打造品牌，帮助家乡水蜜桃拓宽线上销售渠道，将水蜜桃销售到全国各地。结合多方考虑，小文决定使用短视频为家乡水蜜桃引流。

1. 实训要求

① 了解选择短视频内容题材的方法。

② 掌握短视频内容、人物的定位方法。

③ 掌握拍摄和制作短视频的方法。

2. 实训准备

为了更好地制作短视频，需要做好拍摄、技术、剪辑等方面的准备。

● **拍摄准备**：在拍摄短视频之前，应准备好合适的拍摄设备，包括拍摄器材、稳定设备等。同时，还应明确拍摄人员、出镜人员等，根据实际需要也可组建一个短视频拍摄团队。

● **技术准备**：不管运用什么拍摄器材，拍摄人员都应当具备一定的拍摄技术，包括构图、布光、运镜等方面的技术。

● **剪辑准备**：剪辑制作是提高短视频质量的关键，因此后期制作人员应掌握相应的视频处理方法，包括剪辑、转场、音频编辑、后期效果添加等。

3. 实训步骤

本实训中，小文首先应该组建短视频拍摄团队，然后确定短视频内容定位、人物定位，最后根据短视频的定位完成拍摄和制作。具体操作思路如下。

① 组建拍摄团队。组建一个符合需求的拍摄团队，包括拍摄人员、出镜人员等，条件允许也可以加入道具负责人员、后期制作人员等。

② 确定短视频内容定位。本实训中的小文想通过短视频推广家乡水蜜桃，因此可以从展现家乡这个角度进行短视频内容的定位。例如，展现家乡特色风俗文化、展现家乡风貌乡情、展现家乡农家生活等。

③ 确定短视频人物定位。小文是回乡创业的大学生，可以此进行定位，为了加强人物的辨识度，可穿着一些标志性的服饰等。

④ 拍摄和制作短视频。准备手机、手机稳定器、三脚架、布光道具等拍摄用品，进行短视频的拍摄，也可以直接使用剪映等App进行短视频的拍摄和后期制作。

5.5.2　制定短视频营销推广策略

在短视频发布以后，为了扩大短视频账号的影响力，快速积累粉丝，扩大知名度，小文决定有计划地推广短视频。在短视频推广的前期，小文打算多平台联合营销，但暂时只在抖音进行短视频的推广，以了解推广效果。

1. 实训要求

① 掌握制定短视频营销策略的方法。

② 掌握投放和优化短视频的方法。

2. 实训准备

为了取得良好的短视频营销效果，需要做好确立营销目标、选择短视频、制订推广计划等相关准备。

● **确立营销目标**：作为一个新的短视频账号，基本的营销目标是增加粉丝。

● **选择短视频**：为了快速达到营销目的，应该综合分析短视频的内容、创意，选择有助于增加粉丝的短视频进行推广。

● **制订推广计划**：为了保证推广效果，可先进行少量的推广测试，设置好推广时长和金额，控制推广成本。

3. 实训步骤

本实训中，小文应该先制订短视频营销计划，再选择平台对短视频进行推广和分析。具体操作思路如下。

① 制订短视频营销计划。小文可分别从短视频发布时间、发布频率、标题文案设置等方面制订营销计划。例如，周一、周三、周五、周六的12点准时发布短视频，同时在快手等平台同步发布短视频。

② 推广短视频。选择一条具有新意的，展示特色农村生活、风俗、乡情的短视频，在抖音进行推广，将推广计划设置为智能推荐给2500人+、提高粉丝量、投放时长6小时。

③ 跟踪推广数据。在推广期间和推广结束后，通过"DOU+上热门"查看投放数据，并与投放前的数据进行对比，了解投放效果，并有针对性地进行短视频内容或推广策略的优化。

5.6 本章小结

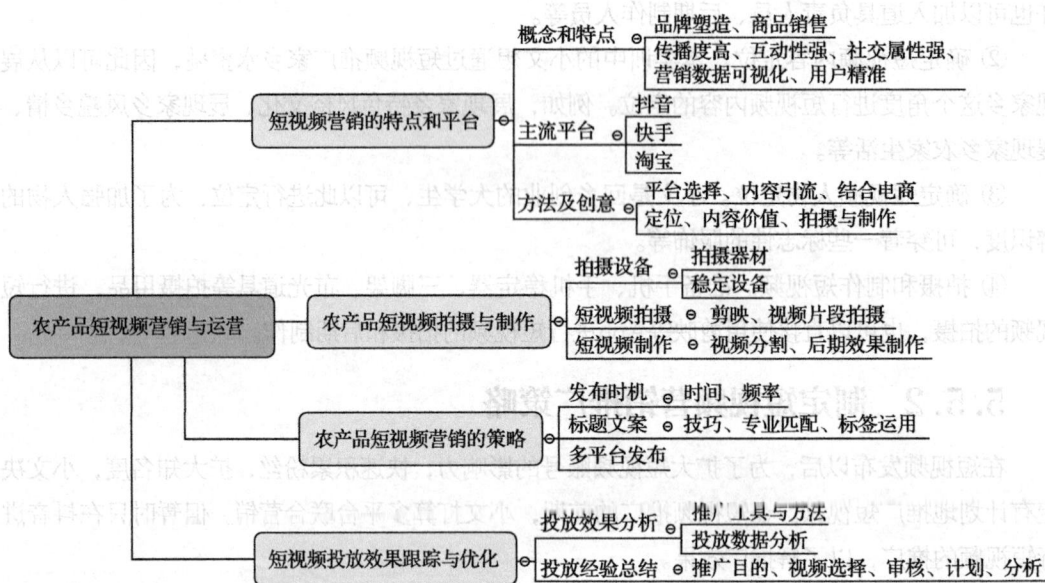

真实案例推荐阅读

1. 金稻穗最具人气乡村美食创作者
2. "三农"短视频支持乡村振兴

拓展阅读

真实案例推荐阅读

第6章 农产品直播营销与运营

学习目标

学习目标

- ◆ 了解农产品直播营销的特点和平台。
- ◆ 熟悉农产品直播营销的前期准备。
- ◆ 掌握直播营销的流程控制。
- ◆ 掌握农产品直播营销的技巧。
- ◆ 掌握直播效果跟踪。

引导案例

抖音直播活动——县长来直播

2019年，济南市商河县副县长通过直播取得了10秒内卖出200个西瓜、2小时内卖完15 000多斤地瓜的成绩。抖音看到了县长直播的可行性，2020年推出了"县长来直播"系列直播活动，邀请不同地区县长，针对不同直播主题，售卖当地的优质农产品。清明节前，该系列直播活动启动了春茶专场，邀请了茶产地的县长们替茶农在抖音直播间里售卖春茶。

其中，在售卖浙江龙井茶时，通过4场连播（包括茶园、大佛龙井和钱塘龙井生产车间直播、抖音美食"达人"直播，3场茶艺表演直播，以及现场炒茶直播），全方位地向用户展现了龙井茶的历史、文化、特色、技艺等，充分体现了龙井茶文化代代传承的精神内核。此外，此次直播还通过以茶入菜的形式，为用户带来了不一样的龙井茶宴，如龙井奶茶、龙井虾仁、龙井茶叶蛋等，帮助用户解锁了新的茶叶打开方式。

在售卖广州小青柑茶叶时，产地的区长进入了直播间，为用户讲解了小青柑茶叶的产地——新会区1800多年的"茶"历史，介绍了小青柑茶叶的生态环境和起源故事，并借由这些起源故事讲出小青柑茶叶的特点，向用户推荐小青柑茶叶，展示小青柑茶叶的冲泡过程，介绍挑选小青柑茶叶的方法。此外，区长还对用户们提出的小青柑茶叶保存问题进行了回答，教用户们辨别小青柑茶叶，并对小青柑茶叶的制作工艺进行讲解。区长还展示了新会美食和小青柑、陈皮的融合，引起用户对小青柑茶叶、新会美食的兴趣。

此次直播活动不仅将浙江龙井、广州小青柑等优质茶叶介绍给了用户，使用户更加了解我国的茶文化，还售出了911万元的茶叶产品，为茶叶的网上销售打开了新渠道。

6.1 农产品直播营销的特点和平台

近年来，观看直播已成为人们喜爱的娱乐方式，直播营销因而也吸引了大量农产品商家参与其中。直播营销是以直播平台为载体，在现场随着营销事件的发展，同时制作和播出视频的营销方式。在农产品电商中，对于农产品商家而言，直播营销主要用于推销农产品，通过现场展示的方式来传递农产品信息。

6.1.1 直播营销的特点

直播营销近年来在农产品电商中的运用十分广泛，强大的销售能力使得很多农产品商家纷纷开通直播来推销自家的农产品。直播营销之所以如此受青睐，主要是由于直播营销具有直观即时、销售方式直接、易产生跟风效应等特点。

● **直观即时**。一般的营销方式，用户在查看信息的同时需要自己在脑海中构建场景，而直播营销可以将农产品的形态、加工过程等直观地展现给用户，也能够让用户了解农产品真实的生长、种植或养殖，以及后续的加工情况，构建真实的场景，使用户拥有更丰富的购物体验。另外，直播营销不会对直播内容进行剪辑和加工，播出的内容与用户所看到的内容完全一致，可以打消用户对于食品安全的顾虑，增强用户的信任感。

● **销售方式直接**。直播营销可以更加直观地通过主播的解说来传递各种优惠信息，搭配现场促销活动，可极大地刺激用户的消费热情，提升营销效果。用户可以在观看直播的同时直接点击农产品链接购买，无须另外搜索，不仅提升了购物体验，也可以促进用户成交。例如，在快手中，点击直播间下方的"购物车"按钮🛒，即可在打开的页面中查看直播间销售的各种农产品，如图6-1所示。

图6-1 直播间销售的农产品

● **易产生跟风效应**。一般来说，价格实惠的农产品往往容易让用户产生临时性、冲动性的消费行为。在直播平台中，只要有用户在直播间购物，直播界面左下角就会显示，因而可以在直播间营造一种浓厚的购物氛围。再加上主播的营销话术和低价等手段的运用，用户往往会产生一种紧迫感和从众心理，进而做出超出自己预期的购买行为。因此，直播营销有助于提高农产品销量。

6.1.2 农产品直播营销的主流平台

农产品与直播的联合，既为农产品打开了新的销售渠道，又为用户提供了新的农产品选购空间。新闻主播、知名艺人、领导干部，乃至普通农户纷纷参与直播，《2020年中国农产品电商直播报告》显示，以2020年第一季度为例，各大电商平台与农产品相关的直播超过400万场。在众多直播平台中，淘宝直播、快手直播、抖音直播、拼多多直播是农产品直播营销中使用较多的平台。

> 📣 **思考与讨论**
>
> 你喜欢观看哪个直播平台中的直播？你在哪个直播平台中购买过农产品？你认为应如何选择农产品直播营销平台？

1. 淘宝直播

淘宝直播在各大直播平台中是流量较多、品类较多的平台，也是众多农产品商家进行农产品直播营销的首选平台之一。淘宝和天猫App中都有淘宝直播入口，用户可以通过App首页、店铺后台等页面进入淘宝直播界面，查看各式各样的直播，如图6-2所示。点击一个直播即可进入直播间观看直播内容，如图6-3所示，并与主播互动或购买产品。在"淘宝直播"界面点击右上角的"…"按钮，选择"开直播"选项可以申请成为主播，如图6-4所示。

图6-2　淘宝直播　　　　　图6-3　直播间　　　　　图6-4　选择"开直播"选项

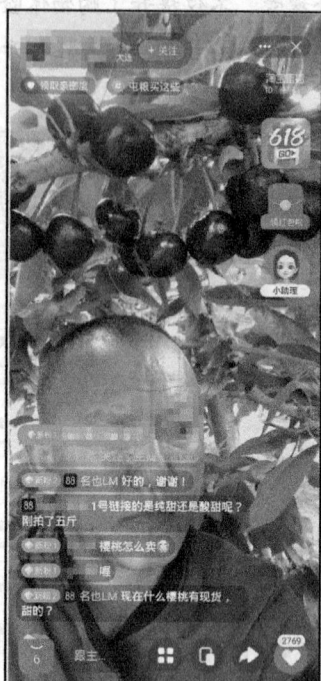

2. 快手直播

随着直播的火热，快手作为短视频内容平台，也顺应时代潮流开发了直播功能。在快手直播中，用户最爱购买的产品类包括美妆、农副产品、服装等。对于农产品商家而言，在快手直播中开展营销，不仅门槛较低，农产品的"带货"转化率也较高。

3. 抖音直播

抖音直播的卖货能力非常强，宝山蓝莓、寿光羊角蜜瓜、靖宇松子和榛子等都在抖音直播的带动下成为热门农产品。在抖音直播中，直播卖货的门槛较低，无须投入大量资金，只要开通相应的卖货权限，就可以在直播间中添加农产品链接，用户点击相应的按钮就可以查看并购买直播间销售的农产品。

近年来，抖音不断优化自身的电商功能，并逐渐降低了直播门槛，以前开通抖音直播需要粉丝超过1万人，但现在只需要用户完成实名认证就可以直播。同时，抖音小店的出现也使得农产品商家与用户之间的距离更近，农产品商家可以认证抖音企业号，开通抖音小店同步添加店内商品，通过短视频和直播的形式引导用户下单，降低人工成本。抖音中各种团购或预约活动也可以帮助农产品商家获取潜在目标用户，实现从直播间到下单的销售闭环。

4. 拼多多直播

除了淘宝直播、快手直播、抖音直播外，拼多多直播也是农产品商家开展农产品直播营销的热门平台。2020年，浙江省衢州市市长在拼多多直播销售椪柑，引起了众多用户围观，直播当天销售订单近7万单，随后，安徽省宿州市砀山县县长也在拼多多直播销售梨，销量超过了14万斤。

拼多多的官方数据显示，截至2021年第一季度，拼多多已经直连农户超过1600万户，助力超过两千款农产品实现销售订单破10万单，直接带动了10万新农人返乡就业。由此可以看出，农产品电商是拼多多十分看重的领域。因此，农产品商家选择拼多多直播作为农产品直播营销的平台会得到拼多多官方的支持，在拼多多的AI算法和大数据技术的帮助下更好地实现农产品销售变现。

6.2 农产品直播营销的前期准备

在很多直播平台上可以看到，一些直播间的主播一味地对着镜头介绍农产品，营销效果非常不理想。实际上，直播营销不等于简单地介绍农产品。在正式直播前，农产品商家需要做好直播营销的前期准备，使直播能够有条不紊地开展，吸引更多的用户关注直播内容，这样才有利于达到更好的直播效果，有效增加农产品的销量。

6.2.1 找准目标用户群体

农产品商家在正式直播前的准备阶段，需要先找准直播的目标用户群体，即直播营销中的买方，明确目标用户群体的年龄分布、经济消费能力、直播观看时间段、利益诉求、潜在需求等。

● **年龄分布**：年龄分布指目标用户群体的各年龄段和占比，明确年龄分布有助于进行有针对性的营销。例如，某农产品商家在直播营销时经过筛选，将目标用户群体定位为25~45岁的女性，并进行了有针对性的营销，取得了很好的效果。

● **经济消费能力**：目标用户群体的经济消费能力影响着用户愿意为直播投入的时间、精力和金钱，一般来看，经济消费能力高的用户愿意为直播投入的时间、精力会相对较少，金钱会相对较多。

● **直播观看时间段**：不同用户群体观看直播的时间段是不同的，农产品商家要想获得不错的直播效果，应该选择恰当的直播时间段，保证有足够数量的目标用户群体观看直播，以提高农产品的成交量。一般来说，生鲜类农产品大多选择白天直播，海鲜类农产品选择夜间直播，而农副产品类则可以选择从下午到夜晚的时间段直播。在确定直播的时间段后，农产品商家还可以发布动态，征集粉丝的意见，确定具体开播时间。

● **利益诉求**：目标用户群体观看直播一般都具有目的性，期望在观看直播时有所收获，如快乐的心情、高性价比的农产品等。

● **潜在需求**：目标用户群体除了明确的利益诉求之外还有未曾被挖掘或发现的需求。例如，某茶叶商家在直播时详细介绍了绿茶和红茶的适宜人群，某用户通过该介绍确定了自己适合喝红茶，同时对相应的红茶产品产生了需求，该需求就是用户自身未曾被挖掘的需求。

6.2.2 控制直播产品

整个直播流程中，与农产品相关的事项包括农产品的选择、价格设置，以及质量控制和售后处理，这其中的每一项都会影响用户对农产品的评价。

1. 农产品的选择

直播农产品的选择能够影响直播的最终销售效果。一般来讲，在选择直播农产品时，农产品商家应当考虑农产品本身、价格、复购率和运输等方面的因素。

● **农产品本身**：农产品商家在选择直播农产品时，可以选择大众化的农产品，如苹果、菠萝等，这类农产品往往具有老少皆宜的特点，目标消费群体广泛，市场容量大，更容易带来足够多的销量，但这也意味着，这类农产品的竞争压力大，因此，农产品商家选择的农产品应当和同类农产品有差异，并且具备一定的特色。例如，选择一些与众不同的地方特色农产品，这类农产品因其独特性，可以很好地吸引用户的目光，如重庆城口老腊肉、药闾粉丝等。

● **价格**：农产品商家在选择直播农产品时，可以选择价格合适的农产品，以高性价比迎合用户需求，降低用户的决策成本，提高农产品销量。例如，杧果是一种被很多用户喜爱的水果，但杧果在线下的售价一直较高，此时若以较为优惠的价格在直播间售卖优质杧果，就会很容易吸引用户的注意，为直播带来更多流量。

● **复购率**：众所周知，农产品的利润一般不会很多，因此，农产品商家要想获得足够多的利润，就需要选择复购率高的农产品。当然，也有很多农产品的复购周期较长，因此，在选择直播农产品时，还需了解不同农产品的复购规律。

● **运输**：农产品商家在直播农产品时，往往会吸引来自全国各地的用户，因此，这就要求农产品适合长距离运输，以降低运输对农产品造成的伤害，减少农产品品质下降情况的发生。

2. 价格设置

在直播卖货的过程中，虽然用户可能基于信任购买农产品商家销售的农产品，但要想长期保证直播的竞争力，就要借助有竞争力的价格。例如，某知名主播长期以行业较低价销售农产品，从而建立了竞争壁垒，获得了稳定的用户群体。因此，农产品商家在设置农产品价格时，也需要综合比对和分析。

3. 质量控制和售后处理

质量控制和售后处理很大程度上决定了用户的复购率，而复购是农产品电商营销的关键。因此，农产品商家要把握好农产品的来源，建立稳定、可信、品质有保障的供应商渠道，确保农产品质量稳定、数量供应及时；同时做好售后服务，及时跟进订单、处理用户反馈。

6.2.3 布置直播场景

用户进入直播间后一眼就能看到直播场景，从而产生对直播间的第一印象，直播间的视觉效果影响着用户观看直播的体验，关系着直播营销的效果。因此，布置一个合适的直播场景尤为重要。一般来说，直播场景一般分为室内场景和室外场景两种。

1. 室内场景

室内场景包括办公室、室内发布会、直播室等，适合农产品体验、种植培训等直播主题。室内场景的背景墙分为两种，一种是实体背景，另一种是虚拟背景。布置实体背景时可直接利用墙面本身的颜色、张贴贴纸或重新搭建背景。布置虚拟背景时需准备蓝幕或绿幕（一般采用绿幕）作为直播的背景，然后将绿幕替换成想要的背景。在布置室内场景时，背景墙应当尽量简洁，颜色以浅色、纯色为主，以突出主播和农产品。除此之外，摆放的农产品应当整齐且不拥挤。另外，为保证直播的收音效果，直播现场应保持较安静的状态。

2. 室外场景

室外场景主要指农产品的生长场地、打包场所等。当前，越来越多的农产品商家将直播场地搬到田间、蔬菜大棚、养殖场等。例如，某菜籽油商家为销售菜籽油，就直接在自家的油菜种植园和榨油厂（室外）直播，带领用户近距离观看了菜籽的收割、清理、软化、轧胚、蒸炒、预榨、过滤、包装、发货等过程，不仅能给用户带来有吸引力的沉浸式体验，还能提升用户的信任度。

案 例

"茶四代"冉贞友将直播间搬进茶园

冉贞友是一名湖北省恩施土家族苗族自治州鹤峰县的"茶四代"。2020年，他的线下门店全都关闭，往年络绎不绝的茶叶商都没来采购茶叶。当时正是春茶采摘的黄金时期，为了促进茶叶的销售，他决定尝试直播。

他观察了其他茶叶农产品商家开设的直播，大多是直接在直播间展示茶叶，采用口播的形式销售茶叶，形式千篇一律，吸引不了太多用户的关注，于是他决定将直播间搬进茶园。他带着一位女员工一起穿上漂亮的苗族服饰，在茶园里面开起了直播，带领用户近距离观看茶叶采摘、炒制等全过程。

将直播间搬进青翠、美丽的茶园的直播形式吸引了不少用户的观看，但冉贞友同时意识到，不少用户对物流安全性仍会有些顾虑，因此他还在直播中着重展示了茶叶打包时的保护措施。

通过将直播间搬进茶园，用手机带领用户欣赏茶园的景色，冉贞友为用户展示茶叶采摘、炒制、包装、发货的全过程，于是众多用户纷纷下单购买茶叶。在此期间，冉贞友的茶叶销售到了全国30多个省份，销售额比往年同期还翻了一番。

思考：（1）冉贞友的直播为什么受到很多用户的欢迎？（2）将直播场地搬到室外有什么好处？

6.2.4 调试直播布光

在室内场景直播时，农产品商家往往还需要调试直播间的布光情况，以获得良好的直播效果；而在室外场景直播时，农产品商家可以使用自然光源，并借助一定的辅助光源，以提升直播效果。一般来说，直播的主要光源有主光、辅助光、轮廓光、顶光和背景光。

● **主光**：主光是直播间的主要光源，发挥主要的照明作用，能够使主播脸部均匀受光。一般放置在主播正面，高于头顶的位置，需要从直播设备镜头上方45度的位置照射，以模拟太阳光。在室外场景直播时，一般直接利用太阳光作为主光。

● **辅助光**：辅助光用于辅助主光，能够增加人物的立体感，突出主播侧面轮廓。一般从主播侧面90度的位置打光；也可以从主播左前方45度的位置打光，增强面部轮廓的阴影，打造立体感；还可以从主播右后方45度的位置打光，与前侧光产生强烈反差。

● **轮廓光**：轮廓光是从主播身后照射的光源，能突出直播的主体。

● **顶光**：顶光需从主播上方打光，增加背景和地面的照明度。在室外直播时，太阳光同样可达到顶光的效果。

● **背景光**：背景光也叫环境光，能照明背景，让室内光线均匀散布，但要求背景简单。

农产品商家在调试直播间布光情况时，可以根据直播场地、直播目的等，选择合适的光源，尽量为用户呈现真实的农产品，避免与实物差别太大，否则会引起用户不满，甚至影响农产品商家的信誉。

6.2.5 策划直播脚本

策划直播脚本是农产品商家必做的一件事，其不仅有助于农产品商家理顺直播营销思路，还能明确直播营销的实施流程。直播脚本策划主要包括目标的制定，直播形式的确定，直播文本和宣传文本重点的明确，人员的分配，时间节点的确定，成本的预算等工作。好的开始是成功的一半，前期准备工作如果策划得当且推进顺利，整个直播营销便成功了一半。

● **制定直播营销目标**：针对直播营销制定的目标一般为短期目标，如直播当天应达到的销售额、直播后应增加的粉丝数等。

● **确定直播形式**：直播形式包括自主直播、邀请知名人士进行专场直播等。

● **明确直播文本和宣传文本的重点**：直播文本和宣传文本的重点不一样，直播文本强调直播的内容，具体表现为主播的话术；宣传文本强调农产品商家及品牌。

● **分配人员**：农产品商家需提前对参与直播的人员进行分组以及职能规划，以确保可以在规定的时间内完成直播，具体可将人员划分为文案编辑组、外联组、道具组、摄制组等小组，且应确保每个小组都有可对接的负责人。

● **确定时间节点**：直播的每一环节的时间节点都应在脚本中明确，以便实时调整直播营销的进度。

● **成本预算**：在脚本中应针对直播总成本及各环节进行预算，以便更好地管理直播成本，避免成本过高。

例如，某农产品商家为销售纸皮核桃，准备借助××主播的名气，进入该主播直播间进行宣传，且最多可提供1.5万份的现货。该农产品商家在脚本中对直播的策划如下。

直播营销目标：至少卖出1万份纸皮核桃。

直播形式：与××直播间合作。

宣传文本重点：产品特性介绍，包括皮薄如纸、易取核桃仁、具有很高的营养价值；直播优惠力度，包括抽5人送出纸皮核桃3斤装大礼包一份、买5斤送1斤等。

人员分配：A、B为宣传人员，C为农产品链接管理人员，无直播参与人员。

时间节点：15日到18日与××直播间相关人员讨论优惠形式和力度，最迟20日晚上参与直播。

成本预算：与××直播合作费为5万元。

6.2.6 准备直播物料

在正式直播前，农产品商家还需要准备用于直播的设备、直播过程中需要展示的农产品，以及控制直播时间的节奏表，保证直播能顺利完成。

1. 直播设备

通常情况下，农产品商家可以直接使用手机进行直播，因为手机更方便携带，且能适应大部分直播场景，如山地、田间、果园等。此外，直播时还需要手机支架、电容麦克风、声卡等，以增强直播效果。

● **手机**：农产品商家需要准备一台拥有高像素摄像头的手机，保证手机拥有充足电量，并将手机调成飞行模式，然后连接网络进行直播。如果有多人协同直播，还需要额外准备一台手机备用，以方便主播查看评论、截屏互动及监控直播。此外，在直播过程中，还需要避免电话或无关信息的打扰。

● **手机支架**：手机支架能够固定手机，调节主播与摄像头的距离，一些专业的直播支架还能够连接不同的直播设备。在直播过程中，手机支架还能避免屏幕晃动。

● **电容麦克风**：电容麦克风可以避免普通麦克风收音延迟、拾音范围小、灵敏度低及音质差的问题。使用时可以通过悬挂架吊在高处，避免遮挡直播画面。

● **声卡**：声卡分为外置声卡和内置声卡，外置声卡可以防止电磁干扰，其音质更佳，内置声卡由PCI或PCI-E接口供电，在传输方面更为专业。使用手机直播时，主播需配备外置声卡。

2. 直播农产品

在直播前，农产品商家需要按照规划，把直播过程中需要用到的农产品准备好，让用户感受到直播过程的专业性，减少不必要环节造成的时间浪费。同时，直播中预计展示农产品的详细信息也要提前准备好，包括价格、库存数、产地、发货时间等。

除此之外，直播过程中还会经常对比同类农产品，以加深用户的记忆。这种情况下，农产品商家也要提前把对比过程可能会用到的工具准备好。如果有助播或嘉宾，还应该提前准备好重要环节的串词。

3. 直播节奏表

直播节奏表通常是打印好的直播内容安排时间表，让主播和用户都能明确直播进度。农产品商家可以购买直播专用的小白板，直观地展示整体节奏和打折促销等信息。

拓展阅读

直播节奏表

6.2.7 调整主播状态

在直播前，不仅需要准备直播内容，还需要调整主播的精神状态，主播的状态会直接影响直播的氛围及直播营销的效果。主播的状态常体现在直播互动和语速上。直播互动是调动直播氛围，促进用户产生消费行为的重要方式；主播语速则是影响用户对信息的接收程度的重要因素。除此之外，主播的妆容、穿搭等也需要精心准备，给用户留下良好印象。

6.2.8 做好直播测试

在正式直播前，农产品商家应该先进行一轮完整的测试，了解直播间功能，测试直播过程等，从而保证直播的顺利开展。

1. 了解直播间的功能

直播平台很多，但其直播间的功能都大同小异。这里以抖音直播间为例进行介绍。抖音直播间的功能包括PK、连线、互动玩法、装饰美化、关闭直播等，如图6-5所示。

其中，PK功能用于与其他主播连麦互动；连线功能用于与直播间的用户连线，可与1位或2位用户连线，也可开聊天室与6位及以下数量的用户连线；互动玩法功能用于与直播间的用户互动，包括礼物投票、发放福袋等；装饰美化功能用于装饰直播间，包括美化、道具、贴纸、手势模仿和声效等；关闭直播功能则用于关闭正在开展的直播；其他功能包括镜头翻转、分享、话题、暂停直播、清晰度、录制、评论等，如图6-6所示。

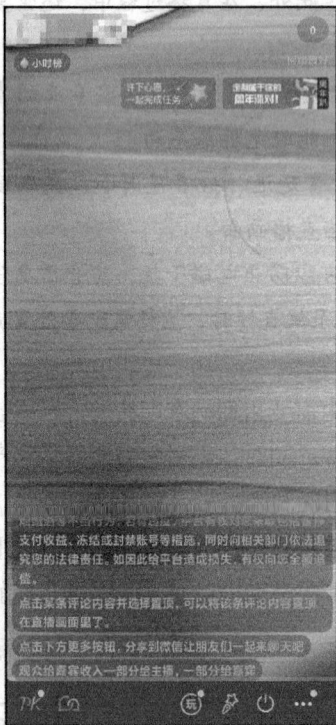

图6-5　直播间功能

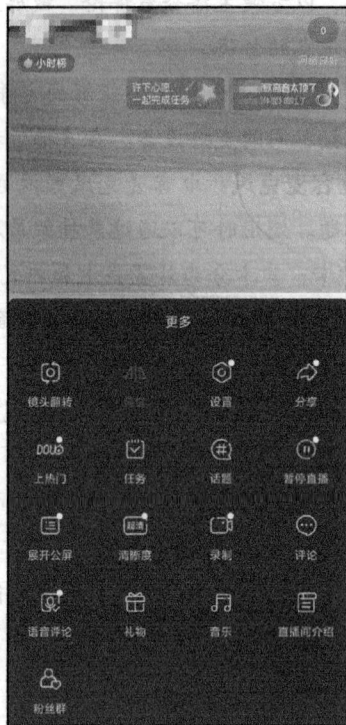

图6-6　其他功能

2. 测试直播过程

农产品商家在开始直播前，还需要测试直播场地的信号、网速、光线、收音情况，准备互动游戏、福利发放、产品上架等。尤其是在室外直播时，其场外环境往往不够稳定，农产品商家需要提前测试，才能保证直播顺畅进行。

6.2.9　进行直播预热

为保证直播时能够有足够的人气，在直播前，农产品商家应该发布直播的预告信息预热，并通过第三方平台获得更多的流量。一般来说，农产品商家可结合多种宣传形式，在多个平台宣传，具体可分为线上宣传和线下宣传两个部分。

1. 线上宣传

在线上宣传时，农产品商家可以在直播平台站内宣传，也可以在其他平台宣传。

（1）直播平台站内宣传

在直播平台内，农产品商家可以通过个人主页、直播间或直播预告短视频宣传。

- **个人主页**：农产品商家可以在个人主页的简介处添加直播预告信息，以宣传直播。
- **直播间**：农产品商家可以提前在直播间内预热，告知用户直播时间和主题。当直播形成一定规律后，还可以在每一场直播的末尾为下次的直播活动做预告。
- **直播预告短视频**：直播预告短视频是借短视频的形式告知用户直播时间、直播主题和直播内容。针对已经成为粉丝的用户，主播可以直接发布纯直播预告，简明扼要地告知直播的相关信息；若要吸引新用户，主播可以在预告短视频中告知福利或设置悬念。

（2）其他平台宣传

农产品商家可以在企业官方网站、微博、微信公众号等平台上将直播时间、平台、主题等信息展示出来。此外，农产品商家还可以通过直播平台的"推送""提醒"等功能，将直播活动信息传递给直播间粉丝。

2. 线下宣传

农产品商家还可以在线下门店、体验店、专卖店等，以发放海报、宣传单等方式，借助直播活动的亮点环节或优惠策略等，宣传推广直播活动，吸引用户了解直播活动，关注直播间。但需要注意，在线下宣传时，线下的工作人员也应该充分了解直播的流程，以便向用户介绍。

6.3　直播营销的流程控制

在整个直播过程中，规划直播流程是把控直播节奏的前提，直播互动是调动用户积极性的主要手段，而直播复盘有助于提高主播的直播能力。因此，在正式直播前，农产品商家需要规划直播流程、设计直播互动；直播结束后，还需复盘直播过程，分析直播的优势与劣势，为下一次直播积累经验。

6.3.1　规划直播流程

农产品直播营销往往有明确的目的，即帮助农产品销售。为了更好地达到这个目的，农产品商家应该详细规划每场直播，包括选择直播农产品、策划直播主题、设计各环节的互动流程等。而要规划好一场直播，就需要先明确直播的目标用户群体，确认直播主题；再根据直播主题，确定直播过程中需要提及的内容，将该内容合理穿插进直播过程中；最后结合考虑整个流程的合理性、流畅性等，做出适当调整。

在策划直播时，农产品商家要注意对直播节奏的把控。紧凑的快节奏往往比拖沓、平淡的慢节奏更容易促进销量，能更好地带动农产品的销售。

6.3.2 设计直播互动

直播互动是直播营销重要的环节之一，趣味性强的互动可以调节直播的氛围，调动用户的积极性，为农产品销售奠定良好的基础。在开始直播前，农产品商家就应该策划好直播的互动环节，从用户的互动情况了解用户对农产品或价格等的诉求，及时做出调整，促进农产品的销售。常见的直播互动方式包括弹幕互动、参与剧情、直播红包、发起任务和发放优惠券。

● **弹幕互动**：弹幕是以字幕形式出现的评论，它以"飘"在屏幕中的形式出现。直播时用户的评论往往会以弹幕的形式出现，主播在直播过程中要关注弹幕内容并实时与用户互动，特别是用户的提问、建议等内容，如"能介绍一下这个农产品的产地吗？""在直播间购买这个农产品有什么优惠吗？""什么时候抽奖呀？"等。

● **参与剧情**：参与剧情适合户外直播。主播可以邀请用户参与直播内容的下一步策划与执行，加强用户的参与感，同时还能借助用户的创意增加直播的趣味性。若采纳了用户的意见，主播可以给参与的用户一些奖励，以提高用户的积极性。例如，在果园内直播展示黑布林（李子的一种）时，就可以邀请用户指定主播摘取特定果树上的果实。

● **直播红包**：主播可以通过发红包或赠送礼物等方式回馈用户，增加直播的人气并加强互动。主播发放红包时要提前告知用户发放的时间，如"10分钟后有一大波红包来袭""20：00准时发红包"等，让用户做好抢红包准备的同时，暗示用户邀请更多人进入直播间抢红包，增加直播间的人气。

● **发起任务**：在直播中发起任务是指让用户按照指定的方式，在指定的时间内完成一系列任务的行为，如邀请用户在某个短视频、某条微博下评论或点赞。发起任务可以快速凝聚用户，通过团体力量达成某一个目的，使用户产生成就感和满足感。

● **发放优惠券**：在直播过程中发放优惠券，可以调动用户的积极性，营造热闹的直播氛围。要想发放优惠券，农产品商家需要在直播开始前设置优惠券选项，并在发放前提醒用户，以便用户获取优惠券。一般来说，优惠券可只针对特定农产品，也可设置为全店铺通用的优惠券。

6.3.3 复盘直播过程

复盘是指在直播结束后，分析整个直播过程，并总结相关经验。农产品商家在复盘直播过程时，需要思考在直播过程中遇到的问题、需要优化的环节等，积累相关经验，避免再犯同样的错误，并形成标准化的执行流程，全面提高直播环节的执行效率，甚至打造为可复制的经典案例，以对外宣发、演讲等，从而提高直播间的知名度和影响力。

6.4 直播营销的技巧

农产品商家在利用直播营销农产品时，需要不断积累、不断学习，以掌握更多的直播知识，吸引更多用户，达到更好的直播效果。一般来说，农产品商家可以从设计直播标题与封面、打造具有吸引力的主播、掌握直播话术、使用限时购买策略，以及吸引和维护直播间粉丝等方面，积累直播相关的知识、经验。

6.4.1 设计直播标题与封面

在整个直播流程中，直播的标题与封面决定了用户是否会对直播内容产生兴趣，从而影响直播间的观看人数。农产品商家要想吸引用户观看直播，就应设计出具有吸引力的直播标题与封面，增强用户进入直播间的意愿。

1. 写作标题

在写作直播标题时，要直接体现出直播主题，将农产品名称、特色、优势等展现出来，以吸引对此感兴趣的用户。写作直播标题时，农产品商家可以参考第4章文案写作技能相关的内容。

例如，"海南金煌杧熟了，香甜可口，你吃过吗？"这个直播标题就直接展现了农产品的品种和特点，更容易吸引喜欢海南金煌杧的用户的注意，增加直播间人气。

2. 设计封面

封面可以更直观地体现直播主题。农产品商家在设计直播封面时，可以结合有人、有产品、好看和好玩的基本原则，设计出贴合直播主题的封面。

- **有人**：有人是指封面中应包含主播形象。
- **有产品**：有产品是指在封面中展示直播时主要推荐的农产品，此类直播封面如图6-7所示。

图6-7 有产品的直播封面

- **好看**：好看是指封面的构图应该美观大方，给用户赏心悦目的感觉。
- **好玩**：好玩是指封面中可以添加一些有趣的元素或表情，增加封面的趣味性，使封面更加新奇、生动。

6.4.2 打造具有吸引力的主播

主播是直播的重要组成要素，直接影响着直播效果。打造具有吸引力的主播，可以更好地帮助用户了解农产品，促进用户对农产品产生兴趣。

1. 农产品主播的定位

在定位农产品主播时，可以根据直播间粉丝群体的画像、农产品的特色、平台用户整体调性等综合考量。例如，某直播间的直播内容以田间的劳作、现场售卖农产品为主，那么其主播就可以定位为质朴、老实的农家人。

此外，农产品主播的特质，如主播的性格、气质、外形、技能、价值观、知识面等，要与同类主播有差异，从而形成个性化的主播标签，提高对用户的吸引力。例如，某花草农产品商家的主播对种植植物十分有心得，那么就可以突出该主播的知识面广，能帮助用户了解更多种植植物方面的知识，可以让主播当场示范浇水、换盆等操作，并有针对性地回答用户提出的问题，从而提升用户的好感度，增加农产品的销量。

2. 农产品主播需具备的素养

合格的农产品主播需要具备表达力、专业性和人格魅力等，以保证直播时做到表达清晰、讲解专业，并能通过个人特质吸引用户。

（1）表达力

表达力是指表达流畅、说话有条理、语言有感染力，这是主播的基本素养。农产品主播在向用户介绍农产品时，不仅要说清农产品的特点和优势，还要注重语言的趣味性和吸引力，能够用场景化的语言向用户形象地传达农产品的各种信息。

例如，主播在海棠园中直播海棠的生长情况时，可以这样介绍。

我身后就是此次直播的海棠种植地了，大家可以看到，我们这批海棠品相十分不俗，花色艳丽、花姿潇洒，不管是种在院子里，还是阳台上，都会是一道亮眼的风景。

此外，在直播过程中，主播也需要依靠良好的表达力引导用户跟上直播节奏，并参与互动，调节直播间的氛围。

（2）专业性

专业性是指主播应具有足够的直播能力和农产品销售能力。

首先，主播应该十分了解农产品，熟知农产品的基本信息和卖点，如产地、品相、食用方法、生长环境、保存方法等。

其次，主播要了解农产品所在行业的情况，了解农产品的分类及市场价格，了解自家农产品在市场上的优势和不足，能够通过对同类农产品的价位对比、优缺点对比等方式，突显自家农产品的优势。

再次，主播需要针对直播时用户可能提出的问题，提前准备好答案，以便在直播时能够从容应对用户，加强用户对主播的信任，提高用户下单购买的概率。

最后，主播还需要了解农产品的目标用户群体的需求，从而在直播过程中直指用户痛点，有针对性地介绍农产品，精准地触达用户，提高直播转化率。在介绍农产品时，主播需要实事求是，不能欺骗用户。

（3）人格魅力

人格魅力是指主播本身或打造的人设应具有吸引用户能力的特质，如直率、坦诚、幽默、风趣等。这些人格魅力不仅可以吸引用户的注意，使用户关注主播，还可以让用户对主播产生信任感，从而放心地购买主播推荐的农产品。

6.4.3　掌握直播话术

直播话术可以帮助主播更自然地介绍农产品。一般来说，直播话术包括信任型话术、展示型话术、活动型话术、引导型话术和感谢话术。

1. 信任型话术

信任型话术主要用于取得观看直播的用户的信任，是取得良好营销成绩的基础。在直播过程中，主播需要让用户信任自己，进而增强对农产品的信任。一般来说，信任型话术可以先点出用户的疑惑，然后通过展示农产品的相关信息，解答用户的疑惑，打消用户的顾虑。

例如，在售卖香蕉时，主播可以使用以下话术介绍。

我知道很多朋友担心买到的香蕉易烂，或者口感不好，今天，就带大家参观一下我们采摘香蕉的过程。朋友们可以看到，农户们摘下来的香蕉还比较青，这样的香蕉比较耐放，与我们距离近的朋友收到香蕉后可能还需要等香蕉自然成熟，而距离远一些的朋友们也无须担心，这些香蕉成熟至少需要6天，等收到的时候可能就刚好成熟了。

2. 展示型话术

展示型话术用于向用户介绍农产品，帮助用户全方位地了解农产品。展示型话术需要结合当下情景，围绕农产品本身展开，如镜头中展示的是农产品的品相，就应介绍该农产品的品相标准等。

例如，在售卖岭上硒薯农产品时，主播可以使用以下话术介绍。

给大家看一下我们产出的岭上硒薯，参照这瓶矿泉水，大家可以清楚看到这些硒薯的个头很大。我现在随意挑选一根硒薯，切开来给大家看看，大家可以看到，硒薯内部是这种很漂亮的黄色，我们现在把这根硒薯放进锅里蒸，晚一些拿出来给大家看……这就是蒸好的硒薯了，我们可以看到，蒸好的硒薯十分软糯……

3. 活动型话术

直播过程中往往会通过活动引起用户的兴趣，因此，活动型话术也是一种十分重要的直播话术，主播需要向用户介绍此场直播的活动信息，如买5送2等，此类话术可以很好地激发用户的购买欲望。

例如，在售卖花苗时，主播可以采用以下话术介绍直播间活动。

为了回馈客户，针对此次通过直播间购买花苗的朋友，我们加赠500g营养土、100ml植物肥料、1个含托盘的花盆，要下单的朋友们抓紧了！

4. 引导型话术

引导型话术是主播需要掌握的关键话术，包括：引导用户关注直播账号的话术，如"还没有关注主播的小伙伴点上面'点亮我'关注主播哦""喜欢主播的可以帮忙关注并分享一下哦，点击分享到朋友圈，或者分享给好友都可以哦"；引导用户互动的话术，如"各位小伙伴想要绿茶还是红茶呢？想要绿茶的回复1，想要红茶的回复2"；引导用户下单的话术，如"我朋友都在我直播间买过很多次这个杧果了，亲测好吃，大家放心买，点14号链接就可以买了"。

5. 感谢话术

在直播过程中，许多用户还会为直播间打赏，或者给农产品好评等。对于这些行为，主播都可以用感谢话术来回应用户，让用户有被重视的感觉，从而更积极地参与直播。

例如，在直播时，主播可以使用以下感谢话术。

感谢小伙伴们今天的陪伴，感谢所有进入直播间的朋友们，谢谢你们的关注、点赞，今天很开心。

感谢小伙伴们送的小礼物，非常感谢你们的支持！我们明天会陆续给大家发货，收到货后有任何售后问题，随时可以联系我们解决。

马上播完就下播了，谢谢小伙伴们的陪伴，希望大家睡个好觉、做个好梦。明天好好工作，晚上我们同一时间在直播间不见不散。

6.4.4　吸引和维护直播间粉丝

进行直播营销的过程中，需要吸引直播间粉丝，获得流量，以实现最终目的。此外，还要对吸引来的粉丝进行维护，将其转化为忠实粉丝，以支撑直播营销的长期开展。

1. 吸引直播间粉丝

要吸引直播间粉丝，就要取得粉丝的信任。粉丝只有产生了信任感，才会持续关注直播间，并产生互动及购买行为。在获取粉丝信任的同时，农产品商家还要注重提升直播价值，坚持进行多平台的宣传推广。

● **获取粉丝信任**：为获取粉丝信任，农产品商家要坚持以下3个原则：一是诚实守信，在直播营销的过程中传递真实有效的信息，遵守对粉丝的承诺；二是准时，农产品商家应在规定的时间直播，如预告中的直播时间为13点，直播便应当在13点开播，若有特殊情况需更改时间，应提前告知粉丝；三是坚持，粉丝需要时间进行积累，农产品商家只有坚持定时直播才有可能吸引更多的粉丝。

● **提升直播价值**：提升直播价值可从两方面进行，一是打造差异化，二是打造品牌。不管是人格魅力的差异化还是直播风格的差异化，只要能够让用户认可农产品商家或直播间内容的独特性，即可吸引粉丝。另外，还可以通过良好的信誉、过硬的农产品质量，以及有保障的售后服务来打造品牌，增强用户的黏性。

● **多平台宣传推广**：多平台宣传推广（如同时在抖音、微博、微信等平台联合发布直播预告等）有利于增加曝光量，吸引粉丝观看直播，还能潜移默化地加深用户对直播间的印象。

2. 维护直播间粉丝

拥有粉丝之后，如果不能很好地维护粉丝，也会造成粉丝的流失。一般来说，农产品商家可以采用以下方法维护直播间粉丝。

● **多和直播间粉丝互动**：在直播间与粉丝互动不仅可以调节直播的氛围，还可以拉近与粉丝之间的距离，加深与粉丝之间的感情。在直播时，农产品商家要有意识地引导粉丝与自己互动，让直播间粉丝积极发言，如以提问的方式发起一个话题进行讨论，然后回复一些粉丝的评论，与其互动。除此之外，开展一些发红包等活动，也能很好地调动粉丝的热情，增加与粉丝的互动。

- **做好农产品售后服务**：就直播营销而言，要想维护好直播间粉丝，做好售后服务是非常有必要的。只有农产品的售后有保障，粉丝才能买得放心，才会变成农产品商家的忠实粉丝。

- **创建粉丝群**：创建粉丝群也是一个非常好的维护直播间粉丝的方法。通过粉丝群，粉丝与粉丝之间、农产品商家和粉丝之间能够形成良性互动关系，从而增强粉丝黏性。

6.5 直播效果跟踪

直播效果跟踪是直播营销不可缺少的环节。它是指农产品商家通过分析各项数据得到具有参考价值的结论，总结直播中的不足，然后在下一场直播中改进，从而对直播的开展进行科学指导，以获得更好的营销效果。

6.5.1 直播实时数据跟踪

要对直播的效果进行跟踪，首先要有足够多的实时有效数据，农产品商家一般可以通过直播平台的后台来获取直播实时数据。例如，就淘宝直播而言，农产品商家可以从淘宝直播中控台、淘宝主播App中获得直播实时数据。

1. 从淘宝直播中控台获得直播实时数据

正在直播中的农产品商家如果要获得直播实时数据，可以在PC端的淘宝直播中控台首页中单击"查看详细"按钮，如图6-8所示；或在打开的"智能数据助理"页面中查看详细的实时数据，如图6-9所示，包括访问（如观看次数、实时在线人数、平均观看时长等）、转化（如新增粉丝数、商品点击人数、商品点击次数和商品点击率等）和成交（如引导成交人数、引导成交金额、引导成交件数等）数据。

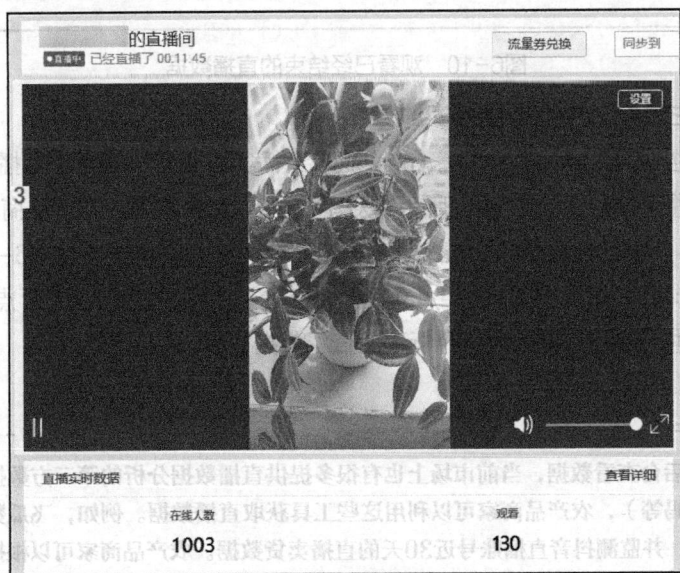

图6-8　淘宝直播中控台首页

图6-9　直播实时数据

　　如果直播已经结束，想要查看实时数据，农产品商家可以在PC端淘宝直播中控台中依次选择单击该次直播对应的"数据详情"按钮，如图6-10所示，然后进入该次直播的数据详情页面。在数据详情页面中，农产品商家可以在"指标总览""实时趋势""流量运营""商品分析"等模块中查看不同维度的数据，以全面掌握直播情况。

图6-10　观看已经结束的直播数据

2. 从淘宝主播App中获得直播实时数据

　　农产品商家也可以直接从淘宝主播App中获取直播实时数据，若正在直播中，可以在直播界面中向左滑动进行查看，如图6-11所示。对于已经结束的直播，农产品商家可以在淘宝主播App中的首页界面中点击顶部的个人账号，进入"个人中心"界面（见图6-12），然后选择"我的直播"选项，在直播列表中找到想要查看数据的直播，然后点击⊖按钮（见图6-13），即可进入该次直播的数据分析页面查看数据。

知识补充

　　除了在账号后台查看数据，当前市场上也有很多提供直播数据分析的第三方数据分析工具（如飞瓜数据、蝉妈妈等），农产品商家可以利用这些工具获取直播数据。例如，飞瓜数据可以查看抖音直播电商数据，并监测抖音直播账号近30天的直播卖货数据。农产品商家可以根据每场直播的预估销量和实际销售额来判断某段时间内的直播卖货效果。

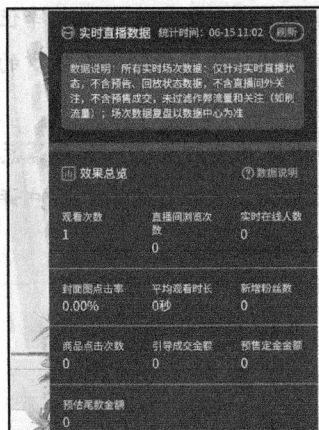

图6-11 直播中查看实时数据　　图6-12 "个人中心"界面　　图6-13 查看已经结束的直播数据

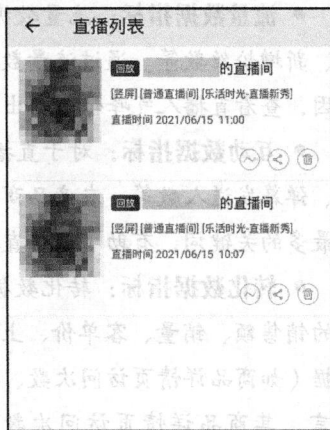

6.5.2 直播数据分析

在获取了相关直播数据后，农产品商家就可以对数据进行分析处理了。数据分析有助于全面、准确地掌握直播的各方面情况，了解农产品的销售变化情况，从而更好地为直播营销提供指导。

1. 直播数据分析方法

目前比较常用的直播数据分析方法是对比分析法。根据对比标准的不同，对比分析法可以分为纵向对比和横向对比。纵向对比指不同时间段同一指标的对比，如2021年1月到12月的农产品销量对比；横向对比指同一时间段不同指标的对比，如2021年10月5日某场直播各类农产品的销量对比。对比分析可以得到直播过程中的各种数据变化情况，有助于更好地发现并解决直播营销中存在的问题。

在进行数据分析时，单一的数据分析只能体现单一的变量，如某一天的直播流量、销量。如果将某段时间内不同时期的直播流量、销量进行对比，就可以得到更多的信息，如直播流量或销量的连续变化趋势等，这就是对比分析的优势所在。

另外，通过对比分析，农产品商家可以找出异常数据（即偏离平均值较大的数据）。例如，农产品商家每场直播的新增用户数在100～150个，但某一场直播的新增用户数达到300个，新增用户数与之前相比偏差较大，属于异常数据，农产品商家就需要对此数据进行仔细分析，查找产生异常数据的原因。

2. 直播数据分析的常用指标

农产品商家需要在回顾直播流程时用数据量化的方式总结直播表现，以直观地反映直播效果，因此有必要了解直播数据分析的常用指标。一般来说，直播数据分析的常用指标包括用户画像数据指标、流量数据指标、互动数据指标、转化数据指标等。

● **用户画像数据指标**：用户画像数据指标包括直播间用户的性别分布、年龄分布、地域分布、活跃时间分布等。例如，图6-14所示为某农产品商家抖音直播间用户画像数据，从中可以看出，在该农产品商家抖音直播间用户中，女性占多数，41～50岁、50岁以上的用户占比较高。一般来说，女性的消费能力比较强，但购买农产品时会比较慎重。

● **流量数据指标**：流量数据指标主要包括累计观看人数、平均在线人数、直播人气峰值数、新增粉丝数等。通过流量数据指标，农产品商家可以分析某场直播观看人数较多或较少的原因，查看直播人气峰值数据出现的时间，分析直播中哪些行为能够吸引用户观看。

● **互动数据指标**：对于直播而言，互动数据指标主要是指与弹幕相关的数据，如弹幕总数、弹幕发送人数等。农产品商家通过分析直播过程中的用户弹幕热词，可以直观看到用户评论最多的关键词，有助于调整直播过程中所强调的卖点、上架的农产品等。

● **转化数据指标**：转化数据指标主要包括直播卖货数据（如某场直播的销售额、销量、客单价、上架商品数等，如图6-15所示）、引导转化数据（如商品详情页访问次数、橱窗访问次数等）。例如，就某款农产品而言，其商品详情页访问次数为20，订单量为6，可知购买转化率为30%，是非常高的转化率，这说明该农产品对观看直播的用户来说有很强的吸引力。

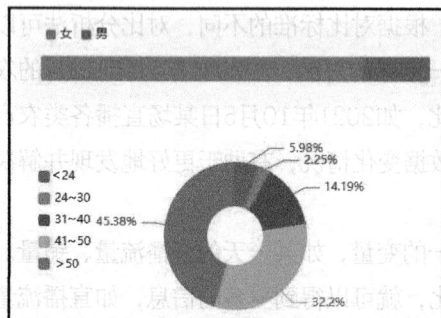

高清大图

用户画像数据

图6-14　用户画像数据

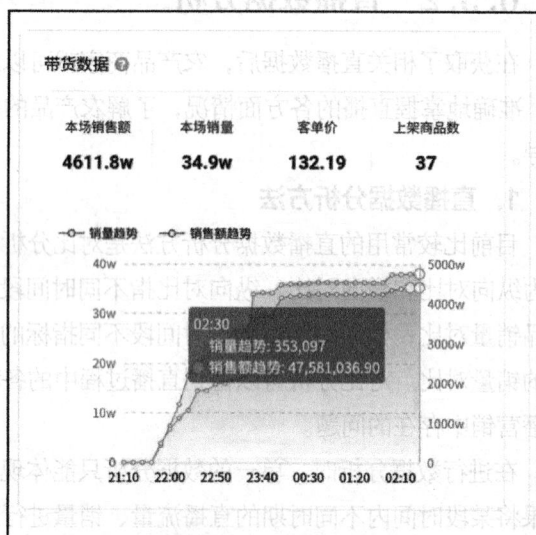

图6-15　直播卖货数据

6.6　本章实训——开展纽扣油蟠桃直播营销

纽扣油蟠桃是近年来比较热门的一种桃子，个头比较小、含糖量高、口感好。纽扣油蟠桃的成熟季节早，但成熟期很短。近来，杨铭家种植的纽扣油蟠桃快成熟了。为了促进纽扣油蟠桃的销售，杨铭决定通过快手直播来营销。

1. 实训要求

① 确定直播的主题。
② 线上线下相结合对直播进行宣传推广。
③ 明确直播开始前需要筹备的物料。
④ 掌握农产品直播营销的技巧。

2. 实训准备

要在快手开展直播，首先需要了解在快手直播的操作方法。

① 打开快手App，登录快手账号，点击屏幕中心的 $\boxed{\odot}$ 按钮，进入视频界面，选择界面下方的"直播"选项，开始创建直播。

② 在打开的界面中设置直播封面，添加6字以上的直播标题，然后点击屏幕中间的 开始聊天直播 按钮创建直播间。

③ 进入直播间，然后点击屏幕右上方的 开启画面 按钮即可开始直播。

3. 实训步骤

根据实训要求，针对纽扣油蟠桃的特点，结合直播的营销技巧，开展一场直播，具体步骤如下。

① 确定直播主题。由于本场直播的目的是销售纽扣油蟠桃，所以可以将农产品本身作为核心来确定主题，同时体现一定的促销信息。例如，将直播的主题设置为"纽扣油蟠桃上市狂欢活动"或"纽扣油蟠桃上市预告活动"等。

② 制订宣传推广计划。纽扣油蟠桃是近年比较新的一种品种，一般来说，年轻用户接受新鲜事物较快，会对不常见的事物比较感兴趣。因此，杨铭可以将年轻用户作为目标用户群体。一般来说，年轻用户群体主要集中在微博、微信和短视频平台中，因此可选择微博、微信及快手、抖音等平台作为主要宣传平台，对直播活动进行宣传推广。另外，当前很多平台会邀请全国各地的市长、县长等政府人员到直播间推广当地的农产品，有了政府人员的加入，农产品往往能够得到更好的推广，因此，杨铭还可以关注家乡的助农政策，邀请政府人员到直播间一起助力农产品营销。

③ 筹备直播物料。直播物料分为直播场景、直播道具和直播设备3个部分。首先，本场直播的农产品为纽扣油蟠桃，因此直播场景可以选择空间较大的室内场景或纽扣油蟠桃的种植地；其次，需要准备此次直播过程中所需的纽扣油蟠桃，以及可能用到的游戏道具、纸巾等物品；最后，准备直播设备，一般而言，此类直播都直接使用手机直播，因此，需要准备的设备包括手机、电容麦克风、声卡、监听耳机、补光灯和手机支架等。

④ 开展直播营销。直播营销的优势在于直观性和临场感。对于纽扣油蟠桃而言，主播在直播过程中直接试吃可以很好地吸引用户购买。在试吃过程中，主播要尽量采用生动的语言来描述纽扣油蟠桃的口感，例如，"这个纽扣油蟠桃的皮非常薄，好像一碰就破的样子，而且汁多、香甜，咬一口，就感觉像喝了一碗甜甜的水，爽口但又不腻"。此外，还可以配合陶醉的表情、肢体动作，以表现纽扣油蟠桃的美味。另外，如果将直播地点选在种植地，还可以用手机直观地展现纽扣油蟠桃的生长环境，以及纽扣油蟠桃的采摘、打包等过程。主播还可以发起现场购买活动，专门就直播中展示的尚未采摘或刚采摘的纽扣油蟠桃发起集体购买活动，以保证所见即所得，如"这棵树上的纽扣油蟠桃大概可以产出20斤，现摘现发，大家抓紧时间下单"。

6.7 本章小结

农产品直播营销与运营

- 农产品直播营销的特点和平台
  - 特点 ○ 直观即时、销售方式直接、易产生跟风效应
  - 主流平台 ○ 淘宝直播、快手直播、抖音直播、拼多多直播

- 农产品直播营销的前期准备
  - 找准目标用户群体 ○ 明确目标用户群体的年龄分布、经济消费能力、直播观看时间段、利益诉求、潜在需求等
  - 控制直播产品 ○ 农产品的选择、价格设置、质量控制和售后处理
  - 布置直播场景 ○ 室内场景、室外场景
  - 调试直播布光 ○ 主光、辅助光、轮廓光、顶光、背景光
  - 策划直播脚本 ○ 包括目标的制定，直播形式的确定，直播文本和宣传文本重点的明确，人员的分配，时间节点的确定，成本的预算
  - 准备直播物料 ○ 直播设备、直播农产品、直播节奏表
  - 调整主播状态
  - 做好直播测试 ○ 了解直播间的功能、测试直播过程
  - 进行直播预热 ○ 线上宣传、线下宣传

- 直播营销的流程控制
  - 规划直播流程
  - 设计直播互动 ○ 弹幕互动、参与剧情、直播红包、发起任务、发放优惠券
  - 复盘直播过程

- 直播营销的技巧
  - 设计直播标题与封面 ○ 写作标题、设计封面
  - 打造具有吸引力的主播 ○ 主播的定位、主播需具备的素养
  - 掌握直播话术 ○ 信任型话术、展示型话术、活动型话术、引导型话术、感谢话术
  - 吸引和维护直播间粉丝 ○ 吸引粉丝、维护粉丝

- 直播效果跟踪
  - 直播实时数据跟踪 ○ 从淘宝直播中控台获得直播实时数据、从淘宝主播App中获得直播实时数据
  - 直播数据分析 ○ 直播数据分析方法、直播数据分析的常用指标

🎓 真实案例推荐阅读

1. **研究生直播卖货助力农产品销售**
2. **沂源县县长直播卖货助力苹果销售**

拓展阅读

真实案例推荐阅读

第7章 农产品微信营销与运营

学习目标

◆ 了解微信个人号的打造方法。
◆ 掌握微信朋友圈的营销方法。
◆ 熟悉微信社群的营销方法。
◆ 掌握微信视频号的营销方法。

引导案例

草鸡蛋微信营销

尤达是一名办公室文员，毕业后4年的时间里一直在某市一公司就职。怀揣创业梦想的他想要干出一番事业，于是毅然辞职回老家创业。之前，尤达的姐姐一直在销售草鸡蛋，先通过农业合作社购买养殖户手中的草鸡蛋，然后转卖给其他用户，但这种销售方式不仅没有稳定的蛋源，而且增加了草鸡蛋的销售成本，获利较少。

回到老家后，尤达决定和姐姐一起销售草鸡蛋，但是他认为这种销售方式有局限性。思虑再三后，尤达承包了老家的一片山地，决定自己养草鸡。姐姐认同尤达的想法，决定和尤达共同投资建立养殖场。姐弟俩联系了一家小鸡孵化厂，订购了第一批长了90天的草鸡，草鸡在山上经过一个月的散养后开始产蛋。市场上的草鸡蛋品种繁多，竞争激烈。尤达非常看重鸡蛋的质量，他饲养草鸡时，喂的是玉米、稻谷、豆粕等，这样饲养出来的草鸡产出的蛋品质非常好，每个鸡蛋平均重45克，定价1.5元。草鸡大量产蛋后，尤达与姐姐商量，由姐姐负责按老渠道销售，而他自己则负责开发新的销售渠道。如果将草鸡蛋销售给超市，草鸡蛋的成本依旧很高，若将草鸡蛋直接送到用户手中，这样既能降低销售成本，又能降低蛋价。于是，尤达决定利用微信销售草鸡蛋。

首先，尤达添加了众多同城的微信好友，然后经常在朋友圈中展示养殖场和草鸡的饲养过程，不少同城用户通过微信直接找他购买，他也会直接送货上门。除此之外，他还会将用户的订单、评价和自己的送货过程发布到朋友圈中。渐渐地，尤达的草鸡蛋开始被更多用户关注，许多外地的用户也主动添加他的微信，然后在线上订购草鸡蛋。仅仅在微信上销售，尤达就卖出了3万个草鸡蛋。他还会把购买草鸡蛋的用户拉进他建立的微信群，节日或活动期间，尤达会在群中发红包，空闲时，他还会与群内好友聊天互动，拉近与用户的距离。

7.1 微信个人号打造

微信用户覆盖了200多个国家和地区，月活跃用户超过10亿人，这为农产品的营销打下了坚实的用户基础，并且微信具有丰富的营销方式，朋友圈、微信群、视频号等都非常有利于农产品的销售。要使用微信营销农产品，首先就需要创建并打造微信个人号。

7.1.1 微信个人号设置

微信个人号设置是打造微信个人号的第一步，主要包括昵称设置、头像设置、个性签名设置和微信号设置。掌握微信个人号设置的方法，有助于农产品商家快速在用户心中树立起良好印象，拉近与用户之间的距离。

1. 昵称设置

在使用微信聊天时，人们往往最先注意昵称和头像。一个好的昵称可以给他人留下良好的第一印象，节约沟通成本。

对于微信个人号而言，简单明确是基本要求，即字数不能太多，拼写要简单，不使用生僻字或不容易记忆的文字。另外，在昵称后添加标签可以方便用户对号入座，使用户在看到该昵称时可以快速产生联想，提高昵称的曝光率。标签可以是代表个人特征的重点信息，如个人定位、职业等，也可以是经营的农产品或品牌等。标签通常比较精简，不宜过长，常以"实名+个人特征或农产品名"的结构体现，如"张桥–洛川苹果"等。

2. 头像设置

微信头像与昵称一样起着快速树立第一印象、节约沟通成本的作用。农产品商家的微信个人号一般以个人照片、特色标识、农产品、企业Logo等作为头像，但不管使用哪种头像，都应当真实、清晰，这样的头像有助于凸显专业性，给用户带来安全感和信任感。如果使用具有代表性的图片或标识作为头像，还应保证图片裁剪合理、比例适宜。

3. 个性签名设置

个性签名是对微信个人号的补充，方便用户了解更多信息。个性签名没有严格的要求，可以专业严谨，也可以轻松幽默，可根据营销目的设置。个性签名大致有以下3种类型。

- **个人风格型**：个人风格型的个性签名常用于塑造个人形象，是比较常见的一种风格，具体可根据账号的定位和想要塑造的账号形象编写个性签名。
- **成就展示型**：成就展示型的个性签名常用于宣传品牌或农产品，让用户产生信任感，如"××（农产品企业或品牌）创始人"等。
- **产品介绍型**：产品介绍型的个性签名常用于介绍或推销农产品，多以简单、直接的方式告诉用户自己经营的农产品，如"我们只卖自己家养的土鸡蛋""只售林下散养土鸡所产土鸡蛋，6年500位回头客的见证"。

微信个性签名有40字的字数限制，在新添加好友的时候被看到的机会较多。从营销的角度来说，原则上不应直接粘贴僵硬直白的广告，否则不仅容易影响好友申请通过率，还会给用户留下不好的第一印象。

4. 微信号设置

微信号即微信ID，是个人身份信息的代表，通常是字母、数字和符号的组合。与昵称一样，微信号的设置应该方便记忆、识别和输入。一般来说，微信号可以是有关联性的拼音、数字组合，如与自己的名字、农产品、职业相关的拼音+简单数字。

知识补充

微信个人号还能设置地区，可以展示个人的地域信息。农产品的地域属性比较强，因此，可将地区设置为农产品的产地等，给用户一种踏实的心理感受。

7.1.2　微信个人号引流

对于农产品商家而言，微信个人号可以直接与用户联系，用户黏性更强。流量是微信个人号营销的基础，要想利用微信个人号宣传农产品，促进农产品的销售，就需要引流，即尽可能多地添加微信好友。一般来说，微信个人号添加的好友越多（微信个人号目前最多可以添加5000个好友），营销的范围越广，营销效果也就越好。

1. 利用微信群或QQ群引流

微信群或QQ群是非常流行且活跃度非常高的社交工具。微信群或QQ群内的人数比较多，并且群成员大多具有共同的需求或爱好，很容易从中快速挖掘大量目标用户。

通过微信群或QQ群为微信个人号引流时，农产品商家需要先寻找符合营销需求的微信群或QQ群，然后加入群，与群内成员交流，可以在群成员认识、了解自己，且有了一定信任基础的时候再添加好友，此时添加好友通过率更高，好友质量也更高。图7-1所示为QQ中的群分类，农产品商家可以选择合适的QQ群然后加入，为微信个人号引流。

图7-1　QQ群

2. 利用微信的"发现"界面引流

在微信主界面底部中选择"发现"选项，可打开"发现"界面。"发现"界面是微信专为微信个人号开发的营销推广界面，提供了朋友圈、视频号、扫一扫、摇一摇、看一看、搜一搜、直播和附近等功能。其中，通过摇一摇、直播和附近功能能够随机添加陌生人为好友，为微信个人号引流。

- **摇一摇**：摇一摇是微信内的一个随机交友功能，通过摇动手机或点击手机屏幕，可以匹配到同一时段触发该功能的微信用户。在"摇一摇"界面中点击右上角的◙按钮，还可以设置"摇一摇"的背景图片、音效等，如图7-2所示。
- **直播和附近**：直播和附近功能也可以添加好友，在"发现"界面选择"直播和附近"选项，在打开的界面上方选择"附近的人"选项就可以查看附近正在使用微信的用户，然后直接添加即可。另外，点击"附近的人"页面右上角的…按钮，还可以对用户进行筛选，如图7-3所示。要利用"附近的人"功能为微信个人号引流，微信号的个人签名需要具备吸引力，有助于通过好友添加申请。

3. 利用其他新媒体平台引流

在多元化营销时代，不可能仅仅在某一个平台上进行营销，农产品商家往往需要结合不同的营销平台，运用一系列营销方式进行组合营销，相互促进和补充，形成一个完整的营销矩阵。除了上述常见的添加好友的方式，农产品商家还可以将其他平台的用户引流到微信中。例如，在微博、知乎、美拍等新媒体平台的账号简介中附上自己的微信号，让其他平台的用户能够知晓自己的微信号，当用户对账号感兴趣时，就会主动根据提供的微信号添加好友，从而达到为微信个人号引流的目的。

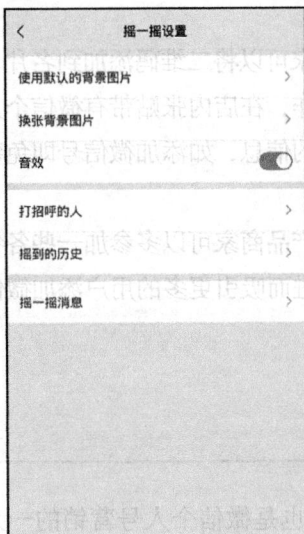

图7-2 "摇一摇"设置　　　　　图7-3 使用"直播和附近"功能添加好友

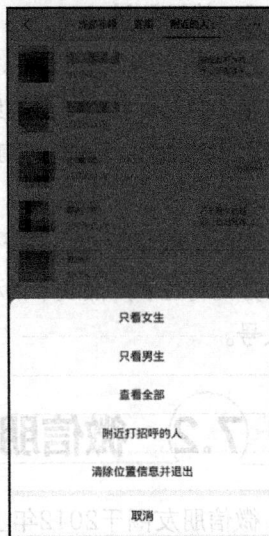

当然，要想达到较好的引流效果，农产品商家要保证自己发布在其他平台上的内容足够有吸引力，这样用户才会产生进一步了解的想法，进而自主搜索并添加微信好友。

4. 利用朋友圈引流

微信朋友圈是微信个人号的一个社交功能。用户可以通过微信朋友圈发表文字、图片或短视频等信息内容，也可以通过其他软件或应用将各种类型的信息分享到微信朋友圈中。

微信朋友圈是一个非常好的引流途径。例如，农产品商家可以在朋友圈中发布"扫码添加我为好友并转发朋友圈集赞××个，将截图发给我即免费领取××奖品"的信息，为微信个人号引流。

5. 利用互推引流

互推即互相推荐，如果能够借助微信好友推广，或者借助有一定名气、声望的人推荐，也可以快速吸引用户主动添加好友。农产品商家可以进入一些有互推资源的微信群或QQ群，图7-4所示为QQ中的互推群。

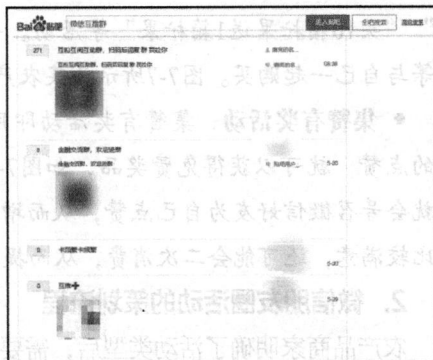

除了微信群和QQ群，农产品商家还可以利用搜索引擎搜索目标群，在微博、百度贴吧等平台也可以找到相关的资源，如图7-5所示。

图7-4 QQ中的互推群　　　　　图7-5 利用贴吧寻找互推群

6. 线下引流

一些线下的方法也可以为微信个人号引流。例如，农产品商家可以将二维码添加到名片、宣传单中，然后打印并分发给用户扫描添加，或者与线下店铺合作，在店内张贴带有微信个人号二维码的海报，但要达到理想的效果，需要加入能够吸引用户的信息，如添加微信号即免费送礼品等。

另外，线下活动也是一个为微信个人号引流的有效途径。农产品商家可以多参加一些各省市举办的特色农产品线下活动，在活动中与用户建立朋友关系，进而吸引更多的用户添加微信个人号。

7.2 微信朋友圈营销

微信朋友圈于2012年上线，是展示个人形象的常用窗口，也是微信个人号营销的一大重要途径。农产品商家可以通过朋友圈宣传农产品，还可以通过与用户交流和互动来激发用户的购买欲望。农产品商家要想利用朋友圈发挥最大的营销价值，就要学会经营微信朋友圈。

7.2.1 开展活动

活动是影响微信朋友圈营销效果的关键因素。农产品商家可以开展一些活动，通过微信朋友圈营销，从而达到为微信个人号引流，并促进农产品销售的目的。

1. 微信朋友圈活动的类型

在微信朋友圈中可以开展的活动众多，包括免费试吃活动、满赠促销活动、集赞有奖活动等，农产品商家可以根据营销需求选择合适的活动。

● **免费试吃活动**：对于可食用的农产品而言，味道和口感是用户比较关心的问题，也是影响农产品销量的重要因素。因此，在正式销售可食用的农产品之前，农产品商家可以先开展免费试吃活动（见图7-6），让用户体验农产品的口感，待用户品试吃后，还可以请用户将农产品的味道和口感等分享到朋友圈，从而吸引更多用户关注自己的农产品。

● **满赠促销活动**：满赠促销活动是一种能够促进农产品销售的活动，可以吸引更多的用户购买农产品。在农产品上市期间或节日期间，农产品商家可以开展如"买5斤山药送半斤山药""买10箱杧果送1箱杧果"等活动。一般来说，如果用户对农产品感兴趣就会邀请亲朋好友等与自己一起购买。图7-7所示为某农产品商家在朋友圈开展的满赠促销活动。

● **集赞有奖活动**：集赞有奖活动即用户将农产品商家的朋友圈进行转发，并集齐指定数量的点赞，就可以获得免费奖品，如图7-8所示。集赞有奖活动过程中，用户为了获得免费奖品就会号召微信好友为自己点赞，从而增加农产品的曝光量。另外，如果用户对免费得到的奖品比较满意，还可能会二次消费，从而提高农产品的转化率。

2. 微信朋友圈活动的策划流程

农产品商家明确了活动类型后，需要根据实际情况进行策划。微信朋友圈活动的策划流程如下。

图7-6 免费试吃活动　　　图7-7 满赠促销活动　　　图7-8 集赞有奖活动

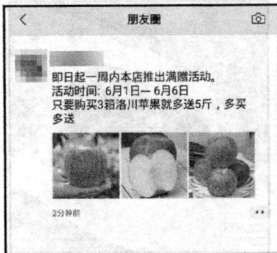

（1）明确活动目标。明确活动目标是开展微信朋友圈活动策划的第一步，农产品商家要明确目标才能开展后续的策划工作。一般来说，微信朋友圈活动的目标主要包括引流和促进农产品销售等。

（2）明确活动对象。活动对象即微信好友，可以是初次添加自己为好友的用户，也可以是购买过农产品的用户。明确了活动对象后，农产品商家就可以着手了解他们的喜好，分析他们更愿意参与的活动形式。根据活动对象的偏好和习惯等来设计活动，并确定活动方式，最大限度地保证用户参与活动的积极性，这也有利于后续活动的开展。

（3）设计活动玩法。活动玩法要紧扣活动目标（如销售500箱苹果），在设计活动玩法时要充分考虑活动对象的偏好和习惯、农产品的特性，在活动过程中多设计创新玩法。

（4）物料制作。微信朋友圈活动的物料制作主要包括朋友圈海报、活动视频或朋友圈文案的制作等。

（5）活动发布。农产品商家可以在发布活动前预热，如提前在朋友圈发布相关活动预告，然后选择一个高峰时段正式发布活动信息。

（6）活动跟踪。活动跟踪包括对活动进程、活动效果的跟踪，也包括对用户反映、用户评价的跟踪。做好活动跟踪有助于为用户提供良好的活动体验。如果在活动过程中出现偏差或负面影响，也可以及时纠正和控制。

7.2.2　结合日常

不少用户认为微信朋友圈是比较私人的地方，不想看到太多广告和推销信息，否则易产生厌烦感。农产品商家若在朋友圈频繁地发布推销农产品的信息，可能会被很多用户屏蔽或删除。为了不引起用户的反感，农产品商家可以结合自己的日常生活，在朋友圈中分享生活中的趣事。图7-9所示的农产品商家就是在分享其生活和感受的同时，附上了其主要经营的农产品。

在朋友圈中自然而然地融入自己的农产品，让用户在潜移默化中了解农产品，从而更容易接受农产品。这些日常生活式的朋友圈看似毫无价值，实际上十分有利于农产品营销。因为一方面它有利于形象的树立，让用户觉得农产品商家有趣、有亲和力；另一方面也能在用户面前推销农产品，但又不令人厌烦。

另外，每个人的日常生活中都会有一些感悟，可用文字把这些感悟描述出来，分享到朋友圈中。如果用户有类似经历，那么能在一定程度上使他们产生情感共鸣。或者可以将一些好玩、有趣的事情分享出来，这些事情可以来源于生活、自己的创作，也可以是网上的段子，这样可以娱乐他人，加深用户的印象。

图7-9　结合日常的朋友圈

7.2.3　展示评价

用户购买农产品后常常会对农产品的口感、包装、新鲜度等进行评价，这些评价的内容也可以作为农产品商家的推广信息来展示。消费评价是农产品质量、售后服务、品牌形象等的真实反映，是体现用户购物体验的一种很直观的途径。农产品商家可将这些反馈信息整理出来，以文字或图片的方式发布在朋友圈中，让更多的潜在用户了解农产品的正面形象。图7-10所示为已购买用户对农产品评价的朋友圈文案，这种以微信对话的形式展现的消费评价显得更为真实可信，更容易获得用户的认可和信任。

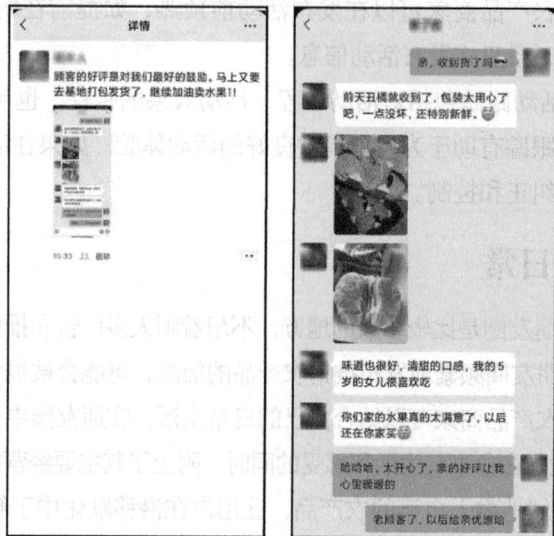

图7-10　展示消费评价

7.2.4　借用热点

热点包括当下的热门话题、新闻、节假日等。互联网经济时代，热点的传播速度非常快，这些事物能满足用户的好奇心，赢得他们的关注。农产品商家可以利用这些热点，增加自己的农产品热度。

农产品商家可以专门去各大平台（如微博热搜榜、百度热搜榜等）收集整理热点，并分享到朋友圈中，以给用户一种新鲜感，同时也更容易增加用户对农产品的关注。需要注意的是，融合热点并不是盲目跟风，而是借助热点寻找能宣传植入自己农产品的契机。例如，某知名艺人在微博上公布婚讯后，某农产品商家借该热点发布"××结婚，农产品商家悲痛欲绝，已经无心经营，现疯狂甩卖原价299元的猕猴桃礼盒，现价仅需99元，喜欢吃猕猴桃的抓紧了，错过了这次就只能等××结婚了。抢购猕猴桃热线：180××××306"的微信朋友圈。

📖 知识补充

农产品商家还可以直接在朋友圈投放广告来开展营销。微信朋友圈广告采用了信息流广告形式，其与平常能够看到的原创朋友圈形式相似，由文字、图片或视频信息构成，只是右上角注有"推广"或"广告"字样，用户可以点赞、评论或查看朋友的评论，并进行互动。这种方式成本较高，但营销信息传播范围广，适合有一定实力的农产品商家。

🎧 案 例

麻辣萝卜干微信朋友圈热点营销

萝卜、辣椒是非常常见的食物，王文文在朋友圈中销售麻辣萝卜干的方式却非常有新意。在纪录片《舌尖上的中国》火热时，王文文就借鉴了《舌尖上的中国》的"舌尖体"，发布了内容为"萝卜是来自土壤的馈赠，辣椒是辣椒树带来的礼物，经过洗净、风吹、切条、抹盐、晾晒、拌匀、封坛等多道工序，萝卜的营养与辣椒素发生充分的化学反应，最后做成的麻辣萝卜干口感微辣、嘎嘣脆、爽口无比，这种味道就是出自我们家的味道"的微信朋友圈，最后配上了与《舌尖上的中国》风格相似的农产品图。在中秋节时，王文文又发布了与中秋节相关的朋友圈，"年年中秋节都是月饼，今年来点麻辣萝卜干，为中秋团聚加点火热的味道。"

螺蛳粉曾多次登上热搜榜，王文文借助该热点，发布了内容为"螺蛳粉没抢到？我家的麻辣萝卜干还有100份，无论你是在家做包子还是包饺子，做凉皮还是炸油条，都可以加点我们的麻辣萝卜干"的微信朋友圈。后来，"没有手机和Wi-Fi的童年"登上了热门话题榜，王文文结合热点，发布了内容为"那年没有手机和Wi-Fi，但是有我的小伙伴和妈妈做的麻辣萝卜干，口袋里的麻辣萝卜干是小伙伴们都安静听我说话、听我指挥的原因"的微信朋友圈。正因为这些有趣且与热点结合的朋友圈，王文文的麻辣萝卜干非常受欢迎，微信好友有购买麻辣萝卜干的需求时，都会首先联系王文文。

思考：（1）为什么王文文在朋友圈营销如此有效？（2）王文文在借助热点发布微信朋友圈时需要注意哪些问题？

7.3 微信社群营销与运营

社群营销与运营是一种基于圈子和人脉的营销模式，通过将有共同兴趣爱好的人聚集起来的方式打造一个共同兴趣圈并促成最终的消费。实质上，社群营销与运营是一个口碑传播的过程，其人性化的营销模式不仅广受用户欢迎，还可以通过用户口碑继续将有共同兴趣爱好的人汇集起来，扩大口碑传播范围，让原有用户成为继续传播者。在各种社群平台中，微信社群的活跃度非常高，微信社群营销与运营也被很多农产品商家采用。

7.3.1 微信社群构建

进行微信社群营销与运营前，要先建立一个结构完整的微信社群，在拥有一定数量的粉丝后，再继续完善微信社群结构。在保证社群持续性输出能力的同时，不断为用户创造价值，与用户建立坚实的感情联系和信任关系，形成自运转、自循环的经济系统，让微信社群持续壮大，复制、分化出更多的微信社群。

1. 明确建群目标

方向往往决定最后的结果，建群目标也决定着微信社群的营销效果。简单来说，明确建群目标也就是明确为什么要建立微信社群，是想销售农产品，还是单纯地与用户互动、聊天等。一般来说，农产品商家的建群目标包括销售农产品、拓展人脉、打造品牌、扩大影响力等。

明确了建群目标后，农产品商家还需要思考以下问题。

- 你为用户提供怎样的农产品，如何让他们选择你的农产品？
- 你在微信社群中能给用户分享什么样的内容，以致他们渴望再次购买你的农产品？
- 你能给用户创造怎样的利益回报，以致他们有所期待？
- 微信社群能够运营多长时间？
- 建立微信社群后，应当如何实现销售和变现？

建群目标是创建微信社群的初衷，农产品商家在最开始时就应明确，只有这样才能明确如何设置微信社群规则、如何保持微信社群活跃度等。如果一个微信社群的存在既能够满足用户的某种价值需求，又能够给农产品商家带来一定的回报，就会形成一个良好的循环，甚至可以形成自运行的生态。

2. 引入社群成员

微信社群由一群有共同兴趣、认知、价值观的成员组成，社群成员在某方面的特点越相似，就越容易建立起情感联系。因此，在引入社群成员前，农产品商家需要明确微信社群要吸引哪一类的人群。例如，团购有机蔬菜的微信社群，吸引的是关注食品健康和安全的人群；美食制作分享的微信社群，吸引的是热爱制作美食的人群等。对于农产品微信社群而言，农产品商家可以在用户分析的基础上确定微信社群的目标用户群（参考第3章用户分析相关的内容）。具体来说，在引入社群成员时，可以采用以下方法。

- 在热门微博留言区巧妙地利用语言，将微信社群的特点、主打农产品、活动预告进行简明扼要的介绍，然后引导用户联系自己，并将其引入微信社群。
- 录制富有吸引力的短视频，以短视频的形式吸引用户加入社群。
- 找到与微信社群定位相符的短视频或文章，然后在评论区发布评论，留下微信社群的入群方式，引导用户加入。
- 在微信朋友圈、微博等平台通过发放红包或赠送奖品的方式吸引用户加入微信社群，但需要注意，农产品商家不可过分依赖红包、奖品等方式吸引用户加入，这种方式不利于微信社群的长期发展。

- 在知乎等问答平台回答与农产品有关的问题，然后引导用户加入微信社群，以了解更多有关农产品的知识。
- 在京东、天猫、淘宝网等电商平台的购物社区积极回答用户的疑问，然后引流到微信社群。

3. 搭建社群组织架构

微信社群营销与运营并不等于简单地将用户引入群里，还需要搭建分工明晰的组织架构。对于一个优秀的微信社群而言，群员应包括社群创建者、社群管理者、社群参与者、社群开拓者、社群分化者、社群合作者和社群付费者等角色。只有为微信社群搭建好了良好的组织架构，才能处理好微信社群成员的关系，形成正向的内部循环，微信社群才能持续运转下去。

（1）社群创建者

社群创建者是社群的初始创建人，一般为具有人格魅力、专业技能、出众能力的人员，具有一些吸引用户加入微信社群的特质，能够对微信社群的定位、发展、成长等进行长远且正确的规划。

（2）社群管理者

社群管理者就是社群中负责管理各项事务的人员，与企业中的管理者类似，如总经理、行政主管、行政组长等。社群管理者应具备良好的沟通、协调、决策与执行能力，拥有大局观，能公正严明、以身作则。成熟的社群应拥有层级完整的管理团队，不同层级的管理员对不同方面的任务和内容进行管理。社群管理者一般分为以下5个层级。

- **总管理**：负责整个社群的管理，对社群发展过程的所有事宜进行决策，可决定社群的发展方向与发展规模。
- **副管理**：负责社群数据的统计，辅助总管理进行社群管理，处理管理组长相关事宜。
- **管理组长**：副管理所属的下层管理人员，主要负责不同社群的质量管理，包括社群活跃度、社群聊天、社群发言质量等具体事项的管理。
- **管理人员**：基层的社群管理者，主要负责社群基本事务的管理，如社群成员打卡统计、新成员昵称提醒、群内容分享等，并在定期总结后向管理组长汇报。
- **管理助手**：负责为总管理或副管理整理需要处理的事物，类似于公司中的秘书，可由管理人员兼任或不设。

社群管理人员可在基层成长后，通过考核，从管理人员晋升至管理组长，从管理组长晋升至副管理。社群管理者在确定后就应稳定下来，不轻易变动，以免影响社群结构的稳定，造成社群成员的流失。当社群规模足够大时，应建立社群管理者群，社群管理者应定期进行工作汇报，促进社群的健康发展。

（3）社群参与者

社群参与者即社群中的普通成员，其个性多样化，能参与社群活动和讨论。引入不同个性的社群参与者往往能激发社群的活跃度，提高社群成员的参与热情，保证社群健康长久地发展。例如，引入性格活泼的社群成员可以调节社群内的气氛；引入行业内较有影响力的专业人士可以促使社群成员踊跃发言。

（4）社群开拓者

社群开拓者是社群的核心发展力量，具备能谈判、善交流的特质。社群开拓者可在不同平台对社群进行宣传，为社群注入新鲜血液，并促成社群的各种商业合作。

（5）社群分化者

社群分化者是社群大规模扩张的基础，指能将建立的社群发展起来，开拓子社群的人员。社群分化者一般具有非常强的学习能力，能够深刻理解社群文化并参与社群建设，是社群裂变的关键人员。

（6）社群合作者

社群合作者是与社群彼此认同、具备同等资源，以及互惠互利的组织或农产品商家，其与社群的关系可以是资源互换、经验共享、财力支持等关系。

（7）社群付费者

社群付费者就是通过缴纳一定的费用加入社群的成员，能为社群的发展提供资金支持，能积极参与社群的活动，保障社群的活跃性。

7.3.2 设置社群规则

要想保证社群的长期发展，就需要制定与社群定位相符的规则，约束社群成员行为，并在实际运行中对规则进行验证与完善。对于农产品社群而言，需要设置的社群规则主要包括入群规则和日常规则。

1. 入群规则

社群想要快速发展，就要吸引用户加入社群，成为社群成员。为保证社群的顺利发展，在引入社群成员时，要设立一定的门槛，淘汰不符合规则的人群，避免后期出现大量不活跃成员。

- **邀请制**：邀请制指通过群主或管理员邀请加入社群，成为社群成员。邀请制下，群主、管理员可以设置一些附加的条件，如添加指定微信号等。
- **完成入群任务**：完成入群任务是指必须完成社群规定的某项任务才能成为社群的成员，如购买指定数量的农产品、注册会员、转发集赞等。

2. 日常规则

日常规则用于规范社群成员的日常行为，包括名称规则、交流分享规则、淘汰规则等。

（1）名称规则

名称规则用于规范社群名称和社群成员名称，能够使新成员在第一时间了解社群及社群成员的基本信息，促进新成员融入社群。

- **社群名称**：对农产品社群而言，农产品商家可以将群主名、农产品名、归属地等组合成社群名称，如群主名+农产品名、群主名+农产品名+归属地等，方便新成员快速了解社群。
- **社群成员名称**：为方便其他成员辨识与了解，刚加入社群的新成员应根据入群规则，修改社群成员名称。社群成员名称一般包含身份、昵称、序号、归属地等元素，常以序号+身份+昵称、序号+身份+归属地的形式出现。

（2）交流分享规则

交流分享规则即社群成员在社群交流、分享活动中应遵守的规则，包括交流规则和分享规则。设置交流分享规则可以保证社群良好沟通，促进信息的传播，加强社群成员的互动，提高社群活跃度，促进社群发展。在设置交流分享规则时，农产品商家应注意：交流规则应包含交流礼仪、交流疑问解决、交流争论解决、交流处罚、投诉渠道等多方面的内容；分享规则应包含分享疑问解决、分享处罚、分享争议讨论、分享礼仪等方面的内容。

（3）淘汰规则

淘汰规则针对影响社群正常发展的各种行为，如发布垃圾广告、辱骂他人等，设置犯规的次数与处罚力度，将情节严重者移出社群，以维持社群的正常秩序。

7.3.3　保持社群活跃

活跃度高、凝聚力强的社群往往能够存活得更久，社群营销与运营的效果也会更好。一般而言，可从新用户入群、社群分享、社群线下活动、社群打卡、社群文化等方面增加社群活跃度和凝聚力，增强社群成员黏性，引导社群成员不断为社群创造价值。

1. 新用户入群

新用户代表了新的活力。新用户如果在加入社群后，没有受到欢迎或者无法快速融入，很可能就会选择离开社群或打开"消息免打扰"模式。而要让新用户保持活跃，就需要通过提供福利和表示欢迎等手段让其产生归属感。

● **提供福利**：为新用户提供专属福利是增强新用户黏性的有效方式，福利可以是物质福利，也可以是虚拟福利。物质福利主要是购物福利，如优惠券、赠品、免费试吃权益等；虚拟福利包括积分、金币等，如参与群讨论积2分，当累积至66分时可得农产品优惠券等。

● **表示欢迎**：在新用户入群时，群主或管理员可以号召社群成员对其表示欢迎，并向其解释社群的创建原因、社群能够提供的价值等，让新用户有一种被重视的感觉。

知识补充

加入社群的新用户可能是竞争对手或其他农产品商家，如果放任这些用户在社群中打广告，会引起其他用户的反感，因此，在新用户入群时，群主或管理员应在欢迎语的末尾强调社群规则。

2. 社群分享

建立一个微信群，然后成天在群里分享各种广告，这种社群缺乏核心价值，对社群成员的吸引力较弱，很容易被社群成员厌倦。也就是说，在社群刚开始建立时，首先应做的不是推销农产品，而是提供价值，而社群分享就是提供价值的有力手段。社群分享指向社群成员输出知识、心得等有价值的内容，或社群成员之间围绕某一话题进行讨论，一般包括核心人物分享、嘉宾分享和内容成员分享。

（1）核心人物分享

核心人物是指在社群中占据主导地位的成员，一般为具有人格魅力、专业技能，能力出众的成员。核心人物能够吸引用户加入社群，对社群的定位、发展、成长等有长远的打算，如农产品短视频领域的知名"网红"等。核心人物利用其在某一领域的影响力，吸引感兴趣的用户加入社群，同时通过号召力来推销农产品。

一般而言，社群成员对社群核心人物比较信任，因此由核心人物来推荐农产品会使得社群成员减少很多品质、售后方面的顾虑，从而起到非常好的营销效果。例如，某美食短视频"达人"以性格耿直豪爽、说话算话的人格魅力收获了大量的粉丝关注，建立自己的社群后，凭借着自己在社群中的号召力向社群成员推荐了很多物美价廉的水果，取得了不错的销量，并进一步提升了自己的口碑，为后续的社群营销打下了坚实的基础。

这种方式对核心人物的要求较高，需要核心人物具有独特的人格魅力和一定的网络影响力，具备某种特长，善于交流，有较高的情商等。一般而言，要成为此类核心人物，首先需要找到自己擅长的领域，进行个人IP定位，从定位出发，打造个人IP品牌；然后通过各种社交平台对自身知识、经验、观点等进行持续输出，扩大自己的影响力；当个人IP有一定影响力后，需要妥善经营个人IP，提升口碑。

知识补充

IP原本是英文"Intellectual Property"的缩写，直译为"知识产权"。个人IP，指个人对某种成果的占有权，在互联网时代，它可以指一个符号、一种价值观、一个具有共同特征的群体以及自带流量的内容。

（2）嘉宾分享

嘉宾分享即当社群拥有足够的吸引力或资金后，邀请社群外的其他专业人士分享。当社群形成一定规模时，可以邀请一些专业人士在群里进行与农业、农产品等相关的分享，并植入相关的营销信息。例如，农产品商家可以通过冠名等方式在群里开设养生食品类网络直播课程，在分享有用的养生食疗知识的同时植入农产品或品牌方面的营销信息。

开展嘉宾分享前，可以通过各种渠道进行宣传，吸引新的成员加入。分享过程中，主持人首先要对分享内容、分享嘉宾等进行介绍，为分享活动暖场，营造良好的氛围，引导社群成员提前做好倾听准备，然后充分调动社群成员的积极性，让社群成员参与互动，必要时可以提前安排活跃气氛的社群成员，避免冷场。在分享期间或分享结束后，有必要对分享活动进行总结，将比较有价值的交流内容整理出来进行分享和传播，并引导社群成员前往微博、微信朋友圈等平台宣传，扩大社群的影响力。

（3）内容成员分享

内容成员分享即社群成员自身进行信息的分享。与前两种分享方式不同，这种分享方式需要群主或管理员的引导。为了让社群成员对农业、农产品等有更深入的认识，群主或管理员可以定期策划一两个与农业、农产品等相关的话题分享会，然后在分享过程中适时地植入农产品的广告。例如，在一场关于鸡蛋的各种吃法的分享会中，农产品商家以社群成员的身份发言："今天用××家的鸡蛋烤了小饼干，很成功！制作过程是……整个过程并不难，关键一点是鸡蛋要好。××家的鸡蛋是货真价实的土鸡蛋，没有什么腥味，烤出来的饼干特别香！"

在确定分享的主题后要约定一个大部分社群成员都认同的时间作为分享时间，然后通过群公告等的方式加以通知，确保更多社群成员了解活动，并参与进来。每次开展分享活动前，都需要提前制定好规则，并安排好话题组织者、主持人、控场人员等角色。在整个过程中，当出现偏离交流主题甚至是无意义内容时，控场人员应该及时将话题拉回主题，控制场面，并对捣乱的社群成员予以警告。分享结束后，可以设计一些福利环节，为表现出彩的社群成员赠送一些福利，吸引更多社群成员参与下一次分享活动。

3. 社群线下活动

在互联网时代，线上线下相结合才是更有效的营销与运营方式。不定期地开展社群线下活动，可以让社群成员更有归属感，也可以使社群成员之间的关系从单纯的网络好友变为现实好友，使关系更牢固。

社群线下活动包括核心成员聚会、核心成员和外围成员聚会、核心成员地区性聚会等。核心成员和外围成员聚会人数多，组织难度大，而核心成员地区性聚会则组织方便，容易成功。社群聚会可以通过消息、视频、图片等方式将实况发布到社群或社交平台，增加社群影响力，加强社群成员黏性，持续激发社群的活跃度，刺激更多成员积极参与线下活动。

● **活动准备**：在开展活动前，首先需要确定活动的目的，如农产品知识分享、感情联络等，并在社群中征集社群成员的意见，了解社群成员希望举办的活动类型。另外，还需要对活动方案、活动流程、活动预算等进行规划，并针对活动过程中可能遇到的各种问题做好相应准备。

● **开展活动**：在确定线下活动类型后，需要在微信、QQ、微博、知乎等平台中对活动进行宣传推广。另外，还应安排参与成员报名，设计活动海报并发布，收集活动参与人员对活动的建议，针对活动进行直播，发布活动过程中的照片等事宜。另外，还需要与活动相关合作方联系，如与场地、设备等合作方洽谈等。

📖 知识补充

> 无论是新用户入群、社群分享还是开展社群线下活动，在活跃气氛时，都可以采用发红包的形式，但要注意发红包的场合和时间。一般来说，在新用户入群、宣布喜讯、发布广告、表达节日祝福等情景中都可以适当发红包；发红包的时间段不要选择在工作时间段，在该时间段发的红包引起的关注度相对要低一些。

4. 社群打卡

社群打卡是培养社群成员良好的习惯，监督和激励社群成员完成任务的手段之一，可提高社群成员的活跃度。例如，某红薯农产品商家为提高社群的活跃度，决定引导社群成员在社群中打卡，发布了"只要在社群中连续分享有关红薯的内容超过90天，就可以获得'铁粉'礼盒一份"的消息，于是社群成员纷纷在社群中发言、讨论，参与社群打卡。要利用社群打卡的方式提高社群活跃度，农产品商家就需要鼓励社群成员坚持在社群中输出，加强成员的情感联系。

● **树立榜样**：榜样可以激励社群成员不断成长、前进。在社群中，可将表现好、有恒心、能激励其他成员的社群成员，或往期打卡活动中表现最好的成员，或本次活动中最积极的成员，挑选出来作为榜样。当然，社群群主和管理员同样需要扮演榜样的角色，带动其他成员。

● **互相鼓励**：大部分加入打卡社群的成员是为了让自己变得更好，但打卡需要长期坚持，所以同伴的鼓励对于社群成员来说尤为重要。社群成员受到了同伴的关注，会获得继续的动力，从而不断激励自我，坚持打卡。

- **设置竞争**：在社群中设置竞争机制，可以调动社群成员的积极性，营造良好的打卡氛围，如对积极打卡的社群成员予以更多特权和奖励。设计竞争机制时，可将社群成员分为不同的组或层级，定期考核打卡成绩，将不同组之间进行比较，调动成员积极性；或将优秀者晋升为上一级，不合格者淘汰到下一级。
- **提供惊喜**：惊喜指不定时为社群成员发布一些意料之外的福利，如赠送积分最高的成员礼品等。惊喜可以为社群成员带来新鲜感，让他们觉得进入社群十分有意义。
- **调动感情**：社群需要一定的情感维系，才能更好地联结在一起，因此在打卡过程中，可以通过挖掘社群成员的打卡故事，如每天坚持在某一时间打卡等，与社群其他成员形成对比，加强社群成员之间的黏性。

案 例

每时茶社群营销

每时茶是一个基于移动社交网络的茶叶品牌。每时茶的创始人致力于打造原产地、无污染、经典工艺的精品好茶。起初，每时茶的销售并不顺利，经过探索和学习后，创始人决定把茶叶营销和微信社群联系起来。

他先邀请了自己的创业伙伴一起组建了每时茶顾问微信群，将微信社群定位为交朋友群，然后以茶为媒介，在微博通过关键词搜索、聊天互动等方式寻找了近百个对茶叶有兴趣的用户，并把他们拉进了微信社群。另外，每时茶的创始人还确定了微信社群中的核心人物（即创始人和创业伙伴）、总管理、活跃分子等，这些人每天都活跃在微信社群中，各司其职，为社群服务。在推出新品时，每时茶的创始人首先会向社群成员征询对新产品的看法，并采用激励手段发动社群成员发布朋友圈进行宣传。在推出首款产品的首月，每时茶就获得了30万元的销售额。每时茶的创始人还利用微信社群开展了一场发布会，成员若想参加发布会，需要在线支付1元，于是每时茶把愿意支付1元的用户作为目标用户。最终，这场收费的微信发布会参与人数超过了300人，群消息超过2万条，下单人数超过200人。

思考：（1）为什么每时茶的社群营销如此有效？（2）每时茶是如何确定目标用户的？

5. 社群文化

社群文化就是社群中包括目标、规则、福利、口号以及Logo等在内的一种社群精神。在社群营销中，依靠社群文化进行营销，就是通过社群文化所表达出来的氛围，使用户对社群产生好奇心理，吸引用户自发了解社群，提高社群的活跃度。建立社群文化，可以从加强社群成员信任、明确社群标签和树立社群价值观等方面进行思考。

- **加强社群成员对社群的信任**：社群成员对社群的信任度影响着社群成员对社群文化的认同度，只有社群成员有足够高的信任度，社群才能拥有好的氛围，而好的社群氛围也正是社群文化形成的条件之一。
- **明确社群标签**：社群标签指社群给成员留下的印象，其能够影响成员对社群的评价，关系着社群的发展。
- **树立社群价值观**：社群价值观是指社群成员对不同事情的理解。拥有自己价值观的社群，能够引导社群成员在社群中的行为，降低为社群带来负面后果的风险，方便社群成员之间更好地交流沟通，有助于增强社群的凝聚力。

7.4 微信视频号营销与运营

视频号是微信官方推出的短视频平台，农产品商家可以随时随地在视频号上记录和发布与农产品相关的短视频，并与更多用户分享。目前，在视频号上观看短视频的用户越来越多，在微信中利用视频号进行营销是一个比较好的选择。

7.4.1 微信视频号设置

依托微信，视频号自带社交属性，用户可以通过短视频参与话题讨论。对于农产品商家而言，视频号特有的互动性、渗透性和传播性等有助于农产品的推广和销售。

1. 创建视频号

创建视频号的方法很简单，选择"发现"界面的"视频号"选项，在打开的界面中点击"创建"按钮即可，如图7-11所示。创建视频号时，农产品商家需要上传头像、输入名字、选择性别、选择地区。一般来说，建议视频号的设置与微信个人号保持一致，这有利于加深用户的印象。完成基本资料的填写后，视频号就生成了。创建视频号时需要注意以下4个细节。

- 目前，视频号的名字一年仅支持修改两次，因此在设置视频号名字时需要慎重考虑。
- 一个视频号只有两次申请认证的机会和两次修改认证的机会。
- 如果将常用语、商标、企业机构名、名人名字等作为视频号名字，可能会被提示名字不可使用。
- 视频号的名字要遵守图7-12所示的《微信视频号运营规范》。

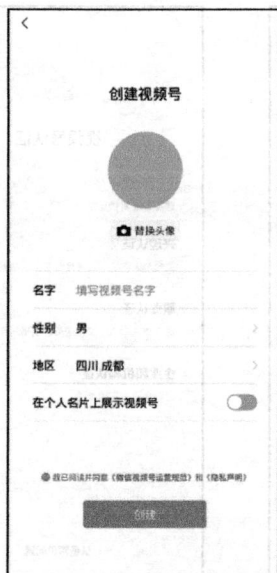

图7-11 创建视频号

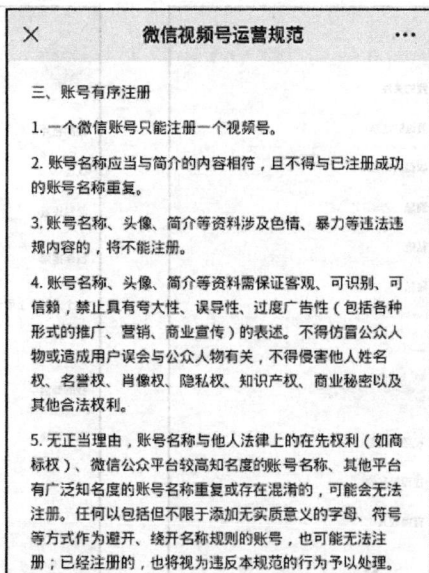

图7-12 微信视频号运营规范

2. 认证视频号

农产品商家要更好地利用视频号销售农产品、宣传品牌等，需要重视视频号的认证问题。认证后，视频号后会出现特有标识，即代表有平台背书，这更容易获得用户的信任和关注，发布视频后也可以获得优先推荐的机会，并且在用户的搜索结果中的排序也会更加靠前，能够获得更多的曝光机会。

目前，视频号认证主要包括企业和机构认证、职业认证、兴趣认证3种。企业和机构认证需要农产品商家提交企业资质；职业认证需要运动员、演员、作家等申请，并提交相关职业的从业资质或行业认证；兴趣认证主要面向普通用户，没有企业资质的农产品商家可以优先考虑。一般来说，农产品商家要利用视频号开展营销与运营，企业和机构认证、兴趣认证是需要重点了解的内容。

（1）企业和机构认证

如果农产品商家已拥有企业资质，建议申请企业和机构认证。企业和机构认证在认证前需要使用已认证的同名公众号为视频号认证。完成企业和机构认证的账号会有蓝色图标的专属标识。

（2）兴趣认证

兴趣认证包括自媒体、博主和主播3类。农产品商家申请认证可以考虑博主或主播，选定类型后，提交以下任一种证明资料即可。

- 在对应领域持续发表原创内容，且微信视频号关注数在1000人以上。
- 在对应领域持续发表原创内容，且微信公众号关注数在10万人以上。
- 在对应领域持续发表原创内容，且除微信外的其他平台粉丝数在100万人以上。

认证视频号的操作也比较简单，选择"发现"界面中的"视频号"选项，在打开的界面中点击右上角的■按钮，继续在打开的界面中点击拥有的视频号，如图7-13所示，然后点击打开界面右上角的 ⋯ 按钮，进入"设置"界面，如图7-14所示。在"设置"界面中选择"认证"选项，就可以选择相应的类型进行认证了，如图7-15所示。

| 图7-13　点击视频号 | 图7-14　"设置"界面 | 图7-15　开始认证 |

7.4.2　微信视频号转化

视频号拥有基于微信的亿级月活用户，并且能够全方位实现微信生态圈的流量矩阵之间的互联互通。农产品商家可以利用视频号实现快速裂变、传播以及与用户深度互动，提高用户对农产品的认知，实现农产品的营销推广，促进农产品的销售转化。

1. 流量转化

要利用微信视频号实现销售转化和变现，流量非常重要。只有吸引更多用户关注视频号、观看发布的视频，才能更好地促进农产品的销售。

- **视频号评论置顶促进曝光**：在视频号优秀作品下方进行评论，第一个获得3个赞及以上的评论内容会被置顶，可以获得更多的曝光，特别是在粉丝较多的优秀视频号（如夜听等）的作品下方评论。因此，农产品商家可以在一些优秀视频号的作品下方发布吸引力比较强的评论，从而吸引用户为自己的评论点赞，进而增加自己的账号和视频作品的曝光度。

- **发掘视频号本身的引流潜力**：利用视频号内容来引流，如在视频底部加文字引导语、在视频的结尾处利用语言和图片引导粉丝点赞和关注等。在视频号中，很多农产品商家会添加如"关注××了解土鸡蛋的知识""关注××获取更多干货""需要××就关注××"等引导文案，如图7-16所示。另外，部分农产品商家还会拍摄系列视频作品，然后在每期视频结尾附带问题，用"关注我，下期告诉你答案"的话术来引导用户关注。

- **转发到微信朋友圈**：将视频号中的视频分享到朋友圈，可以收获来自朋友圈的流量，如果好友点赞自己的视频或将视频分享到他的朋友圈，就可以形成二次传播。每次更新完视频后，农产品商家要及时将视频分享到朋友圈，分享时可以编写一些比较有吸引力的文案。

- **转发到微信社群**：农产品商家如果创建了微信社群，还可以将视频转发到微信社群，并采用发红包等方式号召社群成员为自己的视频点赞和评论。视频号会优先推荐点赞数和评论数比较高的视频。请社群成员关注自己的视频并对视频点赞，可以提高被系统推荐的概率，进而带来更多用户的关注。

- **利用微信公众号**：微信公众号是基于微信通信软件而开发的功能模块，有服务号、订阅号、小程序和企业微信4种类型。视频号中的视频可以附上微信公众号文章链接为微信公众号引流，也可以利用微信公众号推荐视频号中的相关内容，从而为视频号引流。图7-17所示为利用微信公众号为视频号引流，引导用户关注视频号。

2. 变现

对于农产品商家而言，变现才是营销的主要目的。总的来说，农产品商家运营视频号时，电商卖货是主要的变现方式，既可以利用微信视频号的商品橱窗功能直接实现变现，也可以开通微信小商店实现卖货。

微信视频号的商品橱窗功能是农产品商家变现的一大工具，农产品商家可以在商品橱窗中上架自己的农产品进行售卖。进入视频号的"设置"界面，选择"商品橱窗"选项即可进入微信视频号的"商品橱窗"界面，如图7-18所示。在商品橱窗中上架农产品后，视频号的个人主页将显示"商品"选项，如图7-19所示，用户点击相应的商品即可进入商品详情页购买。

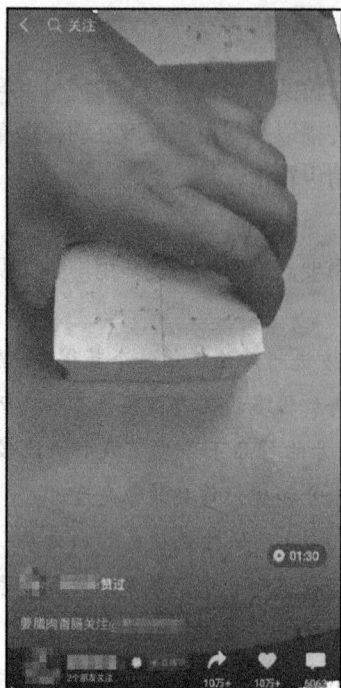

图7-16　添加引导文案

图7-17　利用微信公众号为视频号引流

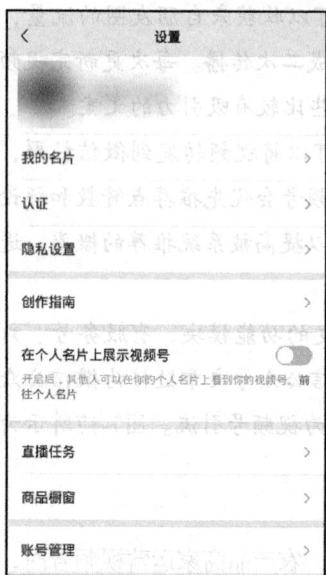

图7-18　进入"商品橱窗"界面

图7-19　微信视频号个人主页

　　除了商品橱窗，农产品商家还可以在视频号中接入微信小商店。微信小商店是小程序团队提供的一个免费开店的卖货小程序。在微信中搜索"小商店助手"小程序并点击进入，点击主页的 免费开店 按钮，然后在打开的界面中选择创建类型即可创建微信小商店，如图7-20所示。在选择创建类型时，农产品商家可以选择企业/个体户/事业单位等或个人类型，企业/个体户/事业单位等类型微信小商店使用营业执照或登记证书即可认证，个人类型微信小商店支持一键创建。

图7-20 开通微信小商店

开通微信小商店后，农产品商家就可以在微信小商店上架农产品了。点击微信小商店的"功能"按钮器，再点击"基础功能"栏下方的"新增商品"按钮⊞，在打开的列表中选择商品素材的打开方式，此处选择"从相册中选择"选项，然后选择要上架的农产品图片，在打开的界面中输入农产品的描述内容、价格和库存，最后点击[上架售卖]按钮即可，如图7-21所示。

接入微信小商店后，农产品商家发布有关农产品的视频时就可以直接附带农产品的购买链接了。图7-22所示为某农产品商家在视频号中发布的附带农产品购买链接的视频。

图7-21 新增商品

图7-22 附带农产品购买链接的视频

📖 **知识补充**

商品橱窗中可以上架微信小商店中的农产品，还可以添加拼多多、有赞、微店等平台中的农产品。另外，在视频号中发起直播来销售农产品也是一种变现方式。

🎯 7.5 本章实训

7.5.1 策划菜籽油产品微信营销

外婆家是一家专门生产经营菜籽油的公司，现希望通过微信营销自己的菜籽油产品。

1. 实训要求

① 能够打造富有吸引力的微信个人号，并为微信个人号引流。

② 能够进行朋友圈营销，策划集赞有奖活动。

③ 能够利用节日热点进行朋友圈营销。

2. 实训准备

在利用微信个人号进行菜籽油产品营销前，需要了解以下事项。

● **申请微信个人号**：申请微信个人号时要使用手机号码，并填写微信个人号的昵称。同一手机号注册微信号的次数限制为1个月1次、4个月2次、1年4次，如果已经超过注册次数限制，就需要过段时间或使用其他手机号码进行注册，因此，切忌频繁进行注销、注册等操作。注册成功后，可以绑定QQ号和邮箱，然后使用QQ号或邮箱地址登录微信个人号。

● **发布朋友圈的方法**：在微信主界面中选择"发现"选项，打开"发现"界面，选择"朋友圈"选项，打开"朋友圈"界面，点击右上角的 📷 按钮，在打开的列表中选择"从相册中选择"选项，然后选择要营销的菜籽油产品图，在打开的页面中编辑内容并点击右上角的 发表 按钮即可。

3. 实训步骤

要利用微信个人号营销菜籽油，首先要打造微信个人号，添加更多的微信好友，然后利用朋友圈为菜籽油宣传、引流。

① 设置微信个人号。微信个人号的设置包括昵称设置、头像设置、个性签名设置和微信号设置。在设置昵称时可以将品牌名和农产品结合起来，如"外婆家菜籽油""外婆家生态菜籽油"等；设置头像时可以使用企业Logo或菜籽油产品等作为头像；设置微信号时可采用农产品+宣传号码的形式，如caiziyou180××0210等。另外，由于菜籽油与人们的健康息息相关，很多关注养生的用户十分关心菜籽油的成分。所以，在设置个性签名时，可以将菜籽油成分等展示出来，如"采用全新技术，芥酸含量低于2%，让您吃得更健康！"等。

② 为微信个人号引流。为微信个人号引流的方法很多，对于本实训而言，在知乎等平台中回答有关菜籽油的问题，然后将平台中的用户引流到微信是一个非常有效的方法。在知乎等平台中，有许多用户提出如何选择食用油的问题，在这些问题下方进行回答，植入自己的

菜籽油产品信息，并留下自己的微信号，吸引对菜籽油感兴趣的用户主动添加。另外，在微博中搜索"菜籽油"，寻找用户发布的与菜籽油相关的微博，然后与其互动。除此之外，加入与菜籽油相关的微信群或QQ群，与群内成员成为好友，也是非常有效的为微信个人号引流的方法。

③ 编辑集赞抽奖活动的朋友圈。农产品商家可以利用集赞的形式，以优惠券或菜籽油产品本身作为奖励，鼓励用户转发营销信息，如图7-23所示。发布朋友圈时应当注明活动要求、奖品、时间等，并采用简洁、直接的语言。

④ 利用节日热点进行营销。利用节日热点为菜籽油产品开展营销，需要在节日前就进行预热，并找到节日与菜籽油产品的契合点。例如，临近七夕节，农产品商家可以将自家的菜籽油产品与恋爱结合起来——喜欢和你一起过柴米油盐的生活，并附带菜籽油产品图和购买链接，如图7-24所示。

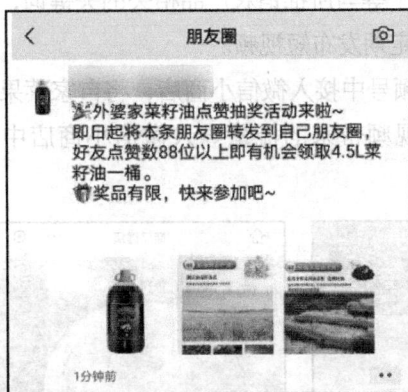

图7-23　集赞抽奖活动的朋友圈内容

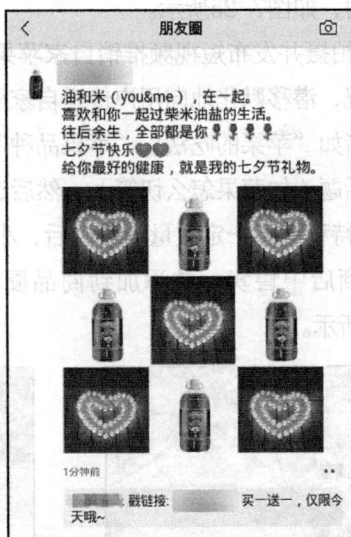

图7-24　利用节日热点进行营销

7.5.2　策划洛川苹果视频号营销

小陈是一名普通的农家小伙，在农村管理自家的苹果园。他热爱新鲜事物，对生活充满热情，将苹果园里的各种事打理得井井有条。他发现很多年轻人在利用视频号推销自家的农产品，因此他决定效仿，为自家的苹果拓宽销路。

1. 实训要求

① 能够在视频号中拍摄并发布短视频。

② 能够在视频号中接入微信小商店，并在微信小商店中上架农产品。

2. 实训准备

在拍摄短视频前，需要掌握利用视频号拍摄并发布短视频的方法。

① 进入视频号主页，点击右上角的 按钮，在打开的列表中选择"发表视频"选项，再在打开的列表中选择"拍摄"选项，进入拍摄界面。

② 长按屏幕底部的◯按钮，开始拍摄短视频，拍摄完成后松开该按钮，在屏幕底部点击◉按钮，在打开的列表中选择需要的背景音乐，然后点击▬按钮。

③ 进入短视频发布界面，设置短视频标题，选择短视频封面，添加话题和描述，即可发布短视频。

3. 实训步骤

在利用视频号营销农产品前，小陈首先需要确定短视频的内容定位，然后拍摄并发布短视频，同时还应当接入微信小商店，并将苹果放到微信小商店中售卖，让用户在观看短视频时，可以直接点击购买链接进行选购。

① 确定短视频的内容定位。小陈对于生活十分有热情，生活能力很强，因此可以将短视频的内容定位为展现农村生活和乡情。小陈可以使用视频号来拍摄关于农家生活的短视频，如管理果园、村民聚会等，让身在都市的用户感受朴素安逸、恬淡自得的生活，从而提高短视频的吸引力，如图7-25所示。

② 拍摄并发布短视频推销自家苹果。在拍摄时，小陈可以适当地展现自家果园中苹果的生长情况，潜移默化地向用户传递自家苹果品质好、原生态种植等信息。同时，在短视频标题中添加诸如"苹果的吃法""苹果品种""苹果种植"等与所推销农产品相关的关键词，并添加相关话题（如苹果怎么切等），然后选择热门时段定期发布短视频。

③ 待积累了一定数量的用户后，小陈可以在视频号中接入微信小商店，将自家苹果放到微信小商店中售卖，并添加到商品橱窗中，将短视频带来的流量导入微信小商店中，如图7-26所示。

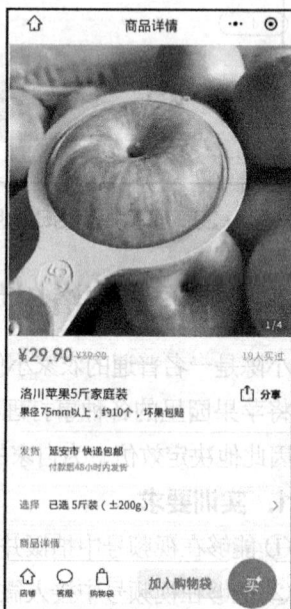

图7-25　拍摄果园　　　　　　　图7-26　将短视频流量导入微信小商店中

7.6 本章小结

```
农产品微信营销与运营
├─ 微信个人号打造
│   ├─ 微信个人号设置
│   │   ├─ 昵称设置
│   │   ├─ 头像设置
│   │   ├─ 个性签名设置
│   │   └─ 微信号设置
│   └─ 微信个人号引流
│       ├─ 微信群或QQ群
│       ├─ 微信的"发现"界面
│       ├─ 其他新媒体平台
│       ├─ 朋友圈
│       ├─ 互推
│       └─ 线下
├─ 微信朋友圈营销
│   ├─ 开展活动
│   │   ├─ 类型：免费试吃、满赠促销、集赞有奖等活动
│   │   └─ 策划流程：明确目标、对象，设计玩法，物料制作、活动发布、活动跟踪
│   ├─ 结合日常 ⊙ 少发广告，分享自己生活日常的同时附带农产品
│   ├─ 展示评价 ⊙ 展示用户对农产品的口感、包装、新鲜度等的评价
│   └─ 借用热点 ⊙ 结合热门话题、新闻、节假日等热点发布朋友圈
├─ 微信社群营销与运营
│   ├─ 微信社群构建
│   │   ├─ 明确建群目标
│   │   ├─ 引入社群成员
│   │   └─ 搭建社群组织架构
│   ├─ 设置社群规则 ⊙ 入群规则、日常规则
│   └─ 保持社群活跃 ⊙
│       ├─ 新用户入群
│       ├─ 社群分享
│       ├─ 社群线下活动
│       ├─ 社群打卡
│       └─ 社群文化
└─ 微信视频号营销与运营
    ├─ 微信视频号设置 ⊙ 创建视频号、认证视频号
    └─ 微信视频号转化 ⊙
        ├─ 流量转化
        └─ 变现
```

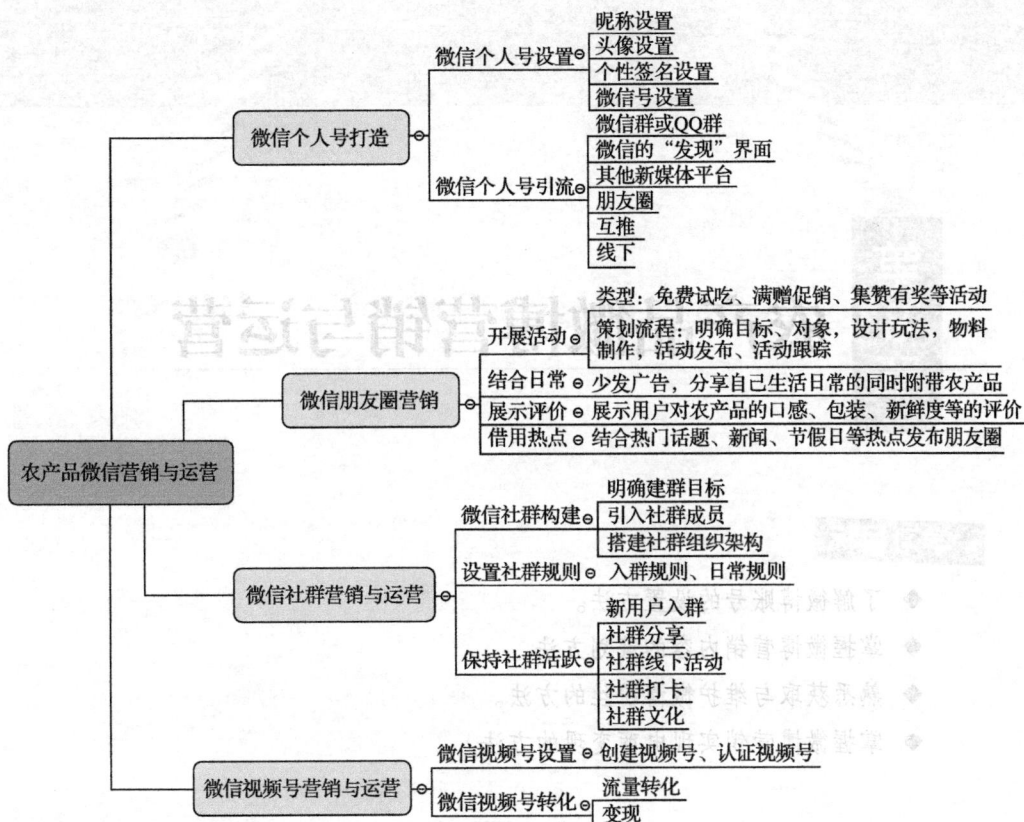

🎓 真实案例推荐阅读

1. 3个月利用微信卖掉50吨粟米
2. 大学生微信卖水果，日进上千元

拓展阅读

真实案例推荐阅读

第8章
农产品微博营销与运营

学习目标

- ◆ 了解微博账号的设置方法。
- ◆ 掌握微博营销内容的策划方法。
- ◆ 熟悉获取与维护微博粉丝的方法。
- ◆ 掌握微博营销实现电商变现的方法。

引导案例

小伙利用微博营销冰糖心苹果

阿克苏隶属新疆维吾尔自治区，位于塔克拉玛干沙漠西北边缘。阿克苏的气候宜人、地势平坦、土地肥沃、水源丰富、光照充足、无霜期长，适宜各类农作物生长。由于阿克苏地区的冬季非常寒冷，所以苹果生长期不易遭病虫害，加上无污染冰川雪融河水的浇灌、沙性土壤的栽培、高海拔的生长环境等因素影响，阿克苏苹果果核部分的糖分堆积成透明状，形成了"冰糖心"。

某小伙是新疆土生土长的"果二代"，他家的冰糖心苹果就产自新疆阿克苏地区的一个县。他从小就跟父亲学习冰糖心苹果的种植和养护，经过多年努力，新疆小伙家的冰糖心苹果品质非常好，不仅皮薄肉厚、果面光滑细腻，还味甜汁多、含糖量高。

新疆小伙是一个非常开朗、喜欢接触新鲜事物的人，平时非常喜欢用微博获取信息，他在微博中发现许多用户想购买冰糖心苹果，但实际上并没有买到真正的冰糖心苹果。于是他开始经常在微博中发布关于如何选购冰糖心苹果的内容，并且还会发布一些自己家冰糖心苹果相关的内容。渐渐地，就有不少用户向他询问价格、购买方式等。

又是一年丰收季，新疆小伙想到了利用微博来销售冰糖心苹果。于是他开始有规律地在微博中发布自己家的冰糖心苹果的生长、采摘、装箱过程。在发布微博时，他会从文字、配图、视频、创意等各个方面精心策划微博营销内容，还会从原产地、口感、情怀、营养价值等角度突出卖点。为了激发用户的购买欲，他还开展了一系列转发抽奖活动，用户关注他并转发某条微博，就有中奖的机会，奖品就是一箱冰糖心苹果。除此之外，新疆小伙还使用了超级粉丝通进行营销推广，短短3个月，他的微博粉丝就增加了2万多人，营收超过了50万元。

8.1 微博账号的设置

作为新媒体时代的热门社交工具之一，微博深受众多用户的喜爱，众多企业或农产品商家也从中看到了商机。近年来，在微博中开展农产品营销的案例屡见不鲜，如成县核桃、礼县苹果等都取得了非常显著的效果。在开展农产品微博营销与运营前，企业或农产品商家首先需要对微博账号进行设置，确定微博账号的定位，使用户在看到微博账号时就能初步了解大概情况。

8.1.1 了解微博账号类型

微博具有特色鲜明的传播模式与特征，企业或农产品商家只需注册一个账号，就可以在PC端或移动端发布和接收微博信息。根据使用目的和作用的不同，微博账号可以分为个人微博、企业微博、政务微博、组织机构微博等类型。了解微博账号的类型有助于农产品企业和农产品商家选择适合的账号类型，开展具有针对性的营销。

1. 个人微博

个人微博是数量最多的微博账号类型，许多农产品商家会选择注册个人微博开展微博营销与运营，如图8-1所示。利用个人微博开展农产品营销时，用户可通过个人微博分享农产品的生长过程、日常养护等，也可以发布自己生活中的趣事、抒发感悟或转发喜欢的内容，以引起用户的注意，吸引用户关注，扩大个人微博的影响力。

图8-1 个人微博

2. 企业微博

企业微博就是企业的官方微博，如图8-2所示，是基于微博出现的、作为商业化网络工具的微博账号类型。企业微博可以帮助农产品企业进行客户关系管理，了解客户需求，找到新客户并与之互动，丰富客户数据库；也可以进行各种营销活动，制造与农产品企业有关的热点话题，将消息有效地传达出去。

图8-2 企业微博

3. 政务微博

政务微博是指代表政府机构和官员，因公事设置的，用于收集意见、倾听民意、发布信息、服务大众的官方微博。图8-3所示分别为甘肃省陇南市礼县农产品质量安全监督管理站和乌鲁木齐市农产品质量安全检测中心的官方微博。政务微博不具有营利目的，只用于政务机关随时随地发布信息，与公众进行良性互动，是进行社会化网络参政、议政、问政的网络交流平台。

图8-3 政务微博

4. 组织机构微博

组织机构微博指学校、机构、组织开设的官方微博，可用于发布重要决定、与用户沟通等。组织机构微博在教育教学、危机公关等方面发挥了重要作用。图8-4所示分别为中国农业大学和长春农业博览园的官方微博。

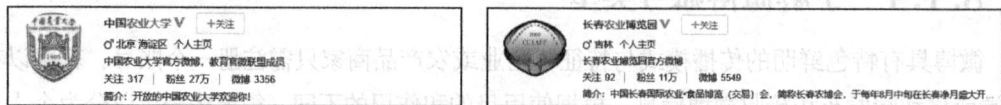

图8-4 组织机构微博

8.1.2 设置合适的微博账号名称

微博账号名称是用户识别微博的重要标志之一。农产品商家要想微博账号给用户留下深刻的印象，在名称的设置上就应该多下功夫。

1. 微博账号名称的设置方法

农产品商家设置微博账号名称时可以采用直接命名法和功能命名法两种方法。

● **直接命名法**：直接命名法即直接以企业、品牌、组织机构、个人的名字来命名。图8-5所示的微博名称即典型的直接命名法。

● **功能命名法**：功能命名法即直接以企业产品或服务的功能来命名。图8-6所示的微博名称即典型的功能命名法。

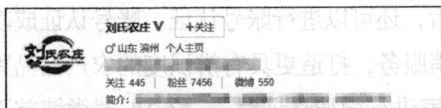

图8-5　直接命名法 　　　　　　　　图8-6　功能命名法

2. 微博账号名称的设置原则

名称是用户对微博账号的第一印象，一个好的名称可以让用户快速识别出账号，节约营销成本。农产品商家还应当遵守一些微博账号名称的设置原则，以提升用户对微博账号的好感度。

● **简洁明确**：微博名称应简洁，字数不能太多；昵称应明确，不使用繁体字、生僻字、外国文字等不便于用户识别的文字。

● **保持一致**：如果营销的平台不止一个，为打造品牌并扩大品牌的影响力，微博账号名称应与其他营销平台中使用的名称保持一致。

● **长期不变**：微博账号名称确定好之后，不要频繁更换，以免用户记错或忘记。

8.1.3　设置有标识性的微博账号头像

头像从侧面反映了微博账号的品位和形象。合适、得体的账号头像可以在无形中拉近与用户的距离，加强用户对微博账号的亲切感与信任感，便于更好地开展营销工作。

对于农产品商家而言，微博头像可以按照农产品商家自己的喜好设置为清晰的真人照片，或有特殊意义的图片，如手绘头像等。如果是企业，其微博头像应能够代表企业形象，如企业Logo、企业产品等。

一般来说，农产品商家微博账号头像的选取应遵循以下原则。

● **清晰**：不管使用哪种头像，基本要求都是清晰自然。如果以个人照片作为头像，应保证背景干净，人物突出，有明显的色彩对比，如图8-7所示；如果以特色标识、卡通形象或者企业Logo作为头像，则应保证图片裁剪合理、比例适宜，如图8-8所示。

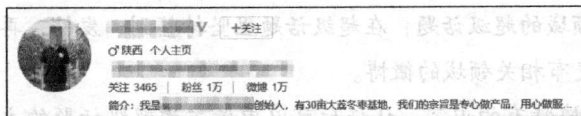

图8-7　清晰的个人照片 　　　　　　　图8-8　清晰的卡通形象

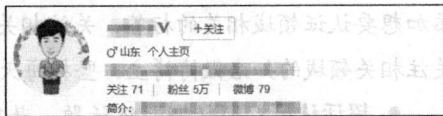

● **与农产品挂钩**：为更好地营销农产品，为店铺引流，促进销售转化，还可以将微博账

号头像与经营的农产品挂钩，如图8-9所示，以加深用户对农产品的印象。

图8-9　微博账号头像与农产品挂钩

8.1.4　进行微博账号认证

农产品商家开通微博账号并设置好名称和头像后，还可以进行账号认证。账号认证成功的微博账号拥有更高的辨识度，能更好地为农产品营销服务，打造更具有辨识度的农产品品牌形象。微博认证包括个人认证和机构认证。农产品商家进行微博认证时，可在PC端微博首页右上角单击"设置"按钮⚙，在打开的下拉列表中选择"V认证"选项，进入微博认证页面选择需要认证的类型；也可在移动端微博"我"界面中点击"设置"按钮⚙，在"设置"界面选择"客服中心"选项，在打开的界面中选择"申请加V"选项，进入微博认证页面选择需要认证的类型。

1. 个人认证

个人认证也叫"橙V认证"，其标识为一个橙色的 V 图标，认证成功后该图标会显示在微博名称后。一般来说，个人认证适合个体农户等申请，可以构建个人平台个性化模块，能够更加多元化地展示农产品。同时微博还会在搜索页面中推荐账号，从而增加曝光度，吸引更多粉丝关注。个人认证可分为图8-10所示的类型。

图8-10　个人认证的类型

- **身份认证**：身份认证即个人用户真实身份认证，申请时需要补充基本信息、填写认证信息、邀请好友帮助。注意，在邀请好友帮助时，需要已认证满3个月、开通辅助认证功能的橙V好友，并且好友辅助认证人数当月不能超过4人，总量不能超过50人。

- **兴趣认证**：兴趣认证即个人用户相关领域认证，如搞笑、情感、娱乐、动漫等领域。为达到兴趣认证的要求，用户可在个人的基本信息里

拓展阅读

不同个人认证的
申请条件

添加想要认证领域相关的标签，关注相关领域的超级话题，在超级话题里坚持签到、发帖，再关注相关领域的知名微博博主，坚持每天发布相关领域的微博。

- **超话认证**：超话即超级话题，是微博特有的内容，认证后可以申请成为超级话题的主持人。超话认证可与现有身份认证、兴趣认证等叠加。

- **金V认证**：金V认证适合具有较大影响力的微博用户认证，代表自己拥有成为超级"大

V"的潜力，更容易获得粉丝的青睐。个人用户要想认证成为金V用户，其粉丝量不能少于1万人，月阅读量不能低于1000万次。

- **视频认证**：视频认证即代表成为视频博主，其申请类型分为原创认证、二次创作认证、非自制认证3类，可选其中一类进行申请，不可同时申请。其中，原创认证包括微博原创视频博主认证、微博Vlog博主认证、微博故事红人认证，3类认证可同时申请。二次创作认证包括微博解说视频博主认证、微博译制视频博主认证、微博剪辑视频博主认证，3类认证仅可选其一，不可同时申请。
- **文章/问答认证**：文章/问答认证即代表成为文章/问答博主。文章/问答认证的申请类型包括头条文章作者认证和问答答主认证两种。通过头条文章作者认证后，个人用户不仅可以获得官方认证，还可以申请对原创文章进行版权认证，且用户需要关注作者才能阅读后半部分文章，从而获得更多的关注量。通过问答答主认证后，个人用户可以申请对高质量回答进行热门推荐，并获得问答新功能优先体验权。

2. 机构认证

机构认证也叫蓝V认证，包括图8-11所示的所有类型。认证成功后，微博昵称后会有一个蓝色的 v 图标。机构认证比较适合农产品企业或与农产品有关的机构等申请，认证成功后的微博账号更加具有权威性，能够提升微博形象，扩大影响力。

与个人认证相比，机构认证较为简单，大都是按照"选择认证类型—填写认证信息（或提交认证材料）—审核认证信息—查看认证结果"的顺序进行。以企业认证为例，申请企业认证，应准备好营业执照（副本、原件的图片或扫描件）和认证公函（加盖企业彩色公章）。企业认证申请成功后可拥有专属蓝V标识，使营销推广更精准高效。

图8-11 机构认证的类型

8.2 微博营销内容的策划

文字、图片、视频等都是微博营销内容的常用元素，农产品商家可以利用这些元素编写短微博、头条文章等。微博营销内容创作完毕后，若想让营销效果最大化，农产品企业和农产品商家可以利用超级粉丝通、粉丝头条等微博产品将营销信息精准地发布给目标用户，以有效吸引用户注意，激发用户参与、分享、传播，扩大农产品或品牌影响力。

8.2.1 微博营销内容的写作

根据内容表现形式的不同，微博营销内容包括短微博、头条文章等。农产品商家在创作微博营销内容时可以选择合适的方式或结合多种方式来打造营销热度，利用具有吸引力的营销内容来抓住目标用户的目光。

1. 短微博

短微博是指可以直接通过微博首页文字输入框发布，不需要排版的内容。短微博发布的内容一般比较随意，不要求特定的格式，大多采用文字+图片或文字+视频的形式呈现。对于农产品商家来说，要利用短微博强化账号形象、与用户互动、宣传农产品等，不仅可以结合图片、视频、话题等，还可以借助故事。

> **思考与讨论**
> 在与农产品相关的短微博中，什么样的形式会比较吸引你？为什么？

（1）结合图片和视频

短微博篇幅有限，要想抓住用户的注意力，农产品商家在创作短微博时就可以添加单图、多图、拼图（最多拼9张）或视频。微博内容中的图片、视频要与微博内容互相搭配，图片、视频等内容都应该贴近农产品，尽量能够让用户一眼就看懂，也可以结合一些网络热点进行合理拓展。

在具体写作农产品有关的短微博时，可以附上农产品的详情图或细节图，还可以拍摄一些真实的与农产品生产有关的视频。图8-12所示的短微博就结合了较有吸引力的农产品图片和视频，得到了众多用户的点赞和评论。

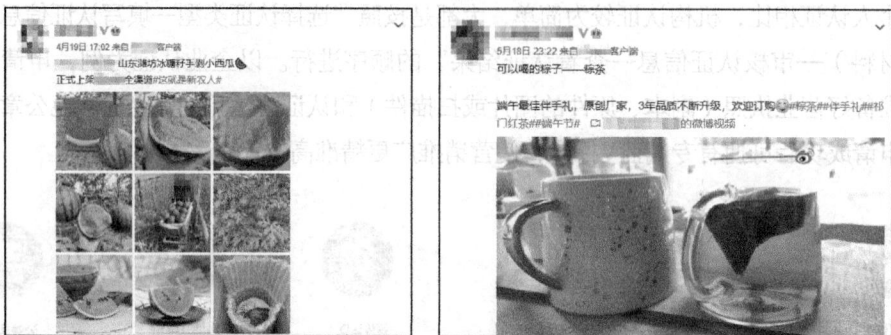

图8-12　结合图片和视频的短微博

（2）结合话题

话题指微博中围绕一个主题展开讨论，一般以"#××#"的形式出现。话题作为微博营销的一大利器，能带来很高的讨论度。农产品商家创作短微博时可以加上话题来引发用户更大范围内的讨论和转发。如果讨论人数很多，还可能升级为超级话题，产生更广泛的传播效果，最终实现品牌曝光和农产品营销。图8-12所示的短微博都添加了话题，能在一定程度上扩大短微博的传播范围。

选择话题非常关键，一个充满讨论点的话题可以让短微博的传播更加广泛。一般来说，当下实时热点、热门话题榜中的内容都比较适合作为短微博的话题。在选择话题时，要注意热门话题的时效性，不要选择时间久远的话题，过期的话题对用户的吸引力并不大。就农产品营销来说，可以选择如"#新农人#""#我为新农人代言#"等与农产品关联较大的热门话题。

如果没有比较合适的热门话题，还可以围绕农产品、营销活动或品牌来创建话题。例如，某农产品商家的产品是蓝莓，就可以创建"#××有机蓝莓#"的话题。创建话题后，农产品商家还需要调动话题粉丝的活跃度，吸引粉丝积极参与话题讨论，提高微博话题的热度，如发布与所创建话题有关的短微博后，利用转发抽奖活动发动粉丝转发。另外，也可以联合一些行业"大V"或"网红"转发话题微博，增加话题热度。

（3）借助故事

故事是人们比较喜欢的信息表现形式，故事性的短微博能让用户记忆深刻，拉近和用户的距离。例如，某红枣品牌在宣传品牌时便借用了《神雕侠侣》中的情节，编写了一个具有故事性的短微博。

绝情谷底，杨过道："龙儿，16年来，你如何生活？"小龙女道："我每天在枣树下捡枣子吃，吃不完的晒成干枣，无聊时在枣核上刻'好想你'，将枣核绑到玉蜂身上，天见我可怜，终于让过儿看到了。"杨过道："原来这枣子是我们重逢的大恩人，就取名为'好想你红枣'吧。"

在写作故事性的短微博时，要特别注意语言的描述，保证故事的可读性和趣味性，让用户在阅读过程中产生新鲜感与好奇感，也要注意在其中自然地植入农产品信息，这样才能达到营销目的。

案例

"娟子茶"微博营销内容创作

"娟子茶"是翟爱娟在微博中的昵称，她是微博中非常受欢迎的农产品商家，也是"顶茗爱一茶"品牌的联合创始人。2019年，翟爱娟在百县千红新农人大赛中获得第一名，拿到了"百县千红TOP10"荣誉奖项，其创建的"顶茗爱一茶"品牌也获得了"年度最具潜力新农人农品品牌"奖项。

为更好地促进"顶茗爱一茶"的产品销售，翟爱娟开通了微博账号"娟子茶"，决定利用微博进行营销。在微博中，"娟子茶"经常发布一些非常有吸引力的短微博，这些短微博大多是关于茶叶的科普知识、"顶茗爱一茶"茶产品的制作过程、产品的外观包装等，并且会附上精美的产品图片或添加与产品有关的视频，这都能在一定程度上促进茶叶产品的曝光。图8-13所示为微博账号"娟子茶"发布的结合图片和视频的短微博。

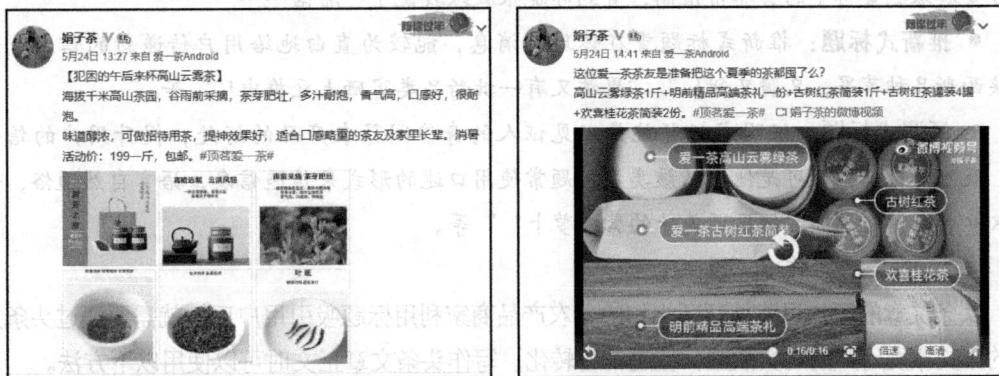

图8-13 "娟子茶"发布的短微博

除此之外，"娟子茶"发布的短微博中还会添加相关话题，这些话题有热门话题，如"#521国际茶日#""#端午#""#世界读书日#"等，也有根据品牌或产品而自行创建的话题，如"#顶茗爱一茶#""#爱一茶课堂#""#娟子茶时光#"等，吸引粉丝参与话题讨论，提高短微博的热度。

为更好地促进产品销售，"娟子茶"在短微博中接入了购买链接，用户点击相应的链接可直接购买。用户购买茶叶后，"娟子茶"还会分享打包、发货的相关视频到微博中，不仅可以让购买的用户放心，还能激发其他用户的购买欲望。

思考：（1）"娟子茶"的微博内容创作有什么特点？（2）"娟子茶"还可以如何创作微博营销内容？

2. 头条文章

头条文章是微博的长文产品，其篇幅一般较长，包含的元素也比较多，标题、正文内容、图片的搭配等都会影响头条文章的阅读量。头条文章通常需要用户花费较多的时间和精力去阅读，而支撑用户阅读下去的动力，就是头条文章的内容价值。

（1）标题的写法

一个有辨识度的、具备吸引力的标题是头条文章的关键，能够直接影响阅读量和点击量。用于农产品营销的头条文章的标题，其写作方法可以参考以下类型。

● **提问式标题**：提问式标题是用提问的方式来引起用户的注意，引导用户思考问题并产生阅读兴趣，如反问、设问、疑问等都是常用的提问方法。例如，"滋补又养胃的山药，究竟应该怎么选？""南瓜贵族来啦！板栗南瓜了解一下？"

● **对比式标题**：对比式标题就是将当前农产品的特性与和它截然不同的农产品的特性进行对比，通过这种强烈的对比吸引用户的注意。另外，也可以进行不同品种农产品之间的比较，借助两者之间的差异来突出自己农产品的高性价比，如"纸皮核桃对比薄皮核桃""丑橘=耙耙柑？区别大了！"等。

● **悬念式标题**：悬念式标题就是在标题中设置悬念，让用户怀揣疑问，迫不及待地仔细阅读文章，从中找寻问题的答案。写作悬念式标题时，通常会将文章中最吸引人的内容放在标题中给出提示，在用户心中留下疑问，引发用户思考、诱发用户的好奇心，如"我一直不知道五谷蛋和绿壳蛋哪个的营养价值高，直到昨晚张叔跟我说了一席话……"

● **推新式标题**：推新式标题重在体现新消息，能较为直白地给用户传递新的信息，如"陕西新品种苹果，又脆又甜！""恩施又有一批新品类富硒土豆推出！"等。

● **证明式标题**：证明式标题就是以见证人的身份阐释农产品的好处，提升用户的信任度，既可是自证，又可是他证。该类型标题常使用口述的形式来传递信息，语言自然通俗，如"××亲测！这是非常健康还美味的紫胡萝卜！"等。

（2）正文的写作

头条文章的写作思路是环环相扣的，农产品商家利用标题吸引用户后，就需要通过头条文章的正文激发用户的购买欲望，促进销售转化。写作头条文章正文时可以使用以下方法。

● **突出农产品特色，与同类产品形成差异**：在以农产品为主要内容的头条文章中，正文部分最重要的作用就是激发用户的购买欲望。在写作头条文章时，农产品商家需要站在用户的立场去思考用户关心的是什么，农产品能给用户带来什么好处。只有真正突出农产品的特色，与同类农产品形成差异化，才能打动用户，使其产生购买欲望。例如，某篇介绍乌洋芋的头条文章就以该农产品富含花青素、营养价值高、口感绵密细滑来与其他同类农产品形成差异，让用户眼前一亮，如图8-14所示。

● **赢得用户信任**：很多用户对农产品产生兴趣后往往不会立马产生购买行为，毕竟头条文章写得再好，也只是一种主观方面的描绘，没有客观的、可靠的证据作为支持，用户可能还存有疑虑。因此，在激发用户的购买欲望之后，可以展示一些来自第三方的评价、认证等，如其他用户的好评、权威机构的认证证书，或承诺给予售后保障等，以赢得用户的信任，提高农产品销量。

● **引导用户下单**：对于非必需的农产品，部分用户在心动以后也只是将其加入购物车，等待活动促销或与其他同类产品进行比较后再购买。如果文章能给用户一个立即购买的理由，如现在买加送礼品，让用户产生一种"机不可失，时不再来"的感觉，就能很好地引导用户下单，提高转化率，如图8-15所示。

图8-14 突出农产品特色

图8-15 引导用户下单

（3）图片的搭配

头条文章中的图片包括封面图和正文配图，封面图一般使用与文章相关或与农产品相关的图片。如果推送内容分为不同系列，还可以为每个系列设计风格对应的图片来表达个性，也可以使用一些趣味性、带有独特标识的图片作为封面图，如个人独特的形象图或企业Logo、标签图。农产品商家在为正文配图时，需要注意以下4点事项。

● **图片要清晰**：应当尽量使用分辨率高的图片，不清晰的图片阅读起来会给人以不适感。农产品商家可以搭配一些用相机或照相功能较好的手机拍摄的农产品图。

● **图片要相关**：应当结合文章内容，搭配农产品的详情图或细节图，不可以随意插入无关的吸引眼球的图片，让用户不明所以。

● **图片不能打乱内容的连贯性**：一般情况下，一段内容配一张图片，不要在两个段落中间添加过多配图，否则容易影响阅读的连贯性。

● **图片尺寸要合适**：过大的图片会使用户打开文章的速度变慢，也容易占用空间，影响阅读；过小的图片会影响文章排版的美观。

8.2.2 微博营销内容的营销

创作了微博营销内容后，农产品商家还需要结合一定的营销方式，来吸引用户目光，提升营销效果。只有提高微博营销内容的热度，实现大范围地传播营销内容，才更容易引起用户的注意和讨论，为农产品或品牌等带来更多的流量。

1. 利用活动营销

在微博中，活动是一个万能载体。成功的营销活动往往可以为农产品或品牌等带来很多的流量，可以增加新的粉丝、提高粉丝活跃度甚至促进销售转化。对于农产品营销而言，转发抽奖活动是比较常见的微博营销活动，其是指转发指定微博即有机会抽取奖品的一种形式。图8-16所示为转发抽奖活动。

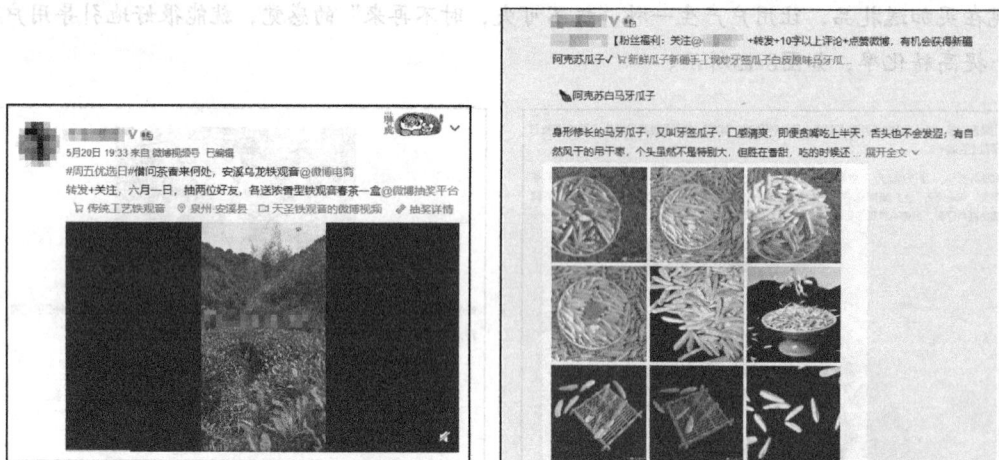

图8-16 转发抽奖活动

除了转发抽奖活动，有奖征集活动（即提供一些奖品来激励用户发布相应的内容，并在活动结束后，根据内容的质量确定中奖者）、有奖竞猜活动（即设置相关问题，然后提供奖品从而让用户参与竞猜）等也是有利于农产品营销的微博营销活动。例如，就有奖竞猜活动而言，农产品商家可以将自己比较有特色但不太常见的农产品发布在微博中，并设置与农产品相关的问题让用户参与竞猜。

知识补充

除了这类线上的微博营销活动，农产品商家还可以开展一些微博线下活动，如针对某一地域的微博粉丝开展的线下农产品分享会、线下见面活动、线下农产品种植培训等。与微博线上活动相比，微博线下活动针对的地域与人群会更加精准，获取的用户会更加真实可靠，也可以和用户面对面交流、互动。

在开展微博营销活动时，农产品商家应当做好以下3点。

• **确定营销活动**：微博营销活动的类型比较多，农产品商家首先需要确定营销活动的目标用户、形式以及想要达到的效果。

- **确定活动时间**：微博营销活动需要在活动开始前确定活动结束时间，一般来说，持续时间不得超过30天。
- **设置活动奖品**：农产品商家需设置转发抽奖的奖品，包括实物奖品、虚拟卡券（如优惠券）、现金等，要求真实、客观、准确，不能存在歧义、误导性、随机性以及不确定性。

🎓 行业视点

正如"诚招天下客，誉从信中来"所言，依法诚信经营是农产品商家安身立命之本。在微博中开展有奖活动也应当做到真实、诚信，为销售农产品而开展虚假活动不可取，只有以诚信为准则开展营销，才能长久地经营下去。

2. 利用超级粉丝通营销

超级粉丝通是微博官方升级粉丝通（2012年推出）后推出的改良版，是一款基于微博海量用户，将营销内容广泛传递给粉丝和潜在粉丝的营销工具。超级粉丝通覆盖了微博超亿级的用户，能够触达超过4亿的月活跃用户和超1亿的日活跃用户，可以为农产品商家带来更好的广告传播效果。

拓展阅读

超级粉丝通升级后的亮点

超级粉丝通实质是一种信息流广告，其会以短微博、头条文章或视频等形式展现，且会标注"广告"二字，展现位置包括以下10种。用户打开微博后看到的广告模块大多来自超级粉丝通。

- **双端关注流**：双端关注流即微博PC端和移动端"关注"选项中的广告，用户在浏览"关注"选项中的内容时就会看到。图8-17所示为移动端中的超级粉丝通关注流。
- **双端分组流**：在微博中，用户可以将自己关注的微博博主根据不同类型或喜好分组，双端分组流即微博PC端和移动端用户相关分组选项中的广告。图8-18所示为移动端中的超级粉丝通分组流。
- **移动端热门流**：移动端热门流即微博移动端"推荐"选项中的广告，如图8-19所示。

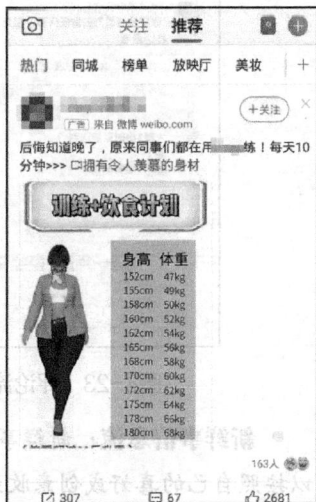

图8-17　关注流　　　　　图8-18　分组流　　　　　图8-19　热门流

● **移动端搜索流**：移动端搜索流即用户在微博移动端中自行搜索浏览内容时出现的广告，如图8-20所示。

● **竖版视频流**：竖版视频即贴合手机移动端显示屏的竖式视频播放形式。竖版视频流即用户在微博移动端中浏览竖版视频时出现的广告，如图8-21所示。

● **移动端视频推荐流**：移动端视频推荐流即用户在微博移动端中的"视频号"界面的"推荐"选项下浏览视频时出现的广告，如图8-22所示。

图8-20　搜索流　　　　　　图8-21　竖版视频流　　　　　图8-22　视频推荐流

● **移动端博文评论流**：移动端博文（即短微博和头条文章）评论流即用户在微博移动端的评论区中浏览评论时出现的广告，如图8-23所示。

● **移动端博文正文流**：移动端博文正文流即用户在微博移动端中浏览某条博文正文时下方出现的广告，如图8-24所示。

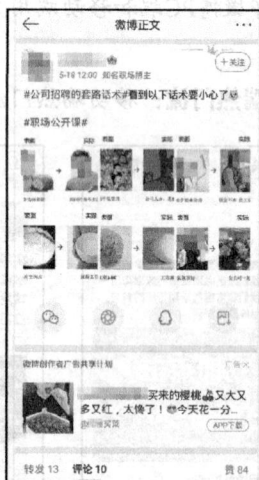

图8-23　评论流　　　　　　　　　　图8-24　正文流

● **新鲜事信息流**：新鲜事是微博的一种聚合式内容消费产品，类似于一个消息箱，用户可以按照自己的喜好或创意收录微博并分享给其他用户。新鲜事信息流即在"新鲜事"板块中出现的广告。

● **视频后贴片**：视频后贴片即视频播放结束后出现的广告，一般不会给用户观看视频带来困扰。

开通超级粉丝通的操作比较简单，进入微博广告中心后，选择"广告平台"选项下的"超级粉丝通"选项，点击 立即使用 按钮，填写相关信息并审核通过后，即可开始使用。

3. 借助粉丝头条营销

粉丝头条依托微博的海量用户与社交关系，能够帮助农产品商家快速实现博文和账号推广。农产品商家可以使用粉丝头条将指定的微博展现在其粉丝微博信息的第一位，同时还能够投放给更多的潜在粉丝，有效并精准地扩大传播范围。在粉丝头条中，博文头条和账号头条都是能够帮助农产品商家开展营销的有效利器。

（1）博文头条

博文头条是微博官方推出的推广博文的营销工具。使用博文头条后，农产品商家的博文会出现在粉丝微博的前列位置，从而大幅提高博文的曝光量和阅读量。进入移动端微博，点击底部导航栏的"我"按钮🔘，在打开的界面中点击"粉丝头条"按钮🔘（见图8-25），打开"粉丝头条广告"界面（见图8-26），选择要上头条的博文，点击博文右侧的"阅读"按钮，打开"博文头条广告"界面（见图8-27），选择要覆盖的目标用户群体并完成支付，该博文就可以出现在粉丝信息流的第一位。

图8-25 点击"粉丝头条"按钮　图8-26 "粉丝头条广告"界面　图8-27 "博文头条广告"界面

（2）账号头条

账号头条是微博推出的增加粉丝的工具。农产品商家购买账号头条后，系统将根据选择的定向（兴趣和性别）、社交关系、兴趣等将账号推荐给可能会关注该微博的用户，提高农产品商家的真实微博粉丝数和影响力。使用账号头条后，系统会在图8-28所示的不同位置对农产品商家的微博进行推广。

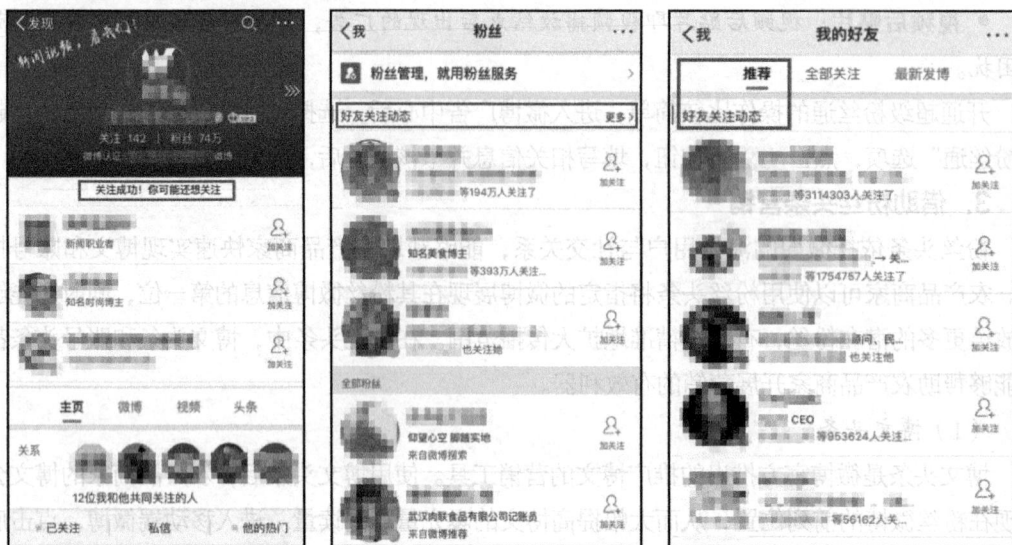

图8-28　账号头条的不同推荐位置

8.2.3　微博营销内容的发布

微博营销内容的发布非常简单。就PC端而言，农产品商家登录微博后，在微博首页中的文字输入框中输入营销内容后，单击 发布 按钮即可；就移动端而言，农产品商家登录微博后，在"首页"界面中点击右上角的⊕按钮，在打开的列表中选择"写微博"选项，在打开的"发微博"界面中输入营销内容，最后点击 发送 按钮即可。

另外，为了扩大营销内容的传播效果，农产品商家还需要根据实际反馈和微博数据进行动态调整，例如，在不同时间段发布微博，测试出活跃度最高、转发评论数最多的时间段，将重要的营销微博安排在该时间段发布，也可以根据用户使用微博的习惯发布微博。根据调查，某农产品企业的微博用户群体一般在9：30—12：00、13：30—17：30、20：30—23：30较为活跃，因此，这3个时间段就是该农产品企业发布微博的黄金时段。此外，根据微博类型的不同，也可以选择不同的发布时间。例如，节日微博通常在节日之前就要开始预热，特别是需要开展活动的节日微博；借热点事件营销的微博可以在用户活跃时间段内的任意时间抢先发布，还可以间隔发布多条，与粉丝保持互动，扩大影响力。

8.3　微博粉丝的获取与维护

粉丝对于微博营销与运营是非常重要的，只有拥有了粉丝，农产品商家在微博发布的营销内容才会被广泛地阅读、传播。

8.3.1　微博粉丝的获取

获取微博粉丝是一个长期过程，特别是获取一些质量高的粉丝（即随时关注微博，及时转发、评论的用户），需要农产品商家进行持续长久的维护。农产品商家可以利用以下方法获取微博粉丝。

- **利用身边关系网**：如果是个人微博，可以让身边的亲朋好友关注微博，成为微博粉丝。如果是其他类型的微博，在注册之初可以先号召企业或机构内部员工关注微博，还可以制定一定的奖励措施激励员工推广微博，让员工号召亲朋好友关注微博。另外，农产品商家还可以与合作伙伴沟通合作，双方各自发动身边的关系网关注微博。

- **关注并利用微博群**：在微博上，有许多处于同一个领域或是有共同、相似爱好的粉丝群体，这些粉丝群体具有共同的话题，交流方便，很容易互相关注。因此，农产品商家可以试着加入不同的微博群，与群中用户交流和互动，并吸引关注。

- **外部营销平台引流**：利用外部营销平台引流是一种非常直接且快速获取粉丝的方法，并且获取的粉丝质量普遍比较高。农产品商家如果在豆瓣、知乎、微信、QQ、抖音等平台上营销，还可以将这些平台中已有的粉丝引流到微博。

- **开展微博营销活动**：通过微博营销活动获取粉丝的方式比较常见，但是有效提高活动的参与度并不容易。对于用户而言，他们更愿意参与一些新鲜、有趣、有奖励的活动。因此，农产品商家可以利用关注+转发抽奖等活动，引导粉丝关注并转发微博，吸引非粉丝用户的关注。

- **合作互推**：当自身的影响力有限时，农产品商家还可以与其他有影响力的博主合作，联合双方或多方的影响力，获取粉丝。一般来说，选择有影响力的农业博主，或邀请网络"大V"合作、发起活动等，可以快速获取大量粉丝。

- **成为微博会员**：申请成为微博会员也是一个不错的获取粉丝的方法。微博一般会将微博会员推荐给其他用户，甚至还会让微博会员出现在新注册用户的默认关注用户中。

8.3.2 微博粉丝的维护

获取了粉丝以后，农产品商家还需要注意维护微博粉丝，提高粉丝的活跃度、增强粉丝黏性，让营销效果最大化。

1. 及时、快速地处理粉丝问题

对于农产品商家而言，粉丝是自己的追随者，也是目标用户。一般来说，提出问题的粉丝是最有可能实现交易的对象。因此，当粉丝有问题需要解决时，农产品商家就需要及时、快速地处理，让粉丝感受到重视，赢得粉丝的好感，促成交易。

2. 多和粉丝互动

多和粉丝互动是维护粉丝，继而提高微博粉丝活跃度的重要方法。粉丝越活跃的微博账号，传播力度和影响力越大，展示给非粉丝用户查看的机会越多。总的来说，在微博上与粉丝互动可以采用评论、转发、私信、@提醒、开展活动、微博群等方式。

- **评论**：评论是指直接在原微博下方回复，评论内容可以供所有人查看。粉丝可以在微博内容下方发表自己的评论；农产品商家则可以对评论时间早、内容精彩或有趣的粉丝评论进行点赞、回复，拉近与粉丝的距离，提高粉丝的积极性。

- **转发**：转发是指将其他用户发布的微博转发至自己的微博中。如果粉丝的微博非常精彩，且与自家农产品有关，农产品商家应该主动及时转发，让被转发微博粉丝感受到被关注的惊喜感。

- **私信**：私信是一种一对一的交流方式，讨论内容仅对话的双方可以查看。对于粉丝的私信消息，农产品商家可以挑选一些进行回复，另外，还可以设置一些关键词自动回复，当粉丝的私信内容包含特定的关键词时即可回复设置好的内容。

- **@提醒**：提醒是指通过"@微博昵称"的方式，提醒对方关注某内容。如果收到粉丝的@提醒，农产品商家应及时回复，让粉丝感到贴心和惊喜，从而增加粉丝的好感度。

- **开展活动**：活动不仅可以用来增加农产品商家的微博粉丝数，提高微博营销内容的热度，还可以用来和粉丝互动。例如，某农产品商家就经常在微博中开展一些竞猜活动或投票活动，吸引了非常多的粉丝参与，有效拉近了与粉丝之间的距离。

- **微博群**：微博群与微信群、QQ群类似，农产品商家同样可以很好地利用微博群与粉丝互动，如将自己关注的热点分享在群中与粉丝讨论，节日时发放一些节日红包，在群中讨论与农产品相关的话题等。农产品商家要利用微博群与粉丝互动，首先需要创建群。在PC端登录微博账号，单击🖂按钮，在打开的列表中选择"群通知"或"私信"选项，进入微博聊天的界面，单击右上角的⊞按钮，在打开的列表中选择"新建群聊"选项，如图8-29所示，然后输入群名称和群简介，选择要加入群聊的粉丝即可。

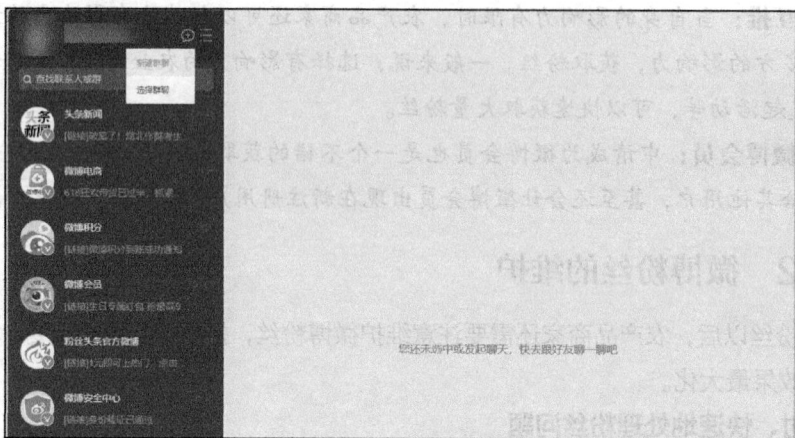

图8-29　新建群聊

知识补充

要想和粉丝有效互动，在发布营销内容时，可以讲笑话或段子，也可以以疑问句结尾，引导粉丝参与互动。例如，"娟子茶""百年栗园"等粉丝较多的农产品商家就经常提出问题，让粉丝通过转发和评论的方式进行交流。

8.4　微博营销的电商变现

近年来，人们在社交分享和内容的驱动下，越来越倾向于在社交媒体软件中直接购买产品或服务。在这样的趋势下，微博也开始在电商方面发力，上线了微博小店，而越来越多的农产品商家也开始在微博中利用微博小店和微博直播销售农产品，并且取得了非常不错的效果。

8.4.1　微博小店

2020年，微博全面升级了电商功能，进一步强化"社交+电商"的消费场景，上线了电商变现利器——微博小店。众多农产品商家也开始利用微博营销，促进农产品变现。

1. 首次开通微博小店

微博小店有一整套店铺管理服务，包括商品的创建与管理、核心经营数据服务、推广信息设置等。农产品商家开通微博小店后，不仅可以系统化地管理和展示店铺，还可以拥有电商内容激励、小店购物津贴、返佣激励计划等多项权益。

对于以企业微博身份注册的农产品商家而言，第一步需要申请开通微博小店，其操作比较简单。在移动端通过微博小店入口可以直接进入专属定制界面，在界面中输入昵称和UID号（微博ID号）即可，如图8-30所示。

个人微博也可以申请开通微博小店，方法也比较简单。进入移动端微博后，点击"我"按钮，在打开的界面中点击"创作中心"按钮，打开"创作者中心"界面，点击"变现工具"栏下的"小店"按钮即可在打开的界面中申请开通微博小店，如图8-31所示。

图8-30　企业微博开通微博小店　　　图8-31　个人微博开通微博小店

2. 发布并管理商品

开通微博小店后，在"我"界面中会直接显示微博小店，点击后可直接进入。图8-32所示为微博小店的所有模块。

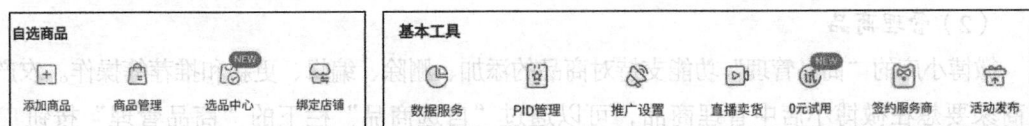

图8-32　微博小店所有模块

（1）发布商品

当前，微博小店支持添加淘宝网、天猫、京东、有赞、拼多多、微店等平台的商品，农产品商家可以将这些平台中的商品链接上传到微博小店中。在微博中发布商品，需要先将商品添加至微博小店，然后从微博小店中选择商品，再将商品分享至微博中。

① 将商品添加至微博小店。先在淘宝网、天猫、京东等电商平台移动端的商品详情页右上角点击相应的分享按钮，复制商品链接，然后进入微博小店，点击"自选商品"栏下的"添加商品"按钮⊞，进入"添加商品"界面，将商品链接粘贴到输入框中，点击 ▢ 按钮，即可搜索到对应商品，继续在打开界面中输入商品名称、添加商品图片等，最后点击 ▢ 按钮即可将商品添加至微博小店中，如图8-33所示。

图8-33　将商品添加至微博小店

知识补充

在将商品添加至微博小店前，农产品商家需要先绑定对应电商平台的PID（相当于账号在平台的身份证明），点击"基本工具"栏下的"PID管理"按钮▢，在打开的界面中获取并绑定相应平台的PID。另外，并不是电商平台中的所有商品都可以直接添加到微博小店中。例如，就淘宝网而言，根据淘宝平台的要求，所有媒体平台只可接入淘宝联盟内容商品库的商品，因此，农产品商家想要在微博小店添加淘宝网中的商品，还应当将商品加入淘宝联盟内容商品库。

② 从微博小店将商品分享至微博。进入微博首页，点击右上角的⊕按钮，在打开的列表中选择"写微博"选项，在打开的"发微博"界面中点击⊕按钮，在打开的列表中选择"商品"选项，然后在打开的"分享"界面中点击要分享的商品右侧的 ▢ 按钮，再点击 ▢ 按钮，在打开的界面中编辑微博文案后点击 ▢ 按钮即可，如图8-34所示。

（2）管理商品

微博小店的"商品管理"功能支持对商品的添加、删除、编辑、更新和推荐等操作。农产品商家要想在微博小店中管理商品，可以通过"自选商品"栏下的"商品管理"按钮▢实现。

图8-34　从微博小店将商品分享至微博

3. 经营微博小店

农产品商家要更好地经营微博小店，促进变现，还应当好好利用"基本工具"栏下的数据服务、推广设置、直播卖货、0元试用、签约服务商和活动发布等功能。这些功能都有助于促进农产品的销售，帮助农产品商家运营好微博小店。

- **数据服务**：农产品商家可在其中查看微博小店的经营数据，包括收入、曝光量等。
- **推广设置**：该功能用于设置推广信息，农产品商家可通过该功能新建和关联推广信息。
- **直播卖货**：农产品商家可通过该功能将微博小店和直播结合起来，通过直播的形式促进农产品销售。
- **0元试用**：0元试用是微博小店为提高产品推广效率，增加产品曝光量而推出的一个活动。农产品商家参与0元试用活动后，相应的农产品会在"0元试用"和"热搜潮物榜"中展示，从而获得更多曝光机会和微博流量扶持，如果获得高质量评测，还能提升农产品口碑。
- **签约服务商**：该功能是微博推出的一个名为"超V新星计划"的招募计划，如果被选中，就可以成为"超V新星达人"。
- **活动发布**：该功能主要用于发布活动，如一些优惠活动、促销活动等。

8.4.2　直播卖货

直播卖货是一种新兴的电商变现方式，目前受到了诸多农产品商家的青睐。全国很多蔬菜大棚变成了直播间，就连市长、县长等都纷纷参与卖货。在微博中，农产品商家也可以采用直播卖货的形式促进农产品变现。

1. 微博直播的优势

微博是一个流量非常大的社交平台，使用微博的用户众多，且活跃度非常高。对于农产品商家而言，在微博中直播可以很好地为店铺引流，促进农产品转化。另外，与其他许多直播平台不同，微博直播可以加入一定的娱乐成分，如邀请知名艺人一起开播，将娱乐内容和直播卖货相结合，从而更容易被用户接受。例如，某农产品品牌在直播卖货时，曾邀请某综艺节目中人气较高的艺人进入微博直播间，在为用户分享综艺相关内容的同时宣传农产品，该场直播登上了微博热搜，增加了农产品品牌的曝光度，促进了农产品的销售。

2. 微博直播开播的操作流程

微博直播没有门槛，农产品商家进入直播间就可以开始直播卖货。进入移动端微博后，点击"我"按钮⚋，在打开的界面中点击"创作中心"按钮💡，打开"创作者中心"界面，点击"变现工具"栏下的"直播"按钮📹，打开"微博直播管理中心"界面，选择"开始直播"选项，在打开的界面中点击 创建房间 按钮即可开始直播，如图8-35所示。

图8-35 微博直播开播

3. 微博直播的卖货技巧

农产品微博直播卖货风格多种多样，只要能让用户喜欢即可。要突出农产品特点，并促进销售转化，具体开播时可以采用以下技巧。

● **凸显农产品地域优势**：用户在选购其他类型产品时，往往会看重品牌，而不看重产地；农产品则不一样，很多用户在购买农产品时比较看重产地。例如，同样都是苹果，有的用户喜欢山东烟台苹果，有的用户喜欢陕西洛川苹果。因此，农产品商家在直播时要宣传农产品的产地优势，详细说明产地的信息。例如，恩施是湖北的一个城市，硒矿蕴藏量居世界第一，当地农产品大多属于富硒农产品，某农产品商家在直播时就抓住这个优势进行宣传，给用户留下农产品"富硒""天然""绿色健康"的印象，促使用户纷纷下单购买。

● **多种方式推荐产品**：直播卖货的本质是推销，但很多用户很反感推销，因此，农产品商家在直播时不应该一味推销，可通过试吃、直播农产品的采摘和收割、与观众互动的方式间接推荐农产品。例如，某农产品商家在推荐自己的海鲜时，就以现场试吃海鲜的方式推荐农产品，并将海鲜送到摄像头前，让用户看得更清楚。此外，该农产品商家还在直播时直接采用清蒸、红烧等方式烹饪海鲜，当场品尝并用非常生动的语言（如"口感脆嫩，味道鲜甜，一点腥味都没有，真是太美味了"）来描述海鲜的味道，用户纷纷表示"太馋了，口水都要掉一地了""买！马上安排，看起来太香了"。

● **制造紧张气氛**：俗话说，物以稀为贵。农产品不同于其他类型的产品，其产量受到很多因素的影响，许多农产品的销售周期较短。"今年由于天气干旱，桃子减产严重。现在仓库就只有3万份了，大家想买就赶紧下单吧！错过了这一次，真的就要等到明年了！"但需要注意，农产品商家在运用这种方式直播时，应当保证真实，不能欺骗用户。

🎓 行业视点

2020年7月1日，《网络直播营销行为规范》正式实施。根据其第二十五条的规定，主播在直播活动中，应当保证信息真实、合法，不得对商品和服务进行虚假宣传，欺骗、误导消费者。因此，农产品商家在微博中开展直播时应当保证营销信息真实，坚持诚信经营。

● **邀请"网络红人"卖货**：邀请"网络红人"参与直播卖货，在一定程度上可以增强用户对农产品的信任，借助"网络红人"的影响力促进农产品的销售。例如，2021年，某农产品企业邀请了某"网络红人"在微博直播间一起直播，短短一小时内，观看人数就超过了3万人，众多农产品一登场就被抢购一空。

8.5 本章实训

8.5.1 策划黑土豆微博营销

黑土豆也称紫土豆，茎块含有碳水化合物、蛋白质、脂肪、钙、铁、磷、钾、镁等多种营养物质，其最大的特点是富含花青素（花青素是目前国际上公认的天然抗氧化剂，对人体的健康十分有益）。黑土豆可以做菜肴，还可以作为提取花青素的原料，其汁水非常丰富，淀粉含量也非常高，软糯香甜、饱腹感强。

来自内蒙古赤峰市的小杨是黑土豆的种植户。受到诸多因素的影响，黑土豆的销售成了难题。思虑再三，小杨决定使用微博来开展黑土豆营销，图8-36所示为小杨种植的黑土豆。

图8-36 小杨种植的黑土豆

1. 实训要求

① 掌握微博内容的写作与发布方法。

② 掌握微博营销内容的营销方式。

2. 实训准备

在开展农产品微博营销前，需要先明确营销目标、目标用户定位、账号定位等。

● **明确营销目标**：明确营销目标是开展微博营销的第一步，应当在营销工作开展前确定。营销目标不同，后续微博营销的侧重点也就不一样。本实训中，小杨的营销目标是销售农产品，那么后续微博营销的重点在于引流和变现。

● **目标用户定位**：模糊不清的目标用户定位不利于营销工作的开展。农产品商家要明确是谁在购买自己的农产品，为什么他们会购买自己的农产品，他们购买后持有什么样的态度等，然后了解这些用户的详细信息，如年龄、收入状况、居住地等，最后再将其进行细致的分类。本实训中，小杨的目标用户是想要购买黑土豆的用户，如餐饮店老板、上班族或家庭主妇等，小杨可以使用有奖调查的形式对用户进行调查和分析。

● **账号定位**：清楚营销目标和目标用户之后，还需要对账号进行定位，账号定位影响着后续发布的营销内容。小杨在定位账号时，账号涉及的领域主要是农业，但还可以进一步定位为科普类、情感类、励志类或搞笑类等。

3. 实训步骤

本实训中，小杨在策划微博营销内容时应当结合营销目标、目标用户、微博账号等，首先写作营销内容，再确定微博营销内容的营销方式，最后发布微博营销内容。具体操作思路如下。

① 写作营销内容。本实训中，小杨在写作内容时可以选择短微博、头条文章两种形式，同时用图片或视频凸显黑土豆独特的外观，再着重说明黑土豆富含花青素、营养价值高等特点，并且在短微博、头条文章中附带黑土豆的购买链接，以方便用户下单。另外，在写作营销内容时，还可以多查看微博热门话题，如果有合适的热门话题，可以加入营销内容。

② 确定营销方式。本实训中，小杨可以采用一些成本较低的营销方式。例如，开展转发抽奖活动，用户购买黑土豆并转发微博，就可赢得买一赠一的机会。另外，小杨还可以为含有转发抽奖活动的微博开启博文头条广告，让更多的用户看到并参与到活动中来。

③ 发布微博营销内容。确定好营销内容和营销方式后，就可以发布微博营销内容了。本实训中，小杨的目标用户包括餐饮店老板、上班族和家庭主妇等，这些人一般在8：00—9：00、12：00—14：00、15：30—17：30、20：30—23：30等时间段更为活跃，可以在这些时间段发布微博。

8.5.2 在微博中销售贡菊

在大学时，小王就读的是新媒体营销专业，对营销的知识有一定的了解。小王的性格非常活泼，平时非常喜欢玩微博，会与网友分享自己的日常生活，有时还会在微博直播，渐渐地，她在微博中收获了非常多的粉丝。毕业后，小王回到了家乡，帮家里种植和销售贡菊。闲暇时，她会拍摄一些贡菊的图片和视频，并发布在微博中。

小王家栽种了50多亩的贡菊，每到采摘期就有很多收购商到她家里收购，但是这些收购商每次都会将价格压得很低。她们家在淘宝网上开设的店铺销量也很少。又到了贡菊的采摘期，小王就想，如果能在微博中直接将贡菊销售出去，就不用再和收购商周旋了。因此，她便和爸妈商量直接在微博中销售贡菊。

1. 实训要求

① 掌握利用微博小店销售农产品的方法。

② 掌握通过微博直播销售农产品的方法。

2. 实训准备

在销售农产品前，首先要保证微博中的粉丝比较多，且活跃度较高；然后要熟悉开通微博小店、创建直播间的方法。

● **获取和维护粉丝**：获取粉丝的方法很多，对于小王而言，她可以关注并进入一些与贡菊相关的微博群（如喝茶爱好者、养生爱好者的微博群等），然后在群里面与用户互动，吸引他们关注自己。小王的粉丝数量比较多，还应当注意维护，要多和他们互动。

● **开通微博小店、创建直播间**：开通微博小店、创建直播间的操作方法比较简单——进入移动端微博，点击"我"按钮👤，在打开的界面中点击"创作中心"按钮💡，打开"创作者中心"界面，点击"变现工具"栏下的相应按钮即可。

3. 实训步骤

开通微博小店并熟悉创建直播间的方法后，小王就可以利用微博小店和直播销售贡菊了，具体操作思路如下。

① 利用微博小店销售贡菊。进入微博小店后，小王把自家淘宝店铺中的商品添加到微博小店中，然后在微博中发布了带购买链接的商品博文，如图8-37所示。

图8-37 利用微博小店销售贡菊

② 利用直播销售贡菊。创建直播间后，小王就可以在直播间销售贡菊了。小王可以把直播间搬到贡菊的种植地，向用户展示自己家里种植的贡菊，这样可以让用户近距离看到贡菊的产地、采摘过程等。直播过程中，小王应当提示用户可以直接在微博小店中购买贡菊，还可以开展一些促销活动，促进贡菊的销售。

8.6 本章小结

```
农产品微博营销与运营 ┬ 微博账号的设置 ┬ 微博账号类型 ┬ 个人微博、企业微博
                                    │            └ 政务微博、组织机构微博
                                    ├ 微博账号名称 ┬ 设置方法：直接命名法、功能命名法
                                    │            └ 设置原则：简洁明确、保持一致、长期不变
                                    ├ 微博账号头像 ○ 真人照片、手绘头像、企业Logo、企业产品等
                                    └ 微博账号认证 ○ 个人认证、机构认证
                    ├ 微博营销内容的策划 ┬ 内容的写作 ┬ 短微博
                    │                  │           └ 头条文章
                    │                  ├ 内容的营销 ┬ 微博营销活动
                    │                  │           ├ 超级粉丝通
                    │                  │           └ 粉丝头条
                    │                  └ 内容的发布 ○ 选择黄金时段
                    ├ 微博粉丝的获取与维护 ┬ 粉丝的获取 ○ 身边关系网、微博群、外部营销平台、
                    │                   │            微博营销活动、合作互推、微博会员
                    │                   └ 粉丝的维护 ○ 及时、快速地处理粉丝问题，多和粉丝互动
                    └ 微博营销的电商变现 ┬ 微博小店 ┬ 首次开通微博小店
                                       │         ├ 发布并管理商品
                                       │         └ 经营微博小店
                                       └ 直播卖货 ┬ 优势
                                                 ├ 开播的操作流程
                                                 └ 直播卖货技巧
```

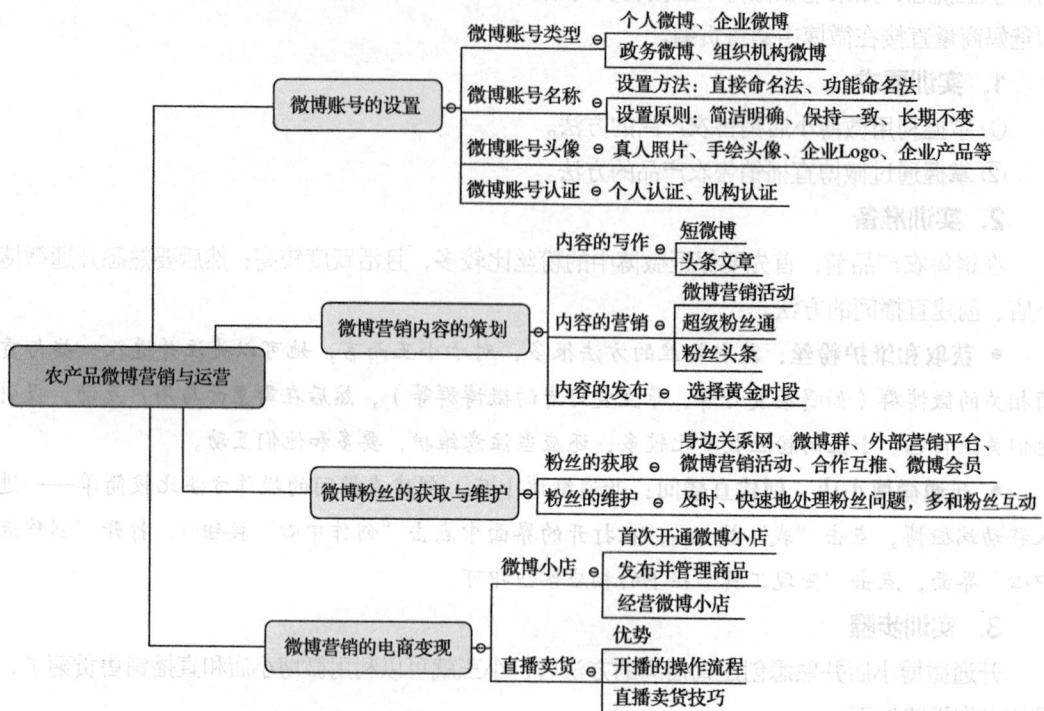

真实案例推荐阅读

1. 焦作怀山山药片的微博营销
2. "五常大米计波"利用微博创收
3. 荔枝哥的微博营销

拓展阅读

真实案例推荐阅读